JN412121

세금을 알아야 부가 보인다

현직 세무사가 알려주는
속 시원한 절세 비법 56가지

세금을 알아야 부가 보인다

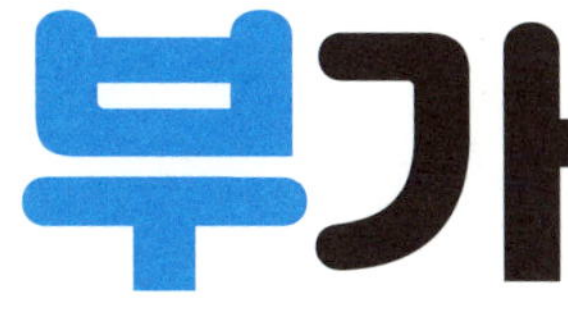

이동기 지음

청림출판

한 그루의 나무가 모여 푸른 숲을 이루듯이
청림의 책들은 삶을 풍요롭게 합니다.

프롤로그

제대로 모르면 억울하고 알면 든든한 세금 지식

세상을 살아가면서 세금을 기꺼이 더 많이 내고 싶어 하는 사람이 있을까? 그런데 2022년 1월 다국적 슈퍼 리치들로 구성된 자칭 '애국적 백만장자들Patriotic Millionaires' 그룹 소속의 미국과 유럽의 부자들 102명이 각국 정부에 빈부격차 해소를 위해 자신들에게 더 많은 세금을 부과해달라고 촉구하는 공개 편지를 발표했다고 한다. 언론 보도에 따르면, 세계경제포럼WEF 개막에 맞춰 온라인으로 공개한 '우리는 세금을 믿는다'는 제목의 편지에서 이들은 현재의 과세체계가 공평하지 않고, 코로나 팬데믹으로 전 세계가 큰 고통을 겪는 동안에도 자신들의 재산은 오히려 늘었다고 말하며, 그룹에 속한 사람들 중에서 자기 몫의 세금을 공평하게 냈다고 말할 수 있는 사람은 없을 것이라고 했다.

사람들은 보통 어떻게 해서라도 세금을 적게 내려고 애쓰는데, 세계 최고의 부자들 중 일부가 스스로 세금을 더 내야 한다고 주장하는 것이 우리에게는 낯설기도 하고 심지어는 신선한 충격으로 다가오기도 하는 것 같다. 이론적으로 세금이란 '국가 또는 지방자치단체 등 공권력을 가진 단체가 재정 조달의 목적으로, 법률에 규정된 과세 요건을 충족한 모든 사람에 대해 강제적으로 부과·징수하는 것'으로 정의된다. 즉 세금은 법률에 규정된 과세 요건을 충족하면 싫든 좋든 강제적으로 내야 하기 때문에, 현재의 세금제도에서는 그동안 아무리 많은 세금을 냈다고 하더라도 만약 사업이 망하거나 또는 다른 어떤 사정으로 인해 세금을 낼 수가 없는 상황이 되면, 정부는 관련 법규에 의해 세금을 징수하기 위한 모든 절차를 진행할 수밖에 없다. 이런 이유로 많은 사람들이 형편이 좋을 때 어떻게 해서든지 세금을 적게 내고 부를 은닉하려고 하는 것이 아닌가 싶다.

그래서 세법에서는 세금을 탈루하거나 회피하는 것을 막기 위해 여러 가지 제도를 두고 있다. 문제는 탈세를 방지하려고 만든 제도들 때문에 성실하게 납세의무를 다하고 있는 국민들이 오해를 받고 선의의 피해를 보게 되는 경우가 발생할 수 있다는 것이다. 세금과 관련된 업무와 강의를 하면서 각종 세금 때문에 고민하는 사람들을 많이 만나게 되는데, 대부분의 사람들은 평소 세금에 대해 별로 신경을 쓰지 않고 살다가 상속이나 증여가 이루어지면서, 또는 재산을 양도하거나 사업이 힘들어지면서 세무조사를 받거나 소명을 요구받는 과정에서 곤란한 상황에 처하게 되곤 한다.

실무적으로 상속세 조사를 하는 경우, 일반적으로 피상속인과 상속인의 상속개시 전 10년간의 금융거래 내역에 대한 소명을 요구하는데, 과세관청은 피상속인이나 상속인의 불분명한 금융거래에 대해 일단은 세금회피를 위해 사전상속을 한 것으로 보고 세금을 부과하려고 한다. 심지어 상속인이 여러 명인 경우에는 과거 금융거래 내역에 대한 소명을 하는 과정에서 다른 상속인이 피상속인으로부터 금전적인 이익을 받은 것이 아닌가 하는 의심을 하게 되면서 가족 간의 관계가 나빠지기도 한다. 양도세의 경우에도 부동산을 취득한 후 내외장 공사를 대대적으로 하면서 거액의 공사비가 들어갔는데도, 제대로 된 증빙서류를 받지 못해 양도소득세를 계산할 때 필요경비로 인정받지 못하고 더 많은 세금을 내야 하기도 한다. 또한, 사업을 하는 경우에도 사업이 어려움에 처해 경황이 없다보면 관련 증빙들을 제대로 챙기지 않아서 실제로는 적자가 났음에도 불구하고 그 내용을 인정받지 못해서 내지 않아도 될 세금을 내야 하는 경우도 있다.

이 책은 평소에 그 내용을 잘 모르고 있거나 신경을 쓰지 않은 탓에 사실과 다르게 억울하게 세금을 내야 하는 경우를 방지하고, 더 나아가 적극적으로 절세를 하는 데 도움을 주고자 하는 마음에서 준비했다. 이 책 한 권으로 모든 세금 문제를 해결할 수는 없겠지만, 아무쪼록 이 책을 통해 세상을 살아가면서 누구나 부딪칠 수 있는 상속세나 증여세, 양도세, 그리고 사업이나 근로와 관련된 세금에 대한 원리를 터득함으로써 세금으로 인한 불의의 피해를 줄이고 합법적으로 지혜롭게 절세를 할 수 있는 힌트를 얻었으면 한다.

차례

프롤로그 제대로 모르면 억울하고 알면 든든한 세금 지식 005

PART 1

부가 보이는 상속·증여 절세

01 세금 겁내지 말고 종잣돈을 만들어주자 015
02 유학·혼수 비용에 증여세를 내지 않으려면? 019
03 능력도 없이 폼 잡으면 세금 폭탄 맞을 수 있다 026
04 나이가 들어서 쓰는 돈은 근거를 남기자 031
05 재산 가치가 떨어질 때 증여하면 유리하다 036
06 증여는 최소한 10년 단위로 하자 041
07 돈을 그냥 주지 말고 담보를 제공하자 046
08 채무를 포함한 증여가 유리할 수 있다 050
09 부채가 더 많을 때는 상속을 포기하는 것이 낫다 054
10 가업을 물려주면 세금이 줄어든다 062
11 가족 간에도 계산은 정확히 하자 068
12 손자녀에게 증여나 상속하면 할증과세된다 072
13 세금이 안 나와도 신고를 하는 것이 유리할 수 있다 075

PART 2

부가 보이는 양도 절세

14 부동산을 사고팔 때는 6월 1일이 중요하다 083

15 나누어서 팔고, 손실이 나는 것과 함께 팔자 088

16 양도세를 줄이는 경비는 따로 있다 093

17 부동산은 명의를 잘 활용하면 절세할 수 있다 099

18 1세대 1주택의 양도세 비과세 조건은? 104

19 여러 주택을 보유하다가 팔면 세금이 중과될 수 있다 110

20 오피스텔은 주거용과 업무용에 따라 세금이 다르다 115

21 다세대주택과 다가구주택은 전혀 다르다 120

22 자경농지를 양도하면 세금이 감면된다 125

23 부동산을 양도하기 전에 서류 정리부터 하자 130

24 이혼할 때는 위자료보다 재산 분할이 낫다 134

25 해외자산에 대해서도 국내에서 세금을 내야 할까? 139

PART 3

부가 보이는 사업 절세

26 동업은 신중하게 결정하자 147

27 명의를 함부로 빌려주지 말자 152

28 개인사업자와 법인사업자, 어느 쪽이 유리할까? 156
29 「부가가치세법」은 피도 눈물도 없다 162
30 사업자등록은 빨리 할수록 좋다 168
31 부가세 매입세액공제를 제대로 받으려면? 175
32 같은 비용이라도 기업업무추진비(접대비)는 불이익이 많다 181
33 세금계산서 없이도 매입세액공제를 받을 수 있다 187
34 면세와 영세율 적용 사업자는 세금을 전혀 내지 않을까? 192
35 세금계산을 할 때는 실제 내용이 중요하다 200
36 기업회계와 세무회계는 목적이 다르다 204
37 가까운 관계일수록 정상적으로 거래해야 한다 210
38 업무용 자동차, 빌려야 할까 구입해야 할까? 216
39 사업을 그만둘 때는 마무리가 중요하다 220

PART 4

부가 보이는 연말정산과 근로 절세

40 인건비를 지급하면 원천징수를 해야 한다 227
41 인건비를 받을 때는 소득 구분이 중요하다 232
42 근로소득에 대해서는 연말정산을 해야 한다 238
43 회사에서 무심코 받은 것도 근로소득이 될 수 있다 245
44 비과세 근로소득을 잘 챙기자 249

45 연말정산 공제를 잘 활용하라 256
46 소득공제는 소득이 더 많은 사람이 받자 263
47 자주 틀리는 공제 항목을 주의하자 268

PART 5

알면 알수록 돈이 모이는 세금 상식

48 여러 국가에서 발생한 소득은 어디에서 어떻게 세금을 내야 할까? 275
49 세금 안 내고 돈을 벌 수 있다? 280
50 세금을 못 내더라도 신고는 반드시 하자 287
51 신고 기한을 연장하고 세금을 나누어 내자 293
52 잘못된 세금 신고는 빨리 시정하자 300
53 억울한 부분은 끝까지 따져서 구제받자 305
54 세무조사를 받더라도 할 말은 하자 310
55 국세청은 당신이 한 일을 알고 있다 315
56 탈세가 아닌 절세를 하자 321

부록 327

PART 1

부가 보이는 상속·증여 절세

세금 겁내지 말고 종잣돈을 만들어주자

사람들은 흔히 배우자나 자녀 등에게 재산을 증여하면 세금을 많이 내야 할 것이라는 막연한 두려움을 가지고 있다. 물론 세법상 다른 사람으로부터 재산을 무상으로 받을 경우 증여세를 부과한다. 그러나 당장 세금을 내더라도 차라리 조금 일찍 재산을 물려받아 잘 불린다면, 오히려 훗날 재산을 한꺼번에 상속·증여받을 때 낼 세금보다 금액 면에서 유리할 수 있다.

실제로 대기업의 소유주들 가운데는 자녀에게 수십억 원의 현금을 증여하면서 합법적으로 증여세를 낸 뒤, 그 자금을 종잣돈으로 하여 단기간에 재산을 불리는 경우가 종종 있다. 이러한 방식은 합법적일 뿐만 아니라 세금 문제만 놓고 본다면 현명한 결정이기도 하다. 만약 형편이 된다면 이처럼 자녀가 젊어서 활발하게 활동할 수 있을 때 재산을 증여하는 것도 절세의 기술이 될 수 있다.

세금 내면서라도 증여하는 것이 유리할 수 있다

자녀에게 재산을 증여할 때 세금을 안 내거나 적게 낼 수 있는 합법적인 방법이 있다면 마땅히 그래야 할 것이다. 그러나 어떻게 해서라도 세금을 내지 않으려고 편법을 쓰면 나중에 들통이 나서 오히려 더 큰 세금을 내야 할 뿐만 아니라 지금껏 쌓아 올린 명예까지 잃어버릴 수도 있다. 최근에도 그런 일이 있었지만, 인사청문회에서 정치인이나 고위 공직자들이 정당한 세금 신고 없이 자녀에게 재산을 증여했다가 곤욕을 치르고 낙마하던 모습을 떠올려보라. 또한 별생각 없이 자녀들에게 부동산을 사주거나 금융재산을 넘겨줬다가 거액의 세금을 내는 경우도 종종 볼 수 있다.

자녀에게 물고기를 주지 말고 물고기 잡는 법을 가르쳐주라는 말이 있듯이, 맹목적으로 퍼주기만 할 것이 아니라 부모가 이 세상을 떠난 후에도 자녀 스스로 자신의 길을 개척하면서 살아갈 수 있는 힘을 길러주는 것이 진정으로 자녀를 위하는 길이 아닐까 싶다.

그럼에도 불구하고 경제력을 지원하기 위해 자녀에게 재산을 넘겨주고 싶다면, 차라리 세금을 내더라도 먼저 증여세 신고를 한 뒤, 증여세를 낸 자금으로 자녀 명의의 부동산이나 주식에 투자해 합법적으로 재산을 늘릴 수 있도록 돕는 방법이 보다 현명할 것이다.

용돈 통장도 금액이 크면 증여세가 과세된다

금융실명제와 관련해 차명계좌(남의 이름을 빌리거나 몰래 써서 만든 불법계좌)에 대한 논란이 많다. 그동안은 금융거래 시 실명확인을 하지 않은 금융기관과 다른 사람의 명의를 도용해 사용한 사람만 처벌대상으로 해왔다. 그런데 2014년 11월 29일부터 시행된 개정된 「금융실명거래 및 비밀보장에 관한 법률(금융실명법)」에 따르면 원칙적으로 차명계좌의 사용을 금지하고 이를 위반하면 과태료는 물론 형사처벌을 받을 수도 있다. 다만 예외적으로 동창회 등 친목모임의 회비나 문중 등 임의단체의 금융자산을 관리하기 위해 회장이나 총무 등 대표자 명의로 계좌를 개설하거나, 미성년 자녀의 금융자산을 관리하기 위해 부모명의의 계좌를 사용하는 경우에는 금융실명법 위반에 해당하지 않는다. 그렇지만 증여세를 회피하기 위해 증여재산공제(비과세) 범위*를 초과해서 본인의 자금을 가족명의의 계좌에 예금하거나 금융소득종합과세를 회피하기 위해 다른 사람 명의의 계좌를 사용하는 것은 불법 차명거래에 해당된다.

그런데 용돈통장이라는 명목으로 어린 자녀명의의 계좌에 예금을 하거나 자녀명의로 금융자산에 투자하는 경우가 종종 있다. 자녀명의

* 2026년 1월 현재, 증여세를 과세할 때 증여세 과세 대상에서 공제하는 증여재산공제금액은 10년간 합산금액으로 수증자가 배우자일 경우 6억 원, 직계비속(자녀 등)일 경우 5,000만 원(미성년자는 2,000만 원), 직계존속(부모 등)일 경우 5,000만 원, 기타 친족(4촌 이내의 혈족, 3촌 이내의 인척)은 1,000만 원이다. 그런데 2023년 말 세법 개정으로 2024년 1월 이후부터는 이 기본증여재산공제 금액과는 별도로 직계존속으로부터 혼인일 전·후 2년 이내에 증여받거나 자녀 출생일(또는 입양일)부터 2년 이내에 증여받는 경우, 합산해서 1억 원까지 추가로 증여재산공제를 받을 수 있다.

로 금융재산을 보유하는 것은 실제로 그 자금을 자녀에게 증여하려는 목적도 있을 수 있지만, 이런저런 이유로 자금을 분산해놓기 위한 목적도 있을 수 있다. 어쨌든 예금자 보호한도를 맞추거나 금융소득종합과세를 피하기 위해서 자녀명의의 계좌를 사용했다면 금융실명법 위반에 해당하게 되어 형사처벌을 받게 된다. 심지어는 차명 금융자산에서 발생하는 이자나 배당소득에 대해서는 소득세 원천징수세율이 99%(지방소득세 포함)에 달한다. 뿐만 아니라 실명이 확인된 계좌에 보유하고 있는 금융자산은 그 명의자의 소유로 추정되어 증여세도 내야 할 수 있다. 이런 점을 감안하면 부모가 자녀명의의 펀드에 돈을 입금하거나 자녀명의로 금융자산에 투자를 할 때 제대로 증여세 신고를 해서 세금을 내고, 증여일 이후 발생한 펀드의 운용수익 등 금융소득에 대해서는 떳떳하게 자녀의 소득으로 만들어주는 것이 유리할 수 있다.

TIP

세금 고수의 가이드

세법에서는 '하늘에서 떨어진 돈'은 없다

「상속세 및 증여세법」에 따르면, 직업이나 연령, 소득 및 재산 등으로 볼 때 재산을 스스로의 힘으로 취득했다고 인정하기 어려운 경우 또는 채무를 스스로의 힘으로 상환했다고 보기 어려운 경우에는 그 재산을 취득하거나 채무를 상환한 때 재산 취득 자금 또는 채무 상환 자금을 증여받은 것으로 추정해 증여세를 과세한다. 즉 능력이 안 되는 사람이 재산을 취득하거나 채무를 상환하는 경우에는 구체적으로 증여받은 사실이 없더라도 누군가로부터 증여받은 것으로 추정해 세금을 과세하는 것이다. 따라서 자력이 되지 않는 사람이 재산을 취득할 때는 자금 출처를 소명할 준비를 하는 것이 필요하다.

유학·혼수 비용에 증여세를 내지 않으려면?

요즘은 분위기가 조금씩 바뀌고 있는 것 같기는 하지만, 대체로 우리나라 부모들은 자녀를 위해서라면 물불 가리지 않고 모든 것을 해주려고 하는 경향이 있는 것 같다. 부모가 자녀의 대학이나 대학원 학비는 물론, 심지어 유학비를 책임지고 결혼·혼수비까지 부담하는 일이 다반사다.

하지만 아무리 아들딸이 사랑스럽고 이들을 위해 모든 것을 해주고 싶더라도, 그 정도가 지나치면 증여세를 내야 할 수 있다는 사실을 유념해야 한다.

증여란 재산적 가치가 있는 것을 다른 사람에게 무상으로 주는 행위를 말한다. 이때 다른 사람으로부터 재산을 무상으로 받더라도 사회 통념상 인정되는 치료비나 생활비, 교육비, 그 밖에 이와 유사한 비용으로 세법에서 정하고 있는 범위에 한해서는 증여세가 부과되지 않는다. 즉 학자금이나 장학금, 기념품, 축의금, 조의금 등 통상 필요하다고 인정되는 금품을 증여받거나 그 금품을 해당 용도에 직접 지출한 것에 대해서는 증여세가 부과되지 않는다.

자녀의 생활비나 교육비는 목돈으로 주지 마라

민법상 부양의무자가 주는 생활비나 교육비 등 통상 필요하다고 인정되는 항목에 대해서는 증여세가 과세되지 않는다. 단, 생활비나 교육비로서 통상 필요하다고 인정되는 정도의 현금을 지급하는 경우만이 해당한다. 다시 말해 생활비나 교육비라 해도 필요할 때마다 주는 것이 아니라 한꺼번에 목돈으로 주면 증여로 간주된다. 또한 생활비나 교육비의 명목으로 자금을 지급했더라도 해당 목적으로 사용하지 않고 예금이나 적금을 들거나 주식·부동산 등을 매입하면 증여세가 과세된다.

경제력 있는 자녀에게 주는 돈은 증여세 부과 대상이 된다

증여세가 과세되지 않는 생활비나 교육비란, 원칙적으로 부양의무가 있는 부모가 자녀의 생활비나 교육비를 부담하는 것을 말한다. 따라서 자녀가 경제력이 있는데도 부모가 생활비나 교육비를 부담하면 증여로 간주한다. 자녀가 스스로 생활할 수 있을 만큼 경제력이 있는 경우에는 부모가 그 자녀를 부양할 의무가 없기 때문에, 부모가 자녀에게 경제적인 도움을 준다면 과세 대상 증여에 해당하는 것이다.

몇 년 전, 경제력이 충분한 자녀에 준 거액의 유학비는 증여세 대상이라는 조세심판원의 결정이 있었다. 그 내용을 간략히 살펴보면, C씨는 해외 유학 중이던 약 2년 동안 아버지로부터 학비와 생활비 등의 명목으로 2억 원이 넘는 돈을 송금받았는데, 과세 관청은 이것이 증여에 해당한다고 보고 C씨에게 증여세를 부과했다. C씨는 세금 부과는 부당하다며 조세심판원에 취소 심판을 청구했지만, 조세 심판원은 C씨가 유학 전 3년간 계약직 공무원 신분인 공중보건의사로 근무한 데다 결혼해 가정을 꾸렸고, 그가 보유하고 있는 부동산에서 연간 8,000만 원 정도의 임대 수입이 나오고 있었기 때문에 유학비와 생활비를 충분히 조달할 능력이 있는 것으로 보아, 증여세 부과는 정당하다고 결정했다.

한편 우리나라 부모들의 지나친 교육열을 빗대어 "공부 잘하는 아이로 키우려면 할아버지의 경제력과 아버지의 무관심, 그리고 어머니의 정보력이 필요하다"는 우스갯소리가 있다. 아직 경제활동을 시작하지 않은 자녀를 부모가 부양하는 것은 당연하지만, 직접적인 부양의무가 없는 할아버지나 할머니가 손자녀의 생활비나 교육비 등을 부담하면 이 역시 증여로 보아 증여세가 과세된다.

최근에도 경제적 능력이 되는 부모가 있음에도 불구하고, 조모가 손자에게 유학비와 생활비를 지원한 것에 대해, 증여세가 비과세되는 사회통념상 인정되는 정도의 피부양자의 생활비나 교육비로 인정할 수 없어 증여세 부과가 정당하다는 서울고등법원의 판결이 있기도 했다.

혼수용품에도 세금이 부과된다?

혼수용품으로서 통상 필요하다고 인정되는 정도의 금품을 부모가 자녀에게 증여하고 자녀가 금품을 해당 용도에 직접 쓴 것에 대해서는 증여세를 부과하지 않는다. '통상 필요하다고 인정되는 혼수용품'이란 일상생활에 필요한 가사용품으로, 호화·사치품이나 주택·자동차 등은 포함되지 않는다. 따라서 부모가 결혼하는 자녀에게 주택이나 자동차 등을 사준다면 원칙적으로 증여를 받는 자녀가 증여세를 내야 한다. 하지만 현실적으로는 과세 관청에서 세부 내용을 전부 파악할 수 없기 때문에 과세되지 않는 경우가 꽤 있다.

그런데 예비부부가 알뜰하게 결혼을 했을 때와 호화 결혼을 했을 때 비용차는 무려 100배가 넘는다고 한다. 예를 들어 일부 부유층에서는 혼수용품으로 고가의 미술품이나 스포츠센터 회원권 등을 주고받는 경우도 있다고 한다. 증여세가 비과세되는 '사회 통념상 인정되는 혼수용품 범위'가 어느 정도인지 판단하기가 쉽지 않지만, 결혼 선물로 수억 원어치를 주고받는다면 통상적인 혼수용품으로 볼 수 없을 것이다. 혼수용품으로 무엇을 주고받는지 잘 드러나지 않지만, 지나치게 큰 금액을 주고받는 경우에는 증여로 간주하여 세금이 부과될 수도 있으니 주의해야 한다.

결혼 축의금은 부모와 자녀의 것을 정확히 나눠라

자녀가 결혼을 하면 혼주인 부모와 결혼 당사자인 자녀는 각자 자신의 지인들을 초대하고, 결혼식에 초대된 이들은 으레 축의금을 낸다. 이렇게 결혼할 때 들어오는 축의금으로 예비부부는 혼수를 마련하기도 한다. 그런데 부모의 축의금으로 자녀의 신혼집을 마련하거나 자동차를 구입하면 증여세가 부과될 수 있다. 판례에 따르면, 지인들이 결혼 당사자에게 건넨 것을 제외한 축의금은 부모의 것으로 본다. 즉 부모의 지인들로부터 들어온 축의금은 부모의 몫이고, 결혼 당사자인 자녀의 지인들로부터 받은 축의금은 자녀의 몫으로 본다. 따라서 부모에게 들어온 축의금으로 혼수를 장만하면 증여가 되어 자녀가 증여세를 내야 할 수도 있다.

세법에 따르면, 사회 통념상 인정되는 정도의 축의금이나 조의금에 대해서는 증여세를 과세하지 않는다. 그런데 얼마의 부조금이 사회 통념상 인정되는 정도인지의 여부는 그것을 받는 사람 입장에서 총액을 따져 판단하는 것이 아니라, 그것을 지급한 사람을 기준으로 판단한다. 즉 단순히 축의금이나 조의금으로 받은 총액이 많다고 해서 무조건 증여로 보는 것은 아니고, 어느 한 사람이 사회 통념상 과다하다고 볼 수 있는 정도의 부조금을 냈다면 이는 증여로 간주될 수 있다.

예를 들어 이른바 '마당발'이라고 알려진 사람이 가족의 상을 당하거나 자녀의 결혼식을 치르면서 많은 사람으로부터 각각 5만 원 내지 10만 원의 부조금을 받고 그 총액이 수억 원이 되었다고 하더라도, 부조금을 낸 사람들을 개별적으로 보면 사회 통념상 인정되는 정도의 금액을 낸 것이므로 증여세 문제가 발생하지 않는다.

반면 전체 부조금은 얼마 되지 않더라도 한 사람이 거액을 냈다면 증여세 과세 대상이 될 수 있다. 몇 년 전 언론 보도에 의하면, H그룹의 K회장은 그룹의 부회장이 사망하자 개인적으로 조의금 1억 원을 냈다고 한다. 그러나 아무리 각별한 사이라 해도 1억 원을 사회 통념상의 부조금으로 볼 수 있을지는 의문이다.

상속자가 받은 조의금은 비과세한다

상속재산이란 피상속인(상속재산을 가진 본래 주체로서 사망한 사람)에게 귀속되는 재산으로, 경제적 가치가 있는 모든 물건과 재산적 가치가 있는 법률상 또는 사실상의 모든 권리가 포함된다. 그런데 세법에서는 피상속인의 사망으로 문상객에게서 받은 조의금은 피상속인에게 귀속되는 재산으로 보지 않는다. 즉 상속재산이 아니라는 것이다.

그렇다면 조의금은 상속인이 문상객으로부터 증여를 받은 것이 아닐까? 문상객으로부터 받은 조의금 역시 축의금과 마찬가지로, 사회 통념상 필요하다고 인정되는 정도의 금액일 경우에는 증여세가 과세되지 않는다.

TIP

세금 고수의 가이드

효도하기 위해 집을 살 때 세금 문제도 한 방에 해결하려면?

기특하게도 성공한 젊은 운동선수나 연예인이 형편이 어려운 부모님께 집을 새로 지어드리거나 사드렸다는 미담을 들으면 많은 사람이 대견하다고 칭찬한다.

그런데 문제는 자녀가 부모님에게 효도하려고 마련한 집도 증여세 과세 대상이 된다는 것이다. 이해하기 어려울 수 있지만, 이 경우 세법상으로는 부모가 자녀로부터 증여를 받은 것으로 여긴다. 따라서 자녀를 잘 둔 부모는 잠깐의 뿌듯함을 느낀 뒤에 상당한 증여세를 내야 할 수도 있다.

이처럼 효도하려다 뜻하지 않은 세금까지 떠안기는 일을 방지하려면, 부모 명의가 아닌 소득자(자녀) 본인의 명의로 집을 구입하는 것이 낫다. 단, 여기서 주의할 점이 있다. 세법에서는 특수관계인(가족 등 본인과 세법에서 정하고 있는 일정한 관계에 있는 사람)의 부동산(부동산 소유자와 함께 거주하는 주택은 제외)을 무상으로 사용함에 따라 5년간 1억 원 이상의 이익을 얻었다고 인정되는 경우에는 그 이익에 상당하는 금액을 부동산 무상 사용자가 증여받은 것으로 보고 증여세를 부과한다는 점이다. 이 경우 5년간의 부동산 무상 사용 이익은 다음과 같이 계산한다.

부동산 무상 사용 이익 = 부동산가액 × 2% × 3.79

(예) 부동산가액 = 10억 원

1,000,000,000 × 0.02 × 3.79 = 75,800,000

가령 부동산가액이 10억 원이라 한다면, 5년간 무상 사용 이익은 7,580만 원이다. 그러나 이는 기준 금액인 1억 원에 미달하기 때문에 증여세가 부과되지 않는다. 특히 무상 사용 부동산의 시가를 알 수 없는 경우에는 기준시가로 평가하기 때문에, 고가의 호화 주택을 사지 않는 한 자녀 명의로 집을 마련해서 부모님이 편히 살 수 있도록 해드린다면 증여세 문제는 잘 발생하지 않는다. 이렇게 하면 부모님 명의로 된 재산을 나중에 상속받으면서 발생하는 상속세 문제까지 해결할 수 있다.

능력도 없이 폼 잡으면 세금 폭탄 맞을 수 있다

시끄럽기는 하지만 참 재미있는 세상이다. 인터넷 보급률이 세계에서 수위를 다투는 나라답게 전국 방방곡곡 어느 곳에서 어떤 일이 일어나도 하루 이틀이면 모르는 사람이 거의 없을 정도다. 그런데 요즘은 툭하면 인터넷상에 '된장녀', '막말녀' 등 '○○녀' 이야기가 뜨곤 한다. 그중에서도 '4억 명품녀'는 세금 문제가 얼마나 민감한지, 또 자칫하면 '세금 폭탄'을 맞을 수 있다는 사실을 보여준 사례였다.

몇 년 전, 한 케이블 채널 방송에 명품 수집벽이 있다는 20대 여성이 출연해 부유한 부모님 덕분에 자신은 특별한 직업이 없는데도 머리부터 발끝까지 명품으로 치장하고 다닌다며 자랑을 했다. 이 여성은 2억 원이 넘는 다이아몬드 목걸이를 하고, 3,000만 원이 넘는 타조 가

죽으로 만든 가방을 들었으며, 700만 원이 넘는 재킷을 입고 있다고 하더니, 한술 더 떠서 부모님으로부터 3억 원 상당의 스포츠카도 선물 받았다고 허풍을 쳤다.

이 방송이 나가자 네티즌 사이에서는 분노가 일기 시작했고 급기야 국정감사에서까지 이 문제가 언급되자, 국세청에서는 필요하다면 '4억 명품녀'에 대한 세무조사를 실시하겠다고 밝혔다.

물론 나중에 방송 내용의 상당 부분이 허위 사실로 드러나 웃지 못할 해프닝으로 끝나기는 했지만, 하마터면 이 철없는 '명품녀'는 입방정을 떨다가 자신뿐만 아니라 부모님께도 '세무조사'라는 아주 특별한 선물을 할 뻔했다.

국세청은 당신의 돈이 어디서 나왔는지 궁금하다

세법에서는 직업이나 연령, 소득 및 재산 상태 등을 고려할 때 재산 취득이나 채무 상환을 자력으로 했다고 인정하기 어려운 경우에는 그 재산을 취득한 때 또는 그 채무를 상환한 때에 재산 취득 자금이나 채무 상환 자금을 증여받은 것으로 추정해서 증여세를 부과한다. 즉 국세청에 신고된 소득은 없는데 재산을 취득하거나 '4억 명품녀'처럼 소득도 없으면서 비싼 물건들을 사면, 그 자금을 어떻게 마련했는지 밝히지 못할 경우에는 다른 사람으로부터 증여받은 것으로 추정되는 것이다. 이처럼 재산 취득 자금이나 채무 상환 자금에 대해 자금출처를 확인하는 것을 '자금출처조사'라고 한다.

재산을 취득하거나 채무를 상환했다고 해서 모두 자금출처를 소명해야 하는 것은 아니다. 재산을 새로 취득하거나 채무를 상환했다 하더라도, 그동안 국세청에 신고된 소득 자료 등을 감안할 때 자력으로 재산을 취득하고 채무를 상환할 능력이 있는 것으로 인정되면 자금출처조사 대상에서 제외될 수 있다.

참고로 정당한 자금출처로 인정받을 수 있는 경우는 다음과 같다. 세금을 신고했거나 과세받은(비과세 또는 감면받은 경우 포함) 소득액이 있는 경우, 상속 또는 증여받은 가액이 있는 경우, 재산을 처분한 대가로 받은 금전이나 부채를 부담하고 받은 금전을 재산 취득 또는 채무 상환에 직접 사용한 경우 등이다.

자금출처로 인정받는 소득의 범위는?

먼저 급여소득은 전체 받은 금액에서 납부한 세금을 공제한 나머지는 모두 자금출처로 인정받을 수 있다. 반면 사업소득은 매출액이 아니라 매출액에서 원가나 비용을 차감한 '세법상의 이익(소득금액)'에서 그 이익에 대한 세금 납부액을 차감한 금액만을 자금출처로 인정받을 수 있다. 따라서 평소에 성실하게 납세를 하면 나중에 재산을 취득할 때에도 그 재산을 취득할 능력이 있는 것으로 인정되므로, 추가로 세금을 내는 불이익을 당하지 않는다.

참고로 자금출처를 소명할 때, 입증되지 않는 금액이 취득가액(자산을 취득한 당시의 금액) 또는 채무 상환액의 20%에 상당하는 금액과 2억 원 중 적은 금액에 미달하는 경우에는 자금출처를 소명하지 못하더라도 증여로 추정하지 않는다.

정리하면, 세법에서는 세금을 내지 않고 편법적으로 증여하는 것을 방지하기 위해 직업이나 연령, 소득, 재산 상태 등을 감안하여 스스로의 능력으로 재산을 취득하거나 채무를 상환했다고 인정하기 어려운 경우에는 그 자금을 증여받은 것으로 추정해 증여세를 부과한다. 그리고 금융실명법에 따라 실명이 확인된 계좌에 보유하고 있는 재산은 그 명의자가 취득한 것으로 추정하므로 명의자가 자력이 되지 않는 경우에는 그 자금을 증여 받은 것으로 보아 증여세를 부과할 수 있다.

따라서 재산을 새로 취득하거나 보유하고 있던 채무를 상환할 때는 그동안 국세청에 신고된 소득이 얼마나 되는지 먼저 따져볼 필요가 있다. 만약 사용하려는 자금이 국세청에 신고되지 않았거나 세금을 낸 소득이 아닐 경우에는 자금출처로 인정받기 어려우므로, 자금출처로 제시할 수 있는 신고된 소득이 얼마인지 확인하고 모자라는 부분은 대출을 받는 등, 미리미리 자금출처조사에 대비하는 것이 좋다.

일정 금액 미만의 자금은 출처를 묻지 않는다

요즘은 세원이 대부분 노출되어 있어서 사업자든 근로자든 국세청에 소득을 신고하지 않는 사례는 그리 많지 않다. 하지만 노점상이나 포장마차처럼 현금거래가 대부분인 장사를 할 경우에는 드러나지 않은 소득이 있을 수 있다. 물론 사업 규모가 작더라도 소득이 발생하면 반드시 사업자등록을 하고 세금 신고를 하는 것이 원칙이지만, 세상 모든 일이 원칙대로 될 수만은 없다. 때문에 이런 점을 감안해서, 재산 취득 자금이나 채무 상환 자금이 일정 금액 미만인 경우에는 신고된 소득에 관계없이 아예 자금출처조사를 하지 않는다. 즉 재산의 종류나 나이 등을 고려해서 일정 기간 동안 취득한 재산이나 부채를 상환한 금액이 일정 기준 금액 미만인 경우에는, 과거에 신고된 소득 자료가 없더라도 자금출처를 묻지 않는다.

TIP

세금 고수의 가이드

자금출처를 묻지 않는 재산 취득·채무 상환액 기준

재산 취득일 전 또는 채무 상환일 전 10년 이내에 주택과 기타 재산의 취득가액 및 채무 상환액이 각각 아래 기준에 미달하고, 총액 한도(주택 취득 자금, 기타 재산 취득 자금 및 채무 상환 자금의 합계액)도 아래 기준에 미달하는 경우에는 비록 소득 자료 등이 미비하더라도 자금출처조사를 하지 않는다. 단, 취득가액 또는 채무 상환액을 다른 사람으로부터 증여받은 사실이 명백할 경우에는 아래 기준과 관계없이 증여세 과세 대상이 된다.

구분	취득가액		채무 상환액	총액 한도
	주택	기타 재산		
30세 미만	5,000만 원	5,000만 원	5,000만 원	1억 원
30세 이상	1억 5,000만 원	5,000만 원	5,000만 원	2억 원
40세 이상	3억 원	1억 원	5,000만 원	4억 원

나이가 들어서 쓰는 돈은 근거를 남기자

요즘은 교통사고나 심장마비 같은 예기치 못한 사유로 갑작스레 사망하는 경우가 많다. 그런데 생전에 왕성하게 사업이나 사회활동을 하던 이들이 예금 계좌를 통해 거액의 돈을 입출금하거나 급하게 대출을 받거나 재산을 처분한 상황에서 갑자기 사망하면, 남아 있는 가족들은 고인이 정확히 어디에 어떻게 돈을 썼는지 제대로 파악하기가 어렵다.

세법에서는 사망하기 전 일정 기간 내에 피상속인의 재산이 일정 금액 이상 처분되거나 채무가 증가한 경우, 사전에 편법적으로 상속한 것으로 추정하여 상속세를 과세할 수 있는 제도(상속 개시일 전 처분재산 등의 상속 추정)를 두고 있다. 피상속인이 상속 개시일 전 1년 이내에 2억 원 이상, 2년 이내에 5억 원 이상의 재산을 처분하거나 채무를 부담한 경우, 상속인은 그 자금이 어디에 사용되었는지 밝혀야 한다. 이 경우 입증되지 않은 금액이 재산처분금액이나 인출금액 또는 채무부담액의 20%에 상당하는 금액과 2억 원 중 적은 금액에 미달하는 경우에는 사전상속으로 규정하지 않고, 입증되지 않은 금액이 그 금액 이상인 경우에는 재산처분 등의 금액의 20%와 2억 원 중 적은 금액을 차감한 금액을 사전상속재산으로 추정한다.

이 제도는 상속이 개시되기 전에 부동산을 처분하거나 예금을 인출하거나 돈을 빌려, 그 자금을 쉽게 노출되지 않는 현금 등으로 전환해 사전에 증여함으로써 상속세나 증여세를 회피하는 것을 방지하려는 취지에서 마련되었다. 물론 제도의 취지는 충분히 이해하지만, 선의의 피해자가 발생할 수 있기 때문에 현재로서는 미리 조심하는 수밖에 없다.

출금할 때는 사용 내역을 자세하게 기록하라

젊고 건강하던 사람이 하루아침에 운명을 달리하는 경우도 있지만, 아무래도 연세가 많이 드신 분들이 노환으로 돌아가실 확률이 높다. 나이가 들면 이곳저곳 몸이 성치 않은 곳이 많아지고 그러다 보면 병원비로 지출되는 금액도 무시할 수 없다. 또 어떤 분들은 인생에 대한 생각이 깊어지면서 기부를 많이 할 수도 있다.

그런데 어떤 사람이 이런저런 지출을 하다가 갑자기 사망하면, 그 내역을 알 리 없는 과세 관청의 입장에서는 그것들을 모두 사용처가 불분명한 지출로 볼 수 있다. 따라서 나이가 들면서 쓰는 비용들은 만약을 대비해 계좌로 송금하고, 영수증도 잘 챙겨둘 필요가 있다. 특히 통장의 경우, 통장 지면에 입출금 내역을 간단하게 기록해놓으면 큰 도움이 된다. 요즘에는 어르신들도 인터넷뱅킹을 많이 이용하는데, 인터넷뱅킹으로 자금을 거래할 때 그 내용을 최대한 자세하게 기록하는 것도 좋은 방법이다.

익명의 기부천사는 세금 폭탄으로 돌아올 수 있다

해마다 연말이 되면 이런 뉴스가 들리곤 한다. "80대 노부부가 구세군을 찾아와 거동이 불편한 노인들과 장애 청소년들을 위해 2억 원의 기부금을 전달했습니다. 이 노부부는 자녀들에게는 한 푼의 유산도 남기지 않고 자신들의 전 재산을 사회에 환원하고 싶다면서 자신들의 이름을 밝히길 극구 거부했습니다. 한편 이 노부부는 과거에도 익명으로 거액을 기부했던 것으로 알려져 화제가 되고 있습니다."

참으로 아름다운 뉴스가 아닐 수 없다. 일평생 모은 재산을 자녀들에게 남기지 않고 사회에 환원하기로 마음먹기란 결코 쉬운 일이 아니다. 언론 보도에 따르면, 사회복지공동모금회의 연말연시 불우이웃돕기 모금 행사에서는 얼굴 없는 기부천사들이 줄을 잇는다고 한다. 2007년 12월에 출범한 사회복지공동모금회의 1억 원 이상 고액 기부자 모임인 '아너 소사이어티Honor Society'의 2025년 11월 기준 회원 수가 3,700명을 넘긴 가운데, 그중에 약 15% 정도가 익명 회원이라고 하니 자신을 드러내지 않고 선행하는 사람이 참 많은 것 같다.

자신의 선행을 알리는 것을 쑥스러워하고, 왼손이 하는 일을 오른손이 모르게 하는 것을 미덕으로 여기는 분위기 때문인지 몰라도 우리 사회에서는 익명 기부를 더욱 높게 평가한다. 그런데 다른 사람들로부터 칭송받는 익명 기부가 사랑하는 가족들에게는 엄청난 고통이 될 수도 있다. 만약 어떤 이가 가족들 모르게 거액을 기부한 뒤 갑자기 사망하면, 그가 기부한 금액은 사전에 편법으로 상속된 것으로 추정되어 남아 있는 가족들은 전혀 예상치 못한 세금 폭탄을 맞을 수 있다.

그러니 기부를 할 때는 그 사실을 밝히는 것이 좋고, 아니면 익명으로 기부하더라도 최소한 가족들에게는 그 내용을 알려줄 필요가 있다. 또한 조금 쑥스럽더라도 기부금 영수증은 꼭 챙겨두고, 가능하면 소득세 신고를 할 때 기부금 공제도 신청하는 것이 좋다. 익명으로 기부해서 따뜻한 사회를 만드는 것도 좋지만, 기부 행위를 드러냄으로써 가족들에게 세금으로 인한 피해를 주지 않고, 사회적으로 칭송받으며 기부 문화를 활성화시키는 것도 바람직한 모습이라고 본다.

상속 전에 처분하는 모든 돈에 세금이 부과될까?

상속 개시 전 처분되거나 인출된 금액을 상속재산으로 추정할지의 여부를 가릴 때는, 그 금액을 모두 합해 계산하는 것이 아니라 재산의 종류별(현금·예금 및 유가증권, 부동산 및 부동산에 관한 권리, 지적 재산인 무체 재산권 및 기타 재산 등 3가지 종류로 구분)로 나누어 판단한다. 따라서 상속 개시 전에 처분되거나 인출된 금액의 총액이 1년 이내에 2억 원 이상, 또는 2년 이내에 5억 원 이상이 되더라도, 예금, 부동산, 기타 재산 등 각각 2억 원 또는 5억 원에 미달하면 상관없다. 단, 재산 종류별로 처분되거나 인출된 금액이 각각 기준 금액에 미달하더라도, 그 금액이 예금 계좌를 통해 이체되는 등 피상속인이 생전에 상속인들에게 증여한 것이 명백한 경우에는 사전에 상속된 것으로 보아 세금이 부과된다.

TIP

세금 고수의 가이드

사전 상속으로 간주되는 사례

피상속인이 상속 개시 전에 재산을 처분했거나 채무를 부담했을 때, 그 용도가 객관적으로 명백하지 않아서 사전에 상속된 것으로 간주되는 경우에는 다음과 같은 것들이 있다.

- 피상속인이 재산을 처분하고 받은 금액이나 피상속인의 재산에서 인출한 금전 또는 채무를 부담하고 받은 금액을 거래 증빙 등을 제대로 갖추지 못해 그 거래 상대방이 확인되지 않는 경우
- 거래 상대방이 금전 등을 받은 사실을 부인하거나 거래 상대방의 재산 상태 등으로 보아 금전 등의 수수 사실이 인정되지 않는 경우
- 거래 상대방이 피상속인의 특수관계인으로서, 사회 통념상 지출 사실이 인정되지 않는 경우
- 피상속인이 재산을 처분하거나 채무를 부담하고 받은 금전 등으로 취득한 다른 재산이 확인되지 않는 경우
- 피상속인의 연령·직업·경력·소득 및 재산 상태 등으로 보아 지출 사실이 인정되지 않는 경우

재산 가치가 떨어질 때 증여하면 유리하다

2006년 말까지 하늘 높은 줄 모르고 치솟던 부동산 가격이 2008년 말부터 시작된 글로벌 금융위기 이후 떨어지기 시작해 그 후 고점 대비 거의 반 토막이 난 지역까지 속출한 적이 있었다. 게다가 이제 우리 사회는 경제활동 인구가 감소하고 노년층이 증가하는 고령화 사회로 접어들고 있기 때문에, 예전처럼 부동산을 투자 목적으로 구입하는 이들이 점점 줄어들 것이라는 전망이 나오면서 부동산 가격이 쉽게 회복되기는 어려워 보인다고들 했다.

그런데 지난 몇 년 동안 서울 강남 지역을 중심으로 아파트 가격이 폭등하고 그 여파로 인접 다른 지역까지 부동산 가격이 폭등했다. 그러다 보니 정부에서는 집값 안정을 위해 1세대 다주택자에 대한 양도세 중과세제도를 도입하는 등 집값 안정을 위해 애를 쓰다가 금리 인상 등으로 집값 상승이 주춤해지면서 중과세 적용을 유예하고 있는데, 최근에 다시 수도권 일부 지역을 중심으로 집값이 크게 오르면서 2025년 말에 주택가격 안정대책이 나오기도 했었다. 부동산 가격은 향후 추이를 지켜봐야 할 듯하다.

주식도 마찬가지다. 한동안 주가가 많이 올라서 너도나도 주식에 투자했는데 어느 순간에 주식 가치가 폭락하면서 투자 손실을 본 경우가 적지 않았었다. 그러다가 최근에 비록 쏠림 현상은 있지만 코스피 지수가 급등하면서 꽤 많은 종목의 주가가 오르고 있는 것 같다. 이렇듯 부동산이나 주식의 가격이 오르면 투자자 입장에서는 좋은 일이겠지만, 재산 가치가 많이 떨어지면서 투자 손실이 커지면 오히려 절세의 기회로 삼을 수도 있다.

재산 가치가 떨어지면 세금도 줄어든다

피상속인이 사망해서 상속이 개시되거나 살아 있을 때 재산을 증여하면 상속세나 증여세가 부과된다. 그런데 이때 상속되거나 증여되는 재산가액의 평가 금액이 낮아지면 세금도 줄어든다. 상속은 사망과 동시에 개시되기 때문에 그 시기를 마음대로 조절할 수 없지만, 증여는 그 시점을 인위적으로 정할 수 있다. 따라서 증여를 생각하고 있다면, 부동산 가격이나 주가가 하락했을 때 증여하는 것이 세금 측면에서 유리하다.

증여세에 대한 좀 더 구체적인 예를 살펴보자. 어떤 사람이 자신이 보유한 시가 8억 원의 아파트를 성년인 자녀에게 증여한다고 가정해 보자. 아파트를 증여한 뒤 기한 내에 신고를 하면, 5억 원 초과 10억 원 이하의 과세표준에 따라 30%의 세율이 적용된다. 자녀에 대한 증여재산공제 5,000만 원(미성년 자녀의 경우 2,000만 원)을 제하고도 약 1억 6,000만 원*가량의 증여세를 내야 한다. 그런데 아파트 가격이 5억 원이 되었을 경우에는 증여세도 약 7,600만 원으로 줄어든다.

또한 배우자에게 증여를 하는 경우에도 아파트 가격이 8억 원일 때는 배우자에 대한 증여재산공제 6억 원을 제하고도 2,850만 원 정도의 증여세를 부담해야 한다. 하지만 아파트 가격이 5억 원일 때 증여할 경우, 배우자공제 6억 원을 제하고 나면 증여세를 낼 것이 아예 없다.

주식도 부동산과 마찬가지다. 어떤 회사의 주식 가치가 크게 떨어지면 그 회사의 주식을 보유한 투자자의 입장에서는 손해가 발생한다. 그러나 그 주식을 상속하거나 증여하는 경우에는 세금 계산의 기준이 되는 상속재산가액이나 증여재산가액이 줄어들므로 그에 따른 상속세나 증여세도 줄어든다.

그래서 주식 부자들 중에는 가지고 있던 주식의 가치가 크게 떨어

* • 과세표준 계산
증여가액 8억 원 - 자녀에 대한 증여재산공제 5,000만 원 = 과세표준 7억 5,000만 원
• 산출세액 계산
과세표준 5억 원 초과 10억 원 이하 : 9,000만 원 + 5억 원을 초과하는 금액의 30%
(여기서는 2억 5,000만 원의 30%인 7,500만 원) = 산출세액 1억 6,500만 원
• 신고세액공제 계산(증여일이 속하는 달의 말일부터 3개월 이내 자진신고 시)
산출세액의 3% = 495만 원
• 납부세액 계산
산출세액 1억 6,500만 원 - 신고세액공제 495만 원 = 160,050,000만 원(약 1억 6,000만 원)

질 때 재빨리 증여를 해서 증여세 부담을 줄이는 이들이 많다. 실제로 글로벌 금융위기로 증시가 폭락했을 때, 상당수의 재벌들이 자신들이 가지고 있던 주식을 자녀들에게 증여했다는 뉴스가 있었다. 일례로 주가가 떨어지고 있던 2023년 12월 한 달 동안 제약·바이오 기업 10여 곳의 대주주들이 자신들이 보유하고 있던 주식을 친인척 등에게 잇따라 증여했다는 언론 보도가 있었다.

양도를 고려할 때 주의할 점은?

상속이나 증여로 취득한 재산을 다시 다른 이에게 양도할 때는 양도차익에 따른 양도세를 내야 한다. 양도차익이란 양도가액에서 취득가액을 뺀 금액을 말한다. 이때 주의해야 할 점은 양도차익을 계산할 때 적용하는 취득가액과, 상속세나 증여세를 신고하면서 평가한 가액이 같아야 한다는 것이다. 다시 말해 재산 가치가 낮을 때 상속이나 증여를 하면 상속재산가액이나 증여재산가액이 낮아져서 상속세나 증여세 부담은 줄어들지만, 나중에 그 재산을 양도할 때는 양도차익이 커져서 반대로 양도세 부담이 늘어날 수 있다.

따라서 상속이나 증여를 받은 후에 그 재산을 양도할 계획이 있다면, 상속세나 증여세를 신고할 때 무조건 낮은 금액으로만 세금을 계산하기보다는 그 재산에 대한 감정평가 등을 통해 적정 가격으로 신고하는 것이 오히려 유리할 수도 있다.

세금 고수의 가이드

상속세와 증여세 과세표준 및 세율

과세표준	세율
1억 원 이하	과세표준의 10%
1억 원 초과 5억 원 이하	1,000만 원 + 1억 원을 초과하는 금액의 20%
5억 원 초과 10억 원 이하	9,000만 원 + 5억 원을 초과하는 금액의 30%
10억 원 초과 30억 원 이하	2억 4,000만 원 + 10억 원을 초과하는 금액의 40%
30억 원 초과	10억 4,000만 원 + 30억 원을 초과하는 금액의 50%

상속재산과 증여재산의 가액 평가

상속세나 증여세는 해당 재산의 가액을 기준으로 과세하는데, 이때 그 재산의 가액이 얼마인지는 원칙적으로 상속 개시일(피상속인의 사망일) 또는 증여일 현재의 시가로 따진다. 시가란 불특정 다수인들 사이에 자유롭게 거래가 이루어지는 경우에 통상적으로 성립된다고 인정되는 가액으로, 수용가격·공매가격·감정가격 등 세법에서 시가로 인정되는 것들이 포함된다.

그런데 상속세나 증여세를 계산하기 위해서는 상속가액이나 증여가액을 반드시 확정해야 하기 때문에, 시가를 산정하기 어려운 경우에는 해당 재산의 종류, 규모, 거래 상황 등을 고려해 「상속세 및 증여세법」에 규정된 보충적 방법으로 평가한 가액(기준시가 등)을 시가로 보도록 하고 있다. 즉 부동산의 경우에 대략적인 시세가 있다고 하더라도 세법상 시가로 볼 수 있는 구체적인 가격이 없으면 결국 기준시가로 평가할 수밖에 없다.

06

증여는 최소한 10년 단위로 하자

세금 관련 업무를 하다 보면, 생전에 재산을 자녀에게 증여하면 세금이 얼마나 나올지 문의하는 사람들이 많다. 이들이 가장 궁금해하는 것은 자녀들에게 재산을 물려줄 때, 상속과 증여 중 어느 쪽이 세금 부담이 더 적은가 하는 것이다. 이들이 주변으로부터 듣기로는 나중에 한꺼번에 상속을 하면 상속세가 많이 나올 거라고들 하는데, 그렇다고 아직 철없어 보이는 자녀들에게 재산을 증여하자니 영 내키지 않는 것이다. 그러다 보니 실행에 옮기지도 못하면서, 재산을 어떤 식으로 물려주는 것이 나을지 고민만 잔뜩 안고 있다.

그러나 그렇게 고민만 하며 시간을 흘려보낼수록 상속세나 증여세에 대한 절세 기회는 줄어들 수밖에 없다.

증여세는 일정 기간 동안 받은 금액을 모두 합해 세금을 물린다

다른 사람으로부터 재산을 무상으로 받으면, 재산을 받는 사람이 증여세를 내야 한다. 증여세는 증여받는 재산가액에 따라 세율을 달리 적용하는 누진세 구조로 되어 있다. 즉 증여재산가액이 적으면 낮은 세율을, 증여재산가액이 많으면 높은 세율을 적용받는다. 때문에 증여세를 줄이기 위해 재산을 한꺼번에 받지 않고, 여러 차례 나누어 받는 경우가 있을 수 있다.

따라서 세법에서는 이러한 편법을 막기 위해, 10년 동안 같은 사람(증여자가 직계존속인 경우에는 그 직계존속의 배우자 포함)으로부터 여러 차례 증여를 받은 경우 증여재산가액을 모두 합산해 세금을 계산한다. 한편 세법에서는 경우에 따라 증여재산가액을 공제해주기도 하는데, 이것을 '증여재산공제'라고 한다. 누구로부터 증여를 받는가에 따라 증여재산가액에서 일정 금액을 빼고 증여세를 계산할 수 있다.

증여재산공제는 배우자나 직계존비속, 기타 친족으로부터 증여를 받을 경우 적용받을 수 있다. 이때 누구로부터 증여를 받는가에 따라 공제금액도 달라진다. 예를 들어 배우자나 직계존비속, 기타 친족으로부터 10년간에 걸쳐 여러 차례 증여를 받는다면, 각각의 경우 증여재산공제액이 어떻게 되는지 구체적으로 살펴보자.

배우자(민법상 혼인 관계에 있는 배우자만 해당)로부터 증여받는 경우에는 6억 원, 직계존속(부모, 조부모, 외조부모 등)으로부터 증여받는 경우에는 5,000만 원(증여받는 사람이 미성년자일 경우에는 2,000만 원), 직계비속(자녀, 손자녀, 외손자녀 등)으로부터 증여받는 경우에는 5,000만 원, 4촌 이내의 혈족 또는 3촌 이내의 인척으로부터 증여받는 경우에는 1,000만 원을 증여재산공제로 증여재산가액에서 빼준다.

주의할 점은 증여재산공제액은 '증여를 받는 사람(수증자)을 기준'으로 판단하여 계산한다는 것이다. 즉 성년인 자녀가 아버지와 어머니로부터 따로따로 재산을 증여받은 경우, 아버지와 어머니로부터 증여받은 금액에 대해 부모 각각 5,000만 원씩 총 1억 원을 공제받는 것이 아니라, 수증자가 동일인이므로 5,000만 원만 공제를 받는다.

마찬가지로 4촌 이내의 혈족이나 3촌 이내의 인척으로부터 재산을 증여받는 경우에도 수증자를 기준으로 10년간 공제받을 수 있는 금액의 합계액이 1,000만 원이다.

혼인·출산 시 증여하면 증여재산공제가 추가된다

2024년부터는 거주자가 직계존속으로부터 혼인일(혼인관계증명서상 신고일) 전·후 2년 이내에 증여받거나, 자녀의 출생일(출생신고서상 출생일) 또는 입양일(입양 신고일)부터 2년 이내에 증여받으면 기본 증여공제재산과는 별개로 총 1억 원까지 추가로 증여재산공제를 받을 수 있다.

상속 전에 증여하고 싶다면 기간을 따져라

상속세도 증여세처럼 누진세 구조를 갖고 있다. 따라서 상속재산이 많은 경우, 상속세를 줄이기 위해 사전에 재산을 증여하는 편법이 발생할 수 있다. 때문에 세법에서는 상속 개시 전 일정 기간(피상속인이 상속인에게 증여한 경우에는 10년, 상속인이 아닌 자에게 증여한 경우에는 5년) 내에 증여한 재산은 상속재산에 가산해 상속세를 계산하는 제도를 두고 있다. 그러므로 상속 개시 전에 재산을 증여하고 싶다면, 상속인에게는 최소한 상속 개시 전 10년 전에, 그리고 상속인이 아닌 사람에게는 상속 개시 전 5년 전에 증여를 해야만 상속재산에 합산되지 않는다.

한꺼번에 증여하는 것보다 나눠서 하라

증여세는 10년을 기준으로 계산한다. 즉 증여일 전 10년 이내에 동일인(증여자가 직계존속인 경우에는 그 직계존속의 배우자 포함)으로부터 증여받은 재산이 또 있는 경우, 그 10년간 증여받은 증여재산가액을 모두 합해 증여세를 계산한다. 증여재산공제도 마찬가지로 10년간을 기준으로 일정 금액을 공제한다. 10년의 간격을 두고 증여를 한다면, 증여액이 분산되고 증여재산공제를 많이 받을 수 있기 때문에 세금을 줄일 수 있다. 따라서 증여를 생각하고 있다면 최소한 10년 단위로 증여 계획을 세우는 것이 절세에 유리하다. 그리고 10년간 동일인에게 받은 증여재산가액을 합산해 증여세를 계산할 때, 각각의 금액은 합산할 당시의 가액이 아니라 증여할 당시의 가액으로 따진다. 그러므로 재산 가치가 지속적으로 증가할 경우 10년 뒤 한꺼번에 증여하는 것보다 비록 10년간 증여재산가액을 합산해 세금을 계산하더라도 여러 차례 분산해 증여하는 것이 전체 증여재산가액을 줄일 수 있어서 오히려 유리할 수 있다.

증여재산을 돌려주려면 빨리 반환하라

만약 증여를 받은 뒤 그 증여받은 재산을 당사자 간의 합의에 따라 증여세 신고 기한 내에 반환하는 경우에는 세법상 처음부터 증여가 없었던 것으로 본다(단, 금전은 제외한다). 따라서 증여세 문제는 원천적으로 발생하지 않는다. 그리고 수증자가 증여받은 재산을 증여세 신고 기한이 지난 후 3개월 내에 증여자에게 반환하거나 증여자에게 다시 증여하는 경우에는 당초 증여에 대해서는 증여세를 과세하지만, 반환하거나 다시 증여하는 것에 대해서는 증여세를 부과하지 않는다(마찬가지로 금전은 제외다). 그러나 증여를 받고서 증여세 신고 기한이 지나고도 3개월이 더 지난 뒤에 반환하거나 다시 증여하는 경우에는 당초의 증여와 반환·재증여 모두에 대해 증여세를 부과한다.

TIP

세금 고수의 가이드

증여재산의 합산과 세액공제

앞서 설명했듯이 증여세는 해당 증여일 전 10년 이내에 동일인(증여자가 직계존속인 경우에는 그 직계존속의 배우자 포함)으로부터 받은 증여재산가액을 모두 합산해 계산한다. 그러나 항상 그런 것은 아니고, 합산한 금액이 1,000만 원 이상인 경우에만 증여세를 다시 계산한다. 이때 합산 과세되는 증여재산 중 이미 신고·납부한 증여세가 있다면, 그 부분은 최종적으로 납부할 세액에서 공제한다.

상속세의 경우에도 피상속인이 상속인에게 상속 개시일 전 10년 내에 증여한 재산가액(또는 상속인이 아닌 사람에게 상속 개시일 전 5년 내에 증여한 재산가액)이 있으면 그 금액을 상속세 과세가액에 합산해 상속세 신고를 해야 하는데, 합산되는 증여재산 중 이미 증여세를 납부한 것이 있다면 그 부분은 상속세 산출세액에서 공제한다.

돈을 그냥 주지 말고 담보를 제공하자

옛말에 엄한 부모 밑에서 효자 난다는 말이 있다. 귀하게 키운 자녀보다 엄하게 키운 자녀가 훗날 부모님에게 효도하는 경우가 많다. 고생스러운 인생을 물려주고 싶지 않은 부모 마음이야 이해하지만, 자녀의 장래를 위해서라도 너무 퍼주려고만 할 것이 아니라 좀 더 엄하게 대하고 독립하도록 도와야 한다.

자녀가 사업을 해보겠다고 부모에게 자금을 달라고 부탁하면 부모 입장에서는 어떻게 할까? 사업자금을 대줄 수도 있고 돈 대신에 부모가 소유하고 있는 부동산을 금융기관에 담보로 제공하고 자녀 명의로 돈을 빌려 사업을 해보라고 할 수도 있다.

그런데 돈을 주는 대신 담보 제공만 해주는 경우에는 세금 문제가 크게 발생하지 않는 반면, 사업 자금을 대주는 경우에는 증여세를 낼 수 있다.

담보 제공 자체는 증여가 아니다

부모가 자신의 재산을 담보로 제공하고 대출 명의는 자녀로 한 상태에서 자녀가 사업을 해서 빚을 갚는다면, 담보를 제공한 것 자체는 증여로 보지 않는다. 즉 다른 사람의 채무에 대해 담보를 제공하거나 보증을 서는 것은 증여가 아니기 때문에 증여세가 과세되지 않는다.

다만 자녀가 부모의 재산을 담보로 자금을 차입한 경우, 부모로부터 담보를 제공받음으로써 얻은 이익 상당액에 대해서는 증여세가 과세될 수 있다.

세법 규정에 따르면 다른 사람의 재산을 무상으로 담보로 이용하여 차입을 하는 경우, 적정 이자(2025년 12월 말 기준 4.6% 적용)와 실제 차입금에 대한 이자의 차액(1년간 그 금액이 1,000만 원 이상인 경우만 해당)을 증여 이익으로 본다.

빚을 대신 갚아주면 증여가 된다

자신의 재산을 다른 사람의 대출 담보로 제공하거나 보증을 섰다가 채무자가 채무 상환을 하지 못해서 담보 제공자나 보증인이 그 채무를 대신 상환하면, 이것은 증여가 될 수 있다. 담보 제공자나 보증인이 채무자의 부채를 대신 상환해주는 셈이 되어서 채무자가 그만큼 이익을 보기 때문이다.

따라서 부모의 재산을 담보로 자녀 명의로 빌린 돈을 상환할 때는 자녀 명의로 발생한 소득으로 갚아야만 증여 문제가 발생하지 않는다. 자녀의 입장에서도 부채를 갚기 위해 노력할 수 있으므로 책임감이 커지는 효과가 있을 것이다.

부모 명의로 대출을 받을 때 증여로 오해받지 않으려면?

소득을 증명할 수 없는 사람이 재산을 취득하면 자금출처에 대한 조사를 받는다. 이때 그 출처가 불분명할 경우에는 증여받은 것으로 간주되어 증여세가 부과될 수 있다. 가령 소득을 증명할 수 없는 사람이 자금이 많이 들어가는 사업을 할 경우, 그 자금의 출처가 어디인지 밝히지 못하면 증여세를 내야 할 수 있다.

그런데 금융기관으로부터 다른 사람 명의로 대출을 받긴 했으나 그 대출금에 대한 이자 지급 및 원금 변제 상황과 담보 제공 사실 등을 통해 실제 채무자가 따로 있다는 것을 밝힐 수 있다면, 그 자금은 실제 채무자의 것으로 인정받을 수 있다.

예컨대 자녀가 사업을 할 때 부모의 재산을 담보로 제공하고 부모의 명의로 대출을 받았다 하더라도, 자녀가 직접 이자와 원금을 갚았다는 사실을 입증할 수 있다면 그 자금은 부모로부터 증여받은 것이 아니라 자녀가 직접 빌린 것이라고 인정받을 수 있다. 그러기 위해서는 대출금을 사용하고 상환한 자금 흐름에 대한 기록과 관련 증빙들을 잘 챙겨놓음으로써 자녀가 직접 이자와 원금을 갚았다는 사실을 입증할 수 있어야 한다.

TIP

세금 고수의 가이드

담보 제공으로 증여세가 과세 vs. 배제되는 경우

다른 사람의 재산을 담보로 제공하고 자금을 차입한 경우, 그 담보를 제공받음으로써 얻은 이익 상당액에 대해 증여세가 과세될 수 있다. 이 경우 담보 제공에 대한 이익 상당액은 다른 사람의 재산을 무상으로 제공받고 그 재산을 담보로 제공해서 차입한 차입금에 대한 지급이자와 적정이자(2025년 12월 말 기준 이자율 4.6% 적용)의 차액으로 보는데, 그 금액이 1년간 1,000만 원 이상인 경우에 증여세가 과세된다.

그런데 다른 사람의 재산을 담보로 제공받은 이익이 1,000만 원 이상이라 하더라도, 증여세를 계산할 때 배우자 간에는 10년간 6억 원, 성인 자녀에게는 10년간 5,000만 원을 증여재산공제로 차감해주기 때문에 담보 제공으로 증여세가 과세되는 경우는 실제로 그리 많지 않을 것이다.

채무를 포함한 증여가 유리할 수 있다

세금 부담을 조금이라도 줄이면서 증여를 하고 싶다면 부담부증여를 고려해볼 만하다. 부담부증여란, 수증자가 증여자의 채무를 인수하는 조건으로 증여받는 것을 말한다. 예를 들어 아버지가 아들에게 부동산을 증여하면서 그 부동산에 담보된 채무도 함께 넘겨주는 것이다.

부담부증여는 증여재산가액에서 수증자가 인수한 채무액(증여재산에 담보된 채무액)을 뺀 나머지 금액에 대해서만 증여세를 과세한다. 이처럼 부담부증여는 채무를 공제한 가액에 대해서만 증여세를 납부하기 때문에 절세 수단으로 많이 사용되고 있다.

증여재산에 담보된 채무는 증여가 아닌 양도이다

부담부증여를 인정하는 범위는 민법과 세법이 각기 다르다. 민법에서는 앞서 밝힌 것처럼 수증자가 증여자의 재산을 증여받으면서 증여자의 부채도 함께 인수하는 것을 말한다. 그러나 세법에서는 수증자가 증여재산에 직접 담보된 증여자의 채무를 인수하는 경우에만 부담부증여로 본다. 이 경우 부담부증여에서 증여세를 계산할 때는 증여재산가액에서 수증자가 인수한 증여자의 채무를 차감한다. 예를 들어 4억 원의 채무가 담보로 잡혀 있는 시가 10억 원의 부동산을 채무를 포함해 증여하는 경우, 10억 원에서 채무액 4억 원을 제외한 6억 원만이 증여세 과세 대상이 된다. 이때 4억 원의 채무는 수증자가 대신 갚아야 하는데, 증여자의 입장에서는 넘겨주는 채무액만큼은 수증자에게 재산을 유상으로 양도한 것과 같은 효과가 있기 때문에 '양도'로 본다. 수증자가 인수한 증여재산에 담보된 증여자의 채무는, 증여자가 일부를 유상으로 양도한 것으로 간주하여 양도세를 과세하는 것이다.

증여세는 양도세보다 최고 세율이 높고 증여재산공제도 배우자의 경우를 제외하고는 그리 큰 편이 아니다. 게다가 양도세를 계산할 때는 취득가액 등 필요경비를 빼주기 때문에 일반적으로 단순 증여보다 부담부증여의 절세 효과가 큰 편이다.

부담부증여의 절세 효과가 항상 큰 것은 아니다

부담부증여에서 그 채무액은 증여재산가액에서 공제되므로 증여세는 줄어들지만, 증여자는 자기의 채무를 수증자에게 넘겼기 때문에 그 채무액만큼의 재산을 유상으로 양도한 것으로 간주되어 양도세를 내야 한다. 물론 일반적으로 양도세가 증여세보다 절세 효과가 크다. 그러나 증여재산가액이 그리 크지 않고 증여자가 재산을 취득할 때에 비해 가격이 많이 오른 경우에는 오히려 부담부증여의 양도세 부담이 커져 세금을 더 낼 수도 있으므로 잘 따져봐야 한다.

부모로부터 받은 채무는 인정이 안 될 수도 있다

일반적으로 세법에서는 배우자나 직계존비속 간에 부담부증여를 하는 경우에는 부담부증여를 통해 증여세 부담을 줄이려고 하는 것으로 본다. 따라서 수증자가 증여재산에 담보된 증여자의 채무를 인수한 경우에도 원칙적으로 그 채무액은 수증자에게 인수되지 않은 것으로 추정한다. 그러므로 세법상 배우자나 직계존비속 간에 부담부증여를 하는 경우에는 그 전체를 '증여'로 보고 증여세를 부과한다.

다만 배우자 간 또는 직계존비속 간의 부담부증여라고 하더라도 국가나 금융기관, 기타 제3자에 대한 채무인 경우에는 금융거래 증빙이나 채무부담계약서, 담보 설정 및 이자 지급 서류 등을 통해 채무 부담 사실을 객관적으로 입증할 수 있다면, 수증자가 인수하는 증여자의 채무는 증여가 아닌 '양도'로 인정된다.

자녀에게 넘겨준 채무를 부모가 대신 갚으면 증여가 된다

국세청은 납세자가 증여세나 상속세를 신고하면서 제출하는 서류에 기재된 모든 채무 내역(채권자, 채무 만기일 등)을 전산 시스템에 입력해 체계적으로 관리하고 있다. 만일 어떤 사람이 부담부증여를 받았다고 신고하면, 채무 만기일이 되었을 때 국세청의 자동 점검 대상이 된다.

국세청은 은행이나 임대인 등 채권자에게 점검 대상자가 원금과 이자를 갚았는지 조회하고 만약 채무를 상환했다면 점검 대상자에게 상환 자금을 어떻게 구했는지 소명을 요구할 수 있다. 이때 국세청에 신고된 점검 대상자의 소득과 재산에 비해 채무 상환액이 지나치게 많을 경우 정밀 분석에 들어가고, 부모 등이 채무를 대신 갚아준 것으로 확인되면 당초 부담해야 할 증여세뿐만 아니라 무거운 가산세까지 부과되므로 주의해야 한다.

세금 고수의 가이드

부담부증여에 대한 세금 신고

부담부증여의 경우, 전체 증여재산가액에서 채무 부분을 제외한 나머지는 세법상 증여세 과세 대상이므로 수증자는 증여세를 신고·납부해야 한다. 그리고 이 경우는 증여자 역시 양도세를 신고·납부해야 한다. 부담부증여에 있어서 수증자에게 넘긴 부담 부분에 대한 양도세를 신고할 때는 수증자에게 넘긴 채무 상당액을 그 재산에 대한 양도가액으로 하고, 그 양도가액에 해당하는 취득가액을 계산한 후 양도차익에 대해 증여자가 양도세를 낸다.

부채가 더 많을 때는 상속을 포기하는 것이 낫다

만일 부모로부터 물려받은 재산이 한 푼도 없는데 돌아가신 부모에게 빚이 있었다면 자녀는 그 빚까지 대신 갚아야 할까? 민법에 따르면, 상속인은 상속이 개시된 때로부터 피상속인의 일신에 속한 것을 제외한 나머지 재산에 관해 포괄적으로 권리와 의무를 승계한다. 즉 피상속인이 사망하여 상속이 개시되면 피상속인의 재산상의 권리와 의무는 당연히 상속인에게 포괄적으로 승계되므로, 피상속인의 부채까지도 상속인이 책임져야 한다는 것이다.

그런데 상속재산보다 부채가 더 많은 경우에는 상속인에게 일방적으로 불리할 수 있기 때문에, 민법에서는 상속인이 상속을 포기할 수 있는 제도를 두고 있다. 상속을 포기하면 상속인은 피상속인의 재산을 받지 않는 대신 채무도 책임질 필요가 없다.

민법에 따르면, 상속인은 상속 개시가 있음을 안 날로부터 3개월 내에 단순승인이나 한정승인 또는 상속 포기를 할 수 있다.* 그러나 예외적으로, 상속되는 채무가 상속재산을 초과한다는 사실을 중대한 과실 없이 상속인이 그 기간 내에 알지 못한 경우에는 그 사실을 안 날로부터 3개월 내에 한정승인을 할 수 있다.

따라서 피상속인이 사망하여 상속이 개시될 때 상속인에게 승계될 재산보다 채무가 많은 경우, 상속인은 그 상속으로 인해 자기가 취득할 재산의 범위 내에서 채무를 부담하는 한정승인을 하거나, 아예 상속 포기를 고려해보아야 한다.

상속인이 여럿이면 납세의무도 함께 진다

상속인이 여러 명일 때 상속재산에 대한 상속세는 상속인 각자가 받았거나 받을 재산을 한도로 연대납세의무를 진다. 즉 여러 명의 상속인 중에서 한 상속인이 자기 상속 지분에 해당하는 상속세를 내지 않으면, 그 상속세를 다른 공동 상속인들이 각자가 받은 상속재산을 한도로 대신 납부해야 한다. 그런데 민법에 따라 상속을 포기하면 상속이

* 상속의 단순승인이란 피상속인의 재산상의 권리와 의무를 아무런 제한 없이 승계하는 것을 말하며, 한정승인이란 상속인이 상속으로 취득할 재산의 한도 내에서 피상속인의 채무를 변제할 것을 조건으로 상속을 승인하는 것을 말한다. 그리고 상속 포기란 상속으로 인해 포괄적으로 승계될 피상속인의 재산상의 권리와 의무를 모두 거부하는 것을 말한다.

개시된 때부터 그 포기의 효력이 발생하기 때문에 상속을 포기한 사람은 처음부터 상속인이 아니었던 것으로 간주되므로 상속세 납세의무도 지지 않는다.

상속재산 조회 서비스를 이용하라

가족이 갑자기 사망하면 뭘 어떻게 해야 할지 경황이 없기 마련이다. 피상속인이 사망해서 상속이 개시되는 경우에는 상속 개시일이 속하는 달의 말일부터 6개월 내에 상속세 신고를 해야 하는데, 피상속인이 불의의 사고로 갑자기 사망한 경우에는 상속인들이 상속재산을 제대로 파악하지 못할 수도 있다.

다행히 상속재산을 조회할 수 있는 서비스가 제공되고 있으니 이를 이용해보자. 상속재산 중 금융재산의 경우에는 금융감독원이나 시중은행, 우체국 등 지정된 금융기관을 방문해서 신청하면 피상속인 명의의 예금이나 대출, 증권계좌, 보험계약 등에 대한 정보를 확인할 수 있다. 부동산의 경우에는 국토교통부나 시청, 도청 등의 지적 부서를 방문해 신청하면 피상속인의 부동산과 관련된 정보를 확인할 수 있다.

참고로 상속세는 상속인이 신고하긴 하지만, 과세 관할은 피상속인의 주소지를 관할하는 세무서장이므로 상속세의 신고와 납부는 피상속인의 최종 주소지 관할 세무서에 해야 한다.

상속인이 다수일 때 어떻게 재산을 분배할까?

민법에 따르면 같은 순위의 상속인이 여러 명일 때는 상속 지분을 균등하게 하도록 규정하고 있으며, 배우자의 경우에는 직계비속 또는 직계존속의 상속분의 50%를 가산하도록 하고 있다. 즉 남편이 사망하고 배우자와 자녀 2명이 있는 경우라면 배우자는 1.5, 자녀들은 각각 1씩의 상속분을 갖는다.*

그런데 세법에서는 상속 개시 후 최초로 협의 분할을 통해 상속등기 등을 할 경우에는 상속인들이 각자의 상속분대로 상속하지 않고 특정 상속인이 법정 상속분을 초과해서 재산을 취득하더라도 이를 증여로 보지 않는다. 그리고 각 상속인의 상속분이 확정되어 등기 등이 된 후에, 공동 상속인이 협의한 결과 특정 상속인이 당초 상속분을 초과하여 취득하더라도, 재분할이 상속세 신고 기한 이내에만 이루어진다면 증여로 보지 않는다. 그러나 상속세 신고 기한이 지나서 재분할된 경우에는, 그 분할에 의해 상속분이 감소한 상속인이 상속분이 증가한 상속인에게 증여한 것으로 보아 증여세를 부과한다.

다시 말해 민법상으로는 상속인별로 각자의 상속분이 정해져 있지

* 10여 년 전 법무부에서는 상속분과 관련된 민법 규정의 개정을 검토하면서, 개정안을 마련해서 국회에 제출하겠다고 했었는데, 그 내용은 배우자에게 상속분의 50%를 우선적으로 배분한 후에 나머지 50%에 대해서도 현행대로 배우자에게 50%를 가산해서 상속재산을 분배한다는 것이다. 이렇게 개정할 경우 기존에는 자녀가 1명이면 60%를, 2명이면 약 43%를 배우자가 상속받을 수 있었지만, 개정 후에는 자녀 1명이면 80%를, 2명이면 약 71%를 배우자가 상속받을 수 있어 배우자의 상속분이 현재보다 크게 늘어난다.
그런데 '황혼 이혼'과 '황혼 재혼'이 부쩍 늘어나면서 배우자에게 상속분의 50%를 우선 배분하는 것에 대한 문제점이 제기되면서, 이 논의가 지지부진해지고 현재까지 진척이 없는데, 이 논의가 법 개정으로 이어질 수 있을지는 지켜봐야 할 것 같다.

만, 세법상으로는 최초 협의 분할에 의해 어느 한 상속인이 상속재산을 더 많이 가지거나 전부 가지더라도 상속인 사이에서 증여 문제는 발생하지 않는다. 그리고 상속세 신고 기한 내에는 등기 등이 되었던 상속재산을 재분할해서 각자의 상속분이 달라지더라도 증여 문제는 발생하지 않는다.

단, 상속재산을 협의 분할하면서 특정 상속인이 자신의 상속 지분을 포기하고 그 대가로 다른 상속인으로부터 현금 등을 수령한 경우에는 포기하는 상속인의 지분에 해당하는 재산이 다른 상속인에게 유상으로 이전된 것으로 간주되어 양도세를 내야 할 수 있다.

상속세를 줄이기 위해 상속을 포기한다?

상속이 개시되면 보통 상속세를 적게 내는 방향으로 상속재산을 분배하려는 경향이 있다. 특히 연로한 배우자가 있는 경우, 배우자에게 상속을 하면 머지않아 또다시 상속이 개시될 가능성이 있기 때문에 상속재산을 모두 자녀들에게 상속하는 경우가 있다. 그런데 이렇게 세금을 줄이기 위해 배우자가 상속을 포기하고 자녀들에게만 상속을 하면, 나중에 그 배우자가 힘든 상황을 맞이할 수도 있다.

한 사례를 보면, 개인 병원의 원장이었던 남편이 사망하면서 대략 8억 원의 금융재산을 남겼다. 상속인으로는 80세의 노부인과 아들 2명이 있었는데, 장성한 아들들은 나름대로 먹고살 만한 직업을 가지고 있었다.

그렇다면 재산을 누구에게 상속하는 것이 세금을 줄이는 길일까?

결론부터 말하자면, 상속재산이 8억 원 정도이고 상속인으로 배우자와 자녀가 (1명이라도) 있는 경우에는 그 재산을 누가 상속하든 배우자상속공제 5억 원과 일괄공제 5억 원을 제하고 나면 과세 미달에 해당되어 상속세를 내지 않는다.

그런데 어머니가 이미 연로하기 때문에 어머니가 금융재산을 상속하면 머지않아 또 상속이 이루어지고, 그 재산이 그대로 유지된다면 그때는 상속세를 내야 하기 때문에(배우자상속공제가 없으므로) 차라리 자녀들은 자신들이 재산을 상속하고 어머니를 부양하는 게 낫다고 생각할 수 있다.

물론 세금만 고려한다면 자녀들의 생각이 맞다. 그러나 요즘 세상 돌아가는 것을 감안해보면, 재산을 전부 상속받은 자녀들이 과연 어머니가 돌아가실 때까지 정성껏 모실 수 있을지 의문이다. 그러므로 앞의 사례에서는 나중에 자녀들이 세금을 좀 더 내더라도 노부인 본인이 그 금융재산을 모두 상속받아 보유하거나, 적어도 나중에 상속세를 계산할 때 일괄공제가 되는 5억 원 정도는 직접 보유하는 것이 노부인 입장에서는 좋을 것이다.

TIP

세금 고수의 가이드

상속공제의 종류

공제 유형	공제 내용
기초공제	상속세 과세가액에서 2억 원을 공제한다.
가업 상속공제	피상속인이 10년 이상 계속하여 경영한 가업을 상속하는 경우에 가업상속 재산가액에 상당하는 금액을 공제하되, 그 금액이 300억 원을 초과 시 경영기간이 10년 이상 20년 미만이면 300억 원, 20년 이상 30년 미만이면 400억 원, 30년 이상이면 600억 원을 한도로 한다.
영농 상속공제	영농(축산업, 어업 및 임업 포함) 상속을 하는 경우에 영농상속재산가액을 공제하되, 그 가액이 30억 원을 초과하는 경우에는 30억 원을 한도로 한다.
배우자 상속공제	배우자가 실제 상속받은 금액을 공제하되, 그 금액이 30억 원을 초과하는 경우에는 30억 원을 한도로 한다. 단, 배우자가 실제 상속받은 금액이 없거나 상속받은 금액이 5억 원 미만이면 5억 원을 공제한다.
그 밖의 인적공제	① 자녀(태아 포함) 1명당 5,000만 원을 공제한다. ② 상속인(배우자는 제외) 및 동거 가족 중 미성년자(태아 포함)에 대해서는 1,000만 원에 19세가 될 때까지의 연수를 곱하여 계산한 금액을 공제한다. ③ 상속인(배우자는 제외) 및 동거 가족 중 65세 이상인 사람에 대해서는 5,000만 원을 공제한다. ④ 상속인 및 동거 가족 중 장애인에 대해서는 1,000만 원에 상속 개시일 현재 국가데이터청장이 승인하여 고시하는 통계표에 따른 성별·연령별 기대여명의 연수를 곱하여 계산한 금액을 공제한다.
일괄공제	기초공제와 그 밖의 인적공제액을 합친 금액이 5억 원에 미달하는 경우에는 5억 원을 공제한다. 상속세 신고를 하지 않은 경우에도 일괄공제 5억 원은 적용하되, 배우자가 단독으로 상속받는 경우에는 일괄공제를 적용할 수 없다.
금융재산 상속공제	상속재산가액 중 금융재산의 가액에서 금융 채무를 뺀 가액(순금융재산의 가액)이 있으면 다음의 구분에 따른 금액을 공제하되, 그 금액이 2억 원을 초과하면 2억 원을 한도로 한다. ① 순금융재산가액이 2,000만 원을 초과하는 경우, 순금융재산가액의 20% 또는 2,000만 원 중 큰 금액을 공제한다. ② 순금융재산가액이 2,000만 원 이하인 경우, 순금융재산가액을 공제한다.

재해 손실공제	상속세 신고 기한 이내에 재난으로 인하여 상속재산이 멸실되거나 훼손된 경우, 그 손실가액에서 보험금 수령이나 구상권 행사에 의해 보전받을 수 있는 금액을 뺀 금액을 공제한다.
동거주택 상속공제	다음의 요건을 모두 갖춘 상속주택가액(그 주택에 담보된 피상속인의 채무를 뺀 금액)의 100%에 상당하는 금액을 공제하되, 6억 원을 한도로 한다. ① 피상속인과 상속인(직계비속 및 상속인이 된 그 직계비속의 배우자인 경우로 한정)이 상속 개시일로부터 소급하여 10년 이상(동거 주택 판정 기간) 계속하여 한 주택에서 동거해야 한다.(상속인이 미성년자인 기간은 동거 기간에 불포함) ② 피상속인과 상속인이 동거 주택 판정 기간에 계속하여 1세대를 구성하면서 1세대 1주택에 해당해야 한다. ③ 상속 개시일 현재 무주택자이거나 피상속인과 공동으로 1주택을 보유한 자로서 피상속인과 동거한 상속인이 상속받은 주택이어야 한다.

가업을 물려주면 세금이 줄어든다

부모가 자녀에게 가업을 물려주는 경우에 그 재산에 대해 거액의 상속세나 증여세를 부과하면, 이로 인해 사업의 규모를 줄이거나 사업을 계속하지 못할 수도 있다. 그래서 세법에서는 일정 기간 이상 사업을 하던 부모가 사망하면서 상속인이 그 사업을 승계하거나, 사업을 하던 부모가 살아 있을 때 자녀가 그 사업을 승계하는 경우, 일정 요건을 갖추면 상속세나 증여세를 줄여주는 제도를 두고 있다.

10년 이상 경영한 중소기업은 상속세를 감면받는다

상속이 개시될 때 피상속인이 10년 이상 계속해서 경영하던, 세법상 중소기업 또는 중견기업(상속 직전 3개 연도의 매출액 평균금액이 5,000억 원 이상인 기업 제외)에 해당하는 기업을 상속인이 상속받을 경우, 그 가업상속재산가액에 상당하는 금액을 가업상속공제로 해서 상속재산가액에서 빼고 상속세를 계산한다.

단, 이렇게 계산한 가업상속공제액이 피상속인이 10년 이상 20년 미만 계속 경영하여 300억 원을 초과하는 경우에는 300억 원을 한도로 하며, 피상속인이 20년 이상 30년 미만 계속해서 경영한 경우에는 400억 원, 피상속인이 30년 이상 계속하여 경영한 경우에는 600억 원을 한도로 공제한다.

가업상속공제를 받을 수 있는 조건은?

가업상속공제를 받기 위해서는 피상속인이 그 가업의 영위 기간 중 50% 이상의 기간을 대표이사(개인기업의 경우에는 대표자)로 재직하거나, 상속인이 피상속인의 대표이사 등의 직을 승계하여 승계한 날부터 상속 개시일까지 계속 재직한 경우에는 10년 이상의 기간을, 또는 상속 개시일부터 소급하여 10년 중 5년 이상의 기간을 대표이사 등으로 재직해야 한다. 그리고 상속인은 상속 개시일 현재 18세 이상이면서 상속 개시일 2년 전부터 계속해서 직접 그 가업에 종사하고 있어야 하며(피상속인이 65세 이전에 사망하거나 천재지변 및 인재 등 부득이한 사유로 사망한 경우에는 제외), 상속세 과세표준 신고 기한까지 임원으로 취임해야 하고, 상속세 신고 기한부터 2년 이내에는 대표이사 등으로 취임해야 한다

(상속인의 배우자가 이런 요건을 모두 갖춘 경우 상속인이 그 요건을 갖춘 것으로 본다).

그런데, 이러한 요건을 모두 갖춘 상속인이 2명 이상인 경우에는 대표이사 중 1명에 대해서만 가업상속공제를 적용한다. 단, 가업이 법인인 경우에는 피상속인과 특수관계에 있는 주주의 주식을 합해서 그 법인의 발행주식 총액의 40%(상장법인은 20%) 이상을 10년 이상 계속 보유하고 있어야 가업상속공제 대상이 될 수 있다.

자녀가 가업을 승계하면 증여세 감면 혜택이 있다

18세 이상인 거주자가 세법에 따른 가업을 60세 이상의 부모로부터 해당 가업(증여 직전 3개 사업연도의 평균 매출액이 5,000억 원 이상인 기업은 제외)의 승계를 목적으로 주식이나 출자 지분을 증여받고 가업을 승계한 경우에는 증여세 과세가액(부모가 10년 이상 20년 미만 경영한 경우 300억 원, 20년 이상 30년 미만 경영한 경우 400억 원, 30년 이상 계속 경영한 경우 600억 원 한도)에서 10억 원을 공제하고 남은 금액에 대해 10%(과세표준 120억 원 초과분은 20%)의 낮은 세율로 증여세를 납부하면 된다.

그런데 가업 승계에 대해 증여세를 경감받기 위해서는 그 부모가 가업의 영위 기간 중 50% 이상의 기간이나 증여일부터 소급하여 10년 중 5년 이상의 기간을 대표이사로 재직해야 하고, 그 수증자 또는 배우자는 증여세 과세표준 신고 기한까지 가업에 종사하고 있어야 하며, 또 증여일로부터 3년 이내에 대표이사에 취임해야 한다. 단, 가업 승계에 대한 증여세 과세특례를 적용할 때는 가업상속공제와는 달리 개인사업은 해당되지 않으며, 증여자인 부모와 특수관계에 있는 주주의 주식 등을 합해서 그 법인의 발행주식 총액의 40%(상장법인은 20%) 이상을 10년 이상 계속하여 보유하고 있다가 자녀에게 증여하는 경우에만 해당한다.

창업을 위한 재산을 받으면 증여세가 감면된다

18세 이상인 거주자가 세법에서 정하는 업종을 영위하는 중소기업을 창업할 목적으로 60세 이상의 부모(증여 당시 부모 중 사망한 사람이 있을 경우에는 그 사망한 부모의 부모 포함)로부터 토지 · 건물 등 양도세가 과세되는 재산을 제외한 재산(현금 · 예금 등)을 증여받는 경우에도 증여세 과세가액(50억 원 한도, 창업을 통하여 10명 이상을 신규 고용한 경우 100억 원 한도)에서 5억 원을 공제받고 남은 금액에 대해 10%의 낮은 세율로 증여세를 납부할 수 있다. 이 경우 창업 자금을 2회 이상 증여받거나 부모로부터 각각 증여받는 경우에는 각각의 증여세 과세가액을 합산해서 한도를 적용한다. 그리고 증여받은 창업 자금에 대해 증여세를 경감받은 수증자는 증여받은 날로부터 2년 이내에 창업을 해야 한다. 또한 증여받은 창업 자금은 증여받은 날부터 4년 내에 모두 사용해야 한다.

가업상속과 승계 요건을 꼼꼼하게 따져라

일정 요건을 갖춘 중소기업을 상속받거나 증여받는 경우에는 가업상속공제 또는 가업승계에 대한 증여세 과세특례를 적용받을 수 있다. 그런데 이러한 혜택을 받으려면 반드시 가업 영위 기간, 주식 보유 비율, 대표이사 재직 기간 또는 취임 시기 등의 요건을 충족해야 하므로, 사전에 충분한 시간을 갖고 준비해야 한다.

예를 들어, 가업상속의 경우에 피상속인이 가업 영위 기간 중 50% 이상을 대표이사로 재직하였는지, 또는 상속인이 상속개시일 2년 전부터 직접 그 가업에 종사하고 있는지, 그리고 가업상속을 받은 후 상속세 신고 기한으로부터 2년 내에 대표이사에 취임할 수 있는지 등을 따져볼 필요가 있다. 그리고 가업승계의 경우에도 수증자가 증여세 신고 기한까지 가업에 종사하고 있는지, 그리고 증여일로부터 3년 내에 대표이사에 취임할 수 있는지 등을 사전에 따져보아야 한다.

TIP

세금 고수의 가이드

가업상속과 승계로 공제받은 세금이 추징되는 경우

1. 가업상속 후 세금이 추징되는 경우

가업상속공제를 받은 상속인이 상속 개시일로부터 5년 이내에 가업상속인의 사망 등의 정당한 사유 없이 다음 중 어느 하나에 해당하면 당초에 공제받은 금액에 일정액의 가산금까지 더한 금액을 상속세로 다시 납부해야 한다.

① 해당 가업용 재산의 40% 이상을 처분한 경우
② 해당 상속인이 더 이상 가업에 종사하지 않게 된 경우
③ 주식 등을 상속받은 상속인의 지분이 감소한 경우
④ 각 사업연도의 정규직 근로자 수의 평균이 상속이 개시된 사업연도의 직전 2개 사업연도의 정규직 근로자 수의 평균(기준 고용 인원)의 90%에 미달하면서 각 사업연도의 총급여액이 상속이 개시된 사업연도의 직전 2개 사업연도의 총급여액 평균의 90%에 미달하는 경우

2. 가업 승계 후 세금이 추징되는 경우

주식 등을 증여받은 사람이 가업을 승계하지 않거나 승계한 후에 증여일로부터 5년 이내에 사망한 경우 등의 정당한 사유 없이 다음 중 어느 하나에 해당하게 되면, 당초에 증여세를 경감받은 금액에 이자 상당액까지 더한 금액을 다시 납부해야 한다.

① 가업에 더 이상 종사하지 않거나 가업을 휴업(1년 이상)하거나 폐업하는 경우
② 주식 등을 증여받은 사람 또는 그 배우자가 증여일로부터 3년 이내에 대표이사로 취임하지 않거나 5년까지 대표이사직을 유지하지 않는 경우
③ 가업의 주된 업종을 변경하는 경우
④ 수증자가 증여받은 주식 등을 처분하거나, 주식 등을 발행한 법인이 유상증자 등을 하는 과정에서 실권 등으로 수증자의 지분율이 낮아지는 등으로 인해 증여받은 주식 등의 지분이 줄어드는 경우

3. 가업의 경영과 관련하여 조세 포탈 등으로 처벌받는 경우

거주자 또는 부모가 가업의 경영과 관련하여 조세 포탈 또는 회계부정행위(증여일 전 10년 이내 또는 증여일부터 5년 이내의 기간 중의 행위로 한정)로 징역형 또는 벌금형을 선고받고 그 형이 확정된 경우, 다음의 구분에 따라 가업승계로 인한 과세특례를 적용하지 않는다.

① 가업승계에 대한 증여세 과세표준과 세율의 결정이 있기 전에 형이 확정된 경우 : 가업승계에 대한 증여세 과세특례 적용 배제
② 가업승계에 대한 증여세 과세특례를 적용받은 후에 형이 확정된 경우 : 증여받은 주식에 대해 일반 증여세율을 적용한 증여세를 부과하고, 이자 상당액을 증여세에 가산하여 부과한다.

가족 간에도 계산은 정확히 하자

가족 간에 돈을 빌려주고 받으면서 실제로 차용증을 쓰고 제대로 이자를 주고받는 경우는 흔치 않을 것이다. 특히 부모자식 간에 돈을 빌려주는 경우에는 이자는 고사하고 원금도 받지 않는 경우가 거의 대부분일 것이다.

그런데 세법에서는 부모자식이나 형제자매뿐만 아니라 가까운 친인척 간에 일정 금액 이상의 돈을 빌려주고 받으면서 적정 이자를 받지 않으면, 돈을 빌린 사람이 이자에 상당하는 금액만큼 증여받은 것으로 보고 증여세를 부과하는 제도를 두고 있다. 특히 부모자식 간에는 말이 빌려주는 것이지 실제로는 돈을 그냥 주는 경우가 많은데, 그럼 그 금액 전체를 증여로 보아 증여세가 부과될 수도 있다.

가족 간에도 돈을 빌려주면 이자를 받아라

세법에서는 부모자식이나 형제자매, 친인척 등 세법에서 정하고 있는 특수관계인에게 금전을 무상 또는 적정 이자율보다 낮은 이자율로 빌려주는 경우에는 적정 이자율에 해당하는 이자액(그 금액이 1,000만 원 이상인 경우만 해당)만큼 증여를 한 것으로 본다. 즉 특수관계인으로부터 돈을 빌리면서 아예 이자를 주지 않거나 세법에서 정하는 이자율(2025년 12월 말 기준 연 4.6%)보다 낮은 이자율로 돈을 빌린 경우에는, 세법에 따라 계산된 적정 이자액만큼 돈을 빌린 사람이 증여받은 것으로 간주되어 그에 따른 증여세가 부과된다. 이 경우 대출 기간이 정해지지 않은 경우에는 그 대출 기간을 1년으로 보고, 대출 기간이 1년 이상인 경우에는 1년이 되는 날에 매년 새로 대출받은 것으로 보아 해당 증여재산가액을 계산한다.

부모자식 간에도 돈거래는 기록을 남겨라

부모자식 간에 금전 거래를 했다가 나중에라도 돈을 빌려준 것이 아니라 그냥 준 것으로 드러나면, 돈을 받은 쪽이 증여를 받은 것으로 되어 증여세를 내야 한다. 따라서 가까운 사이에서 돈거래를 할 때는 증여할 목적이 아니라면 금융계좌를 통해 상환한 기록을 남기고, 계약서도 작성해놓으면 소명에 도움이 될 수 있다. 특히 자녀가 집을 사거나 사업 자금이 필요해서 부모가 돈을 빌려줄 경우에는, 빌려줄 때뿐 아니라 돌려받을 때도 기록을 남겨야 문제가 생기지 않는다.

가족의 부동산을 사용해도 증여세를 낼 수 있다

세법상 특수관계인의 부동산을 무상으로 사용하면서 그 무상 사용에 따른 이익이 5년간 1억 원 이상인 경우, 부동산을 사용하는 사람이 해당 금액만큼 증여받은 것으로 간주하여 증여세를 부과한다. 부동산을 무상으로 사용하는 것에 대한 이익을 계산할 때는 5년을 단위로 한다. 따라서 무상 사용 기간이 5년을 초과하는 경우에는 5년치의 무상 사용 이익을 증여로 보고 증여세를 부과한다. 그리고 그 5년이 지난 후에도 대가를 주고받지 않으면 다시 5년치의 무상 사용 이익을 계산해 증여세를 또 부과한다. 그러나 주택의 경우에는 주택 소유자와 특수관계에 있는 사람이 해당 주택을 무상으로 사용하더라도 주택 소유자와 함께 거주하는 한 증여세를 부과하지 않는다.

재산을 양도할 때는 가족일수록 기록을 남겨라

일반적으로 재산을 무상으로 증여하고 증여세를 내는 것보다는 유상으로 양도하고 양도세를 내는 것이 세금 측면에서 유리하다. 때문에 부모자식 간이나 부부간에 실제로는 재산을 무상으로 증여하면서도 겉으로는 대가를 주고받으며 양도하는 것처럼 위장할 가능성이 있다. 세법에서는 이런 조세 회피 행위를 방지하기 위해 부부 간이나 직계존비속 간에 재산을 이전하면 일단은 증여를 한 것으로 추정해 세금을 부과한다.

그러나 이때 실제로 유상으로 거래한 사실을 입증하면 증여가 아닌 양도로 인정받을 수 있다. 즉 배우자나 자녀 또는 부모와의 거래라고 하더라도 대가를 받고 양도한 사실이 명백히 인정되는 경우에는 증여로 보지 않고 유상으로 거래한 것으로 인정해주는 것이다. 다시 말해 실제로 대가를 주고받는 등 제3자와 거래할 때처럼 정상적으로 거래한 경우에는, 비록 배우자나 직계존비속 간의 거래라고 하더라도 증여가 아닌 매매로 인정받을 수 있다. 따라서 배우자나 직계존비속 간에 재산을 매매할 경우, 먼저 그 재산을 유상으로 취득할 수 있는 자금출처를 밝힐 수 있는지 확인하고, 대금 지급도 반드시 금융계좌를 이용하여 기록을 남기는 것이 중요하다.

TIP

세금 고수의 가이드

가족간 재산을 유상으로 양도한 것으로 인정받는 경우

배우자나 직계존비속에게 재산을 양도한 경우라도 다음 중 어느 하나에 해당하면 증여로 추정하지 않고 양도로 인정한다.

- 법원의 결정으로 경매 절차에 따라 처분된 경우
- 파산 선고로 인해 처분된 경우
- 「국세징수법」에 따라 공매된 경우
- 증권시장을 통해 유가증권이 처분된 경우
- 배우자 등에게 대가를 받고 양도한 사실이 명백히 인정되는 다음과 같은 경우
  - 권리의 이전이나 행사에 등기 또는 등록을 요하는 재산을 서로 교환한 경우
  - 해당 재산을 취득하기 위해 이미 과세(비과세 또는 감면받은 경우 포함)받았거나 신고한 소득액 또는 상속 및 수증재산가액으로 그 대가를 지급한 사실이 입증되는 경우
  - 해당 재산을 취득하기 위해 소유 재산을 처분한 금액으로 그 대가를 지급한 사실이 입증되는 경우

손자녀에게 증여나 상속하면 할증과세된다

조부모가 어린 손자녀에게 재산을 증여하는 경우가 종종 있다. 상속이 개시될 때도 한 세대를 건너뛰어서 조부모의 재산을 손자녀에게 상속하기도 한다. 이렇게 세대를 건너뛰어서 증여나 상속을 하면 한 차례 과정이 생략되므로 세금을 적게 낼 수 있다.

따라서 세법에서는 이런 경우를 방지하기 위해 세대를 건너뛰어 증여나 상속을 하면 일반적으로 내야 하는 증여세·상속세보다 할증된 세금을 내도록 규정하고 있다. 세대 생략 증여나 상속에 대해 설사 할증된 세금을 내더라도, 그 세액이 두 차례 상속을 하거나 증여를 할 때 내야 하는 상속세나 증여세, 취득세 등의 금액보다 적다면 세대 생략 증여나 상속도 고려해볼 만하다.

세대를 건너뛴 증여는 세금이 불어난다

세법에서는 수증자가 증여자의 자녀가 아닌 직계비속, 즉 손자녀인 경우에는 증여세를 30% 할증(단, 수증자가 미성년자로서 증여 재산가액이 20억 원 초과 시 40% 할증)해서 과세한다. 다만 증여자의 최근친인 직계비속이 사망해서 사망자의 최근친인 직계비속이 증여를 받는 경우는 예외로 한다. 즉 아버지가 먼저 사망한 경우에 할아버지가 손자에게 증여하더라도 할증과세하지 않는다.

증여세를 낼 능력이 없으면 세금까지 얹어줘라

아직 소득이 없는 어린 손자녀들이 증여를 받으면, 증여세를 낼 수 없기 때문에 증여를 한 조부모가 증여세를 대신 내주는 경우가 많다. 그런데 문제는 수증자가 낼 증여세를 증여자가 대신 내줄 경우, 대신 내준 그 세금 역시 증여로 보아 또 세금을 내야 한다는 것이다. 그러므로 수증자가 증여에 대한 세금을 납부할 능력이 없다면, 차라리 세금 낼 돈까지 얹어서 증여를 하는 편이 낫다. 참고로, 수증자가 능력이 없어서 증여세를 납부하지 못하면 세법에서는 그 증여자가 연대해서 납부할 의무를 지도록 하고 있다.

세대를 건너뛴 상속도 세금이 불어난다

세대를 건너뛰어 상속을 함으로써 상속세를 회피하는 것을 방지하기 위해 세법에서는 세대를 건너뛴 상속에 대해서도 상속세를 30% 할증(단, 상속인이 미성년자로서 상속 재산가액이 20억 원 초과 시 40% 할증)하여 과세하도록 하고 있다. 다만 상속인이 이미 사망해서 어쩔 수 없이 세대를 건너뛰어 상속을 하는 경우, 즉 민법에 따른 '대습상속'의 경우에는 할증과세를 하지 않는다. 대습상속이란, 상속인이 되는 사망자의 직계비속 또는 형제자매가 상속 개시 전에 사망하거나 결격자가 된 경우에 그의 직계비속이나 배우자가 있을 때에는 그 직계비속이나 배우자가 상속인이 되는 것을 말한다. 예를 들어 원래 상속인이 될 A가 이미 사망한 경우, 사망한 A의 자녀와 배우자가 상속을 받으면 대습상속으로 인정받아 할증과세하지 않는다.

TIP

세금 고수의 가이드

대습상속의 인정 사례

1997년 괌에서 항공기가 추락한 참사가 있었다. 그 추락 사고로 가족 여행 중이던 모 기업의 회장과 배우자, 아들과 딸, 손자손녀와 며느리까지 모두 사망했는데, 다행히도 가족 중에서 회장의 사위만이 추락한 비행기를 타지 않아 참변을 피할 수 있었다. 하지만 사망한 회장이 남긴 거액의 재산에 대한 상속 문제를 놓고 사위와 회장의 형제들 간에 소송이 진행되었다 회장의 형제들은 민법상 대습상속권자인 회장의 배우자와 직계비속 등이 모두 사망했으므로 3순위인 형제들이 상속권자가 되어야 한다고 주장했다. 이에 대해 회장의 사위는 동시 사망으로 동시 사망자 간에 상속은 이루어지지 않지만 대습상속은 가능하다고 주장했다. 즉 회장이 사망했으므로 자신의 (사망한) 아내가 회장의 딸로서 아버지의 재산을 상속하고, 자신은 다시 사망한 아내의 재산을 상속해야 한다는 것이었다.
이에 대해 대법원은 민법상 동시 사망의 추정과 대습상속의 법리대로 하면 동시 사망자 간에는 상속이 발생하지 않지만, 대습상속 취지로 볼 때 며느리와 사위도 대습상속인으로 인정할 수 있다면서 사위의 상속권을 인정했다.

13

세금이 안 나와도 신고를 하는 것이 유리할 수 있다

사람이 사망하여 상속이 개시되면 재산 상속으로 인한 상속세 부담이 클 것으로 흔히들 생각한다. 하지만 실제로 세금을 낼 만큼 상속을 받는 경우는 그리 많지 않다. 상속세를 계산할 때 상속인으로 배우자와 자녀가 1명 이상만 있어도 배우자공제 5억 원과 일괄공제 5억 원을 합쳐 최소 10억 원이 공제되기 때문에, 상속세를 내려면 상속재산이 공과금과 장례비, 부채 등을 공제하고도 최소 10억 원 이상이어야 한다.

실제로 2024년 기준으로 연간 35만 8,000명 정도가 사망했다는데, 2024년에 상속세 신고를 한 수는 대략 2만 100명에 불과했다. 상속을 받으면서 상속공제를 한 후의 재산가액이 과세 미달에 해당하는 경우에도 원칙적으로는 상속세 신고를 해야 하지만, 신고를 하지 않더라도 어차피 세금이 없기 때문에 대부분은 상속세 신고를 하지 않는다. 물론 최근 몇 년간의 부동산 가격 상승으로 인한 상속재산 가액증가로 향후 상속세 신고 대상자가 늘어날 것으로 보인다.

증여세의 경우에도 앞서 밝힌 대로 배우자 간에 증여를 하면 10년 동안 6억 원을 공제해주기 때문에, 공제금액 미만의 재산을 증여하는 경우에는 증여세 신고를 하지 않는 경우가 많다. 상속이나 증여를 통해 재산을 취득한 후 나중에 그 재산을 양도하는 경우에는 양도세를 매기기 위해 양도차익을 계산하는데, 양도가액에서 공제하는 취득가액은 원칙적으로 그 재산을 취득하기 위해 들어간 실지거래가액으로 한다.

이때 상속이나 증여받은 재산의 경우에는 무상으로 그 재산을 취득했기 때문에 실지거래가액이 없어서 취득가액을 어떤 금액으로 해야 할지 문제가 될 수 있다. 특히, 상속이나 증여가 이루어진 이후에 그 재산가액이 적어서 상속세나 증여세를 신고하지 않았다가 나중에 그 상속재산이나 증여받은 재산을 양도하는 경우에는 양도세를 계산하면서 공제해야 할 취득가액을 어떤 금액으로 해야 할지 더더욱 감이 안 잡힐 수 있다.

상속·증여받은 재산을 양도하는 경우의 취득가액

상속 또는 증여받은 재산을 나중에 매매하는 경우에 그 재산의 취득가액은 상속 개시일 또는 증여일 현재의 「상속세 및 증여세법」의 규정에 의해 평가한 가액으로 한다. 즉 상속이나 증여를 받은 경우에는 그 시점이 상속인이나 수증인의 재산 취득 시점이 되고, 그 시점의 세법상 평가액이 그 재산의 취득가액이 되는 것이다. 재산을 양도할 때 그 재산의 취득가액이 확인되지 않는 경우에는 「소득세법」의 규정에 따라 매매사례가액, 감정가액, 환산가액*을 순차적으로 적용하여 취득가액을 계산한다.

그런데 상속이나 증여로 받은 재산을 양도하는 경우에는 그 재산의 취득 당시 매매사례가액이나 감정가액 등은 시가로 인정되지만, 환산가액은 취득가액을 산정하는 방법으로 인정되지 않는다.

따라서 상속이나 증여를 받은 재산에 대하여 매매사례가액이나 감정가액 등의 시가로 평가하여 상속세나 증여세를 신고하지 않은 경우에는, 상속이나 증여를 받은 시점의 기준시가 등 「상속세 및 증여세법」의 보충적 방법으로 평가한 가액을 취득가액으로 산정할 수밖에 없다.

양도 계획이 있다면 상속·증여세를 신고하라

상속세나 증여세 신고를 하지 않으면 상속이나 증여 시점에 시가로 평가한 금액이 없으므로 세법에서 정하고 있는 보충적 방법으로 취득가액을 계산할 수밖에 없다. 세법에서는 시가를 알 수 없는 부동산의 경우, 상속이나 증여 시점의 기준시가를 상속·증여받은 재산의 취득가

* 실제 양도가액은 알 수 있는데 실제 취득가액을 알 수 없는 경우에 양도 당시 기준시가와 취득 당시 기준시가의 비율을 계산해서 실제 양도가액을 취득 당시의 기준시가 비율을 적용해 취득가액을 계산하는 방식

액으로 보도록 하고 있다.

일반적으로 기준시가는 시가보다 금액이 적게 산정되기 때문에, 상속이나 증여받은 재산을 양도할 때 그 재산에 대한 취득가액을 기준시가로 계산하면 양도차익이 커진다. 따라서 상속이나 증여받은 재산을 양도할 계획이 있다면, 비록 과세 미달에 해당하더라도 일단 시가로 평가해서 상속세나 증여세를 신고해두는 것이 좋다. 그러면 나중에 그 재산을 양도할 때 신고된 시가만큼을 취득가액으로 인정받을 수 있으므로 양도세 부담을 줄일 수 있다.

시가를 모르면 감정평가를 받아서라도 신고하라

원칙적으로 세법에 따라 상속세나 증여세가 부과되는 재산의 가액은 상속 개시일 또는 증여일 현재의 시가에 따르도록 되어 있다. 이때 시가는 불특정 다수인 사이에 자유롭게 거래가 이루어지는 경우에 통상적으로 성립된다고 인정되는 가액을 말한다. 시가에는 수용가격 · 공매가격 및 감정가격 등이 포함되는데, 수용가격 · 공매가격이란 상속이나 증여가 이루어지는 날을 전후해서 6개월(증여재산의 경우 증여일 전 6개월부터 증여일 후 3개월) 이내의 기간 중에 수용이나 공매가 있는 경우에 확인되는 가액을 말한다. 그리고 시가로 인정되는 감정가액은 둘 이상의 감정기관이 평가한 감정가액의 평균액(2018년 4월 이후부터는 기준시가 10억 원 이하 부동산에 대해서는 하나의 감정가액도 인정)을 말한다.

예를 들어 상속재산이나 증여재산에 대하여 A 감정평가 기관은

12억 원을 감정가액으로 결정하고, B 감정평가 기관은 11억 원을 감정가액으로 결정한 경우 상속재산이나 증여재산가액은 그 평균액인 11억 5,000만 원으로 한다.

따라서 상속·증여를 받은 재산의 가액이 적어서 세금을 낼 것이 없더라도 훗날 그 재산을 양도할 때를 대비해서 상속받은 날로부터 6개월(증여는 3개월) 내에 두 군데 이상의 감정기관에 의뢰해 재산을 평가해 상속세나 증여세를 신고하는 편이 좋다. 그러면 비록 당장은 감정평가 비용 등이 들어가지만, 나중에 세금을 더 크게 줄일 수 있다. 참고로 상속재산이나 증여재산을 평가하기 위해 들어가는 감정평가 비용의 수수료는 상속세나 증여세를 계산할 때 상속세나 증여세 과세가액에서 공제받을 수 있다.

TIP

세금 고수의 가이드

국세청에 의한 꼬마빌딩 등 감정평가 직권 시행

상속세나 증여세를 과세하기 위한 상속·증여 재산의 평가는 시가로 하는 것이 원칙이지만, 시가를 알 수 없는 경우 세법에서 정하는 보충적 평가 방법으로 한다. 그런데 부동산의 경우 보충적 방법인 기준시가로 평가한 가액이 시가 대비 저평가되는 경우가 많기 때문에 국세청은 2019년 2월 개정된 「상속세 및 증여세법」 시행령 규정을 근거로 직권으로 상속·증여 재산에 대한 감정평가 사업을 시행하고 있다. 감정평가 절차는 국세청이 둘 이상의 감정평가 기관에 의뢰하여 평가한 가액을 평가심의위원회의 심의를 거쳐 시가로 인정하는 방식이다. 따라서 비주거용 부동산을 상속하거나 증여하면서 시가를 알 수 없는 경우에는 기준시가로 평가하기 전에 납세자 스스로 감정평가를 해야 할지 검토해볼 필요가 있다. 그런데 서울행정법원에서 2025년 12월 15일자로 국세청이 「상속세 및 증여세법」에 따라 상속세 신고기한이 지난 후에 직권으로 감정 평가를 해서 과세하는 것은 헌법과 법률에 위반된다는 판결(2021 구합 85600)을 했는데, 앞으로 국세청의 직권 평가 사업이 어떻게 될지는 지켜봐야 할 것 같다.

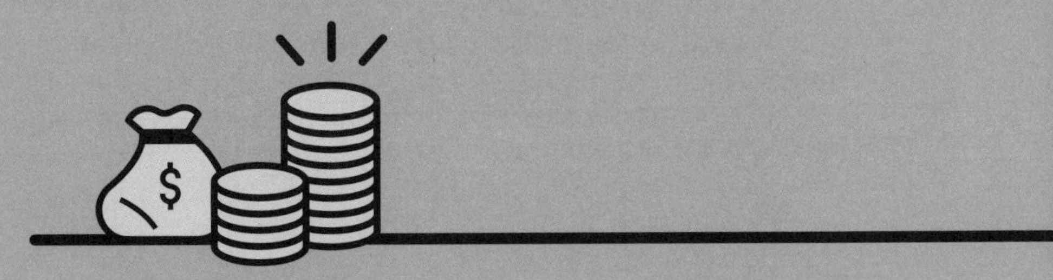

PART 2

부가 보이는 양도 절세

14

부동산을 사고팔 때는 6월 1일이 중요하다

부동산을 보유하면서 내는 세금 중 대표적인 것이 지방세인 재산세다. 그리고 공시가격 9억 원 이상인 주택(1세대 1주택자의 경우에는 12억 원 이상인 주택)을 보유하고 있거나 공시가격 5억 원 이상인 종합합산 과세대상 토지 또는 80억 원 이상인 별도합산 과세 대상 토지를 보유하고 있는 경우에는 국세인 종합부동산세를 내야 한다. 그런데 연도 중에 매매를 해서 부동산의 소유권이 바뀌는 경우에는 그 재산에 대한 1년치의 재산세와 종합부동산세를 누가 내야 할까?

부동산에 대한 재산세와 종합부동산세는 특정 시점에 그 부동산을 보유하고 있는 사람이 1년치의 세금을 모두 내야 한다. 따라서 부동산을 사고파는 시점을 잘 조절하면 세금을 아낄 수 있다.

부동산은 6월 1일 전에 팔고, 6월 1일 후에 사라

토지에 대한 재산세는 매년 9월, 일반 건축물에 대한 재산세는 매년 7월에 부과되며, 주택에 대한 재산세는 매년 7월과 9월에 반반씩 나뉘어 부과된다. 그리고 종합부동산세는 매년 12월에 관할 세무서장이 해당 납세자에게 고지서를 발부해 징수한다. 이렇게 부동산을 보유하고 있기 때문에 내야 하는 재산세와 종합부동산세의 납기는 매년 7월과 9월, 또는 12월이지만, 그 과세 기준일은 매년 6월 1일이다. 즉 1년 중에 며칠 동안 부동산을 보유하고 있었는지는 따지지 않고, 매년 6월 1일 현재 그 부동산의 소유자로 되어 있는 사람에게 1년치의 재산세와 종합부동산세가 모두 과세되는 것이다.

따라서 부동산 보유에 따른 재산세나 종합부동산세의 부담을 줄이고 싶다면 부동산을 파는 사람의 입장에서는 6월 1일 전에 팔고, 부동산을 사는 사람의 입장에서는 6월 1일 후에 사야 그해에 내야 할 재산세나 종합부동산세를 피할 수 있다.

잔금 청산일과 등기 접수일이 그해의 세금을 결정한다

6월 1일 현재 부동산을 소유하고 있는 이는 그 부동산에 대한 1년치의 재산세와 종합부동산세를 내야 한다. 그렇다면 부동산을 거래할 때 소유권이 이전되는 시점을 언제로 볼까? 일반적으로 부동산을 거래할 때는 계약금과 중도금, 잔금으로 대금을 나누어 주고받는데, 세법에서는 원칙적으로 '잔금을 치른 날'을 소유권이 이전된 날로 본다. 그러나 잔금 청산일이 분명하지 않거나 잔금을 치르기 전에 소유권이전등기를 한 경우에는 그 '등기 접수일'을 소유권이 이전된 날로 본다. 따라서 부동산을 사는 사람이 잔금을 6월 1일까지 지급하거나 잔금 일자는 6월 1일 후로 하더라도 소유권이전등기를 6월 1일까지 하면, 불과 며칠 차이로 1년치의 재산세와 종합부동산세를 모두 내야 한다. 그러므로 부동산을 사는 사람은 매매 계약은 6월 1일 전에 하더라도 잔금 지급일과 소유권이전등기는 6월 1일 후에 해야 그해의 재산세와 종합부동산세를 피할 수 있다.

부부 공동명의 1주택 보유 시 종합부동산세 계산의 특례

종합부동산세를 계산할 때 부부가 1주택을 공동명의로 보유하고 있는 경우, 원칙적으로 부부가 각각 한 채의 주택을 보유하고 있는 것으로 보아 각각 9억 원씩 공제한 후의 금액에 대하여 세금을 계산하게 된다. 그런데 1주택을 부부 중 한 사람이 단독명의로 보유하고 있는 경우에는 공제금액이 12억 원으로 부부 공동명의보다 공제금액이 작아 불리한 것처럼 보이지만, 한 사람 단독명의로 보유하고 있는 경우에는 납세자의 연령과 주택의 보유 기간에 따라 최대 80%의 세액공제를 적용받을 수 있어 오히려 유리할 수 있다.

이런 점을 감안하여 정부는 세법을 개정하여 1주택을 부부 공동명의로 보유하고 있는 경우, 종합부동산세를 계산할 때 각각 9억 원씩 공제하고 세금을 계산하는 방법이나 신청에 의해 단독명의 1주택을 보유하고 있는 것처럼 12억 원을 공제하고 부부 중 보유지분이 큰 사람(지분이 같은 경우 선택)의 연령과 보유 기간에 따른 세액공제를 적용받는 방법을 선택할 수 있도록 했다. 이 경우 부부 공동명의로 1주택을 보유하면서 단독명의로 보유하는 것처럼 종합부동산세를 계산하는 방법을 적용받기 위해서는 매년 9월 16일부터 9월 30일 사이에 신청해야 한다. 다만, 한번 신청하고 나서 변동이 없는 경우에는 다시 신청을 하지 않아도 된다.

증여는 시기를 조절하면 세금을 줄인다

상속세나 증여세가 부과되는 재산가액은 상속 개시일 또는 증여일 현재의 시가를 따른다. 이때 시가란 불특정 다수인 사이에 자유롭게 거래가 이루어지는 경우에 통상적으로 성립된다고 인정되는 가액을 말한다. 시가를 산정하기 어려운 경우에는 해당 재산의 종류, 규모, 거래 상황 등을 고려해 세법에 규정된 보충적 방법으로 평가한 가액을 시가로 본다. 보충적 방법은 재산의 종류별로 세법에서 규정을 따로 두고 있는데, 토지나 건물 등 부동산의 경우에는 기준시가로 평가한다.

그런데 토지의 기준시가인 개별공시지가는 매년 5월 31일까지 결정해서 공시하도록 되어 있고, 주택의 기준시가인 개별주택 가격과 공동주택 가격은 매년 4월 30일까지 결정해서 공시하도록 되어 있다. 상속 시기는 사람의 사망과 관련되기 때문에 마음대로 조절할 수 없지만 증여 시기는 조절할 수 있으므로, 증여를 할 때 시가를 알 수 없어 기준

시가를 적용해 신고하는 경우, 새로 고시하는 기준시가가 오를 것으로 예상된다면 새로운 기준시가가 고시되기 전에 증여하는 것이 세금을 줄이는 길이다.

참고로 상속으로 인한 소유권 이전 시기는 상속 개시일, 즉 '피상속인의 사망일'로 보며, 증여의 경우에는 증여계약일이 아닌 '증여등기 접수일'을 소유권 이전 시기로 본다.

TIP

세금 고수의 가이드

재산세·종합부동산세 납부 기간

1. 재산세 납부 기간

① 토지 : 매년 9월 16일부터 9월 30일까지
② 건축물 : 매년 7월 16일부터 7월 31일까지
③ 주택 : 해당 연도에 부과·징수할 세액의 50%는 매년 7월 16일부터 7월 31일까지, 나머지 50%는 9월 16일부터 9월 30일까지
④ 선박 : 매년 7월 16일부터 7월 31일까지
⑤ 항공기 : 매년 7월 16일부터 7월 31일까지

2. 종합부동산세 납부 기간

매년 12월 1일부터 12월 15일까지

나누어서 팔고, 손실이 나는 것과 함께 팔자

세계 금융위기 이후 한동안 아파트 가격이 하락했다가 문재인 정부 시기에 서울 지역을 중심으로 가파르게 오르자, 정부는 20번이 넘는 주택가격 안정 대책을 내놓았다. 그런데 주택가격을 안정시키려는 정부의 노력에도 불구하고 몇 년 동안 전국적으로 주택가격이 폭등하다가 그 후 금리 인상 등으로 주택가격 상승이 약간 주춤했다. 그러다 최근에도 수도권 일부 지역을 중심으로 주택가격이 오르고 있어 앞으로 주택가격이 어떤 방향으로 흘러갈지는 지켜볼 일이다.

이렇게 그동안 주택 가격이 폭등하다 보니 주택을 양도하면서 양도차익이 많이 나는 경우가 속출하고 있다. 1세대 1주택의 경우, 양도가액이 12억 원만 넘지 않으면 2년 이상 보유(2017년 8월 3일 이후 서울시 등 세법상 조정지역에서 취득하는 주택은 거주 기간도 2년 이상이어야 함) 시, 그 주택을 팔더라도 양도소득세가 과세되지 않는다. 하지만 1세대가 2주택 이상을 보유하다가 양도하거나 상가 등을 양도하면서 양도차익이 크게 나는 경우에는 세금 부담이 클 수 있다. 이렇게 부동산을 여러 건 양도하는 경우에는 연도를 달리해서 파는 것이 유리할 수 있는데, 어떤 경우에는 오히려 이런 부동산을 한 해에 양도하는 것이 절세가 될 수도 있다.

양도세는 재산 종류별로 통산된다

세법상 양도세 과세 대상인 재산을 팔면 양도소득금액은 부동산(분양권 포함)과 주식(비상장주식과 상장법인 대주주의 주식), 파생상품, 신탁수익권 등에서 발생한 소득을 종류별로 구분해 계산하며, 양도세는 각 종류별 소득의 연간 금액을 합산해 계산한다.

그런데 양도세는 누진세 구조로 되어 있어서 누진세율이 적용되는 같은 종류의 재산을 한해에 2회 이상 양도하면, 각각의 양도소득금액이 합산되므로 보다 높은 세율을 적용받아 더 많은 세금을 낼 수 있다. 반면 부동산과 주식, 파생상품 등 서로 다른 종류의 재산을 한 해에 양도할 경우에는 각각의 양도차익은 합산되지 않는다. 재산의 종류별로 양도차익과 양도차손(손해)이 각각 발생한 경우에도 서로 통산할 수 없다. 예를 들어 부동산에서 손해를 보고 매매를 하고, 주식에서 이익을 보고 매도를 했다면 설사 부동산으로 인한 양도차손이 크더라도 이것은 없는 것이 되고, 주식 매매로 발생한 양도차익에 대해서만 세금을 낸다.

이익이 나는 재산은 서로 다른 해에 팔아라

앞서 설명했듯이 양도세는 세법에서 구분하는 재산의 종류별로 소득을 합산해 계산한다. 따라서 한 해에 누진세율이 적용되는 재산을 2회 이상 양도하면, 그 소득을 모두 합산해 세금을 계산하기 때문에 합산한 소득금액이 커질수록 높은 세율을 적용받는다.

그러므로 이익이 나는 양도세 과세 대상 재산을 파는 경우에는 한 해에 한꺼번에 파는 것보다 여러 해에 걸쳐 나누어 파는 것이 좋다. 그래야만 같은 이익이라도 그 이익이 분산되므로, 각각 낮은 세율을 적용받아 전체 세금이 줄어든다. 따라서 양도차익이 발생하는 같은 종류의 재산을 비슷한 시기에 파는 경우에는 연도를 달리해서 파는 것이 유리하다.

이익이 나는 재산과 손실이 나는 재산을 같은 해에 팔아라

정리하면, 세법상 양도세는 재산을 크게 4가지로 구분해 각 종류별로 합산해서 계산한다. 따라서 같은 해에 같은 종류의 재산을 2회 이상 양도하는 경우, 각각의 재산의 양도에서 이익이 발생했다면 양도소득금액이 합산되어 높은 누진세율이 적용되므로 납부할 세액이 커진다.

그런데 같은 종류의 재산을 2회 이상 양도하더라도 하나의 재산 양도에서는 이익이 발생하고 다른 재산의 양도에서는 손실이 발생하는 경우에는, 각각의 양도차익과 양도차손을 통산하므로 한쪽에서 난 이익을 다른 쪽에서 난 손실로 차감하면 오히려 전체 소득금액이 줄어들어 양도세가 줄어든다.

따라서 각각 양도차익과 양도차손이 날 것으로 예상되는 같은 종류의 재산을 비슷한 시기에 양도하는 경우에는 오히려 같은 해에 파는 것이 유리하다.

TIP

세금 고수의 가이드

양도소득금액의 구분 계산

양도소득금액은 다음의 소득별로 구분해 계산한다. 양도소득금액을 계산할 때 양도차손이 발생한 재산이 있는 경우, 같은 종류별로는 서로 통산하지만 다른 종류의 소득금액과는 통산하지 않는다.

1. 토지 등의 양도소득

① 토지 또는 건물의 양도로 발생하는 소득

② 부동산을 취득할 수 있는 권리, 지상권, 전세권과 등기된 부동산임차권 등 부동산에 관한 권리의 양도로 발생하는 소득

③ 다음 중 어느 하나에 해당하는 재산의 양도로 발생하는 소득

- 토지 또는 건물 등 사업용 고정자산과 함께 양도하는 영업권
- 이용권·회원권 및 그 밖에 그 명칭과 관계없이 시설물을 배타적으로 이용하거나 일반 이용자보다 유리한 조건으로 이용할 수 있도록 약정한 단체의 구성원이 된 자에게 부여되는 시설물 이용권
- 부동산 과다 보유 법인의 주식 등
- 토지 또는 건물 등과 함께 양도하는 이축권

2. 주식 등의 양도소득

주권상장법인의 대주주가 양도하는 주식과 증권시장 외에서 거래하는 주권상장법인의 주식과 비상장법인의 주식

3. 파생상품 등의 양도소득

- 자본시장과 금융투자업에 관한 법률 제5조 제2항 제1호에 따른 장내파생상품으로서 증권시장 또는 이와 유사한 시장으로서 외국에 있는 시장을 대표하는 종목을 기준으로 산출된 지수를 기초자산으로 하는 상품
- 당사자 일방의 의사표시에 따라 위의 지수의 수치 변동과 연계하여 미리 정해진 방법에 따라 주권의 매매나 금전을 수수하는 거래를 성립시킬 수 있는 권리를 표시하는 증권 또는 증서
- 해외 파생상품시장에서 거래되는 파생상품
- 장외파생상품으로서 경제적 실질이 장내파생상품과 동일한 상품

4. 신탁수익권의 양도소득

- 신탁의 이익을 받을 권리의 양도로 발생하는 소득

16

양도세를 줄이는 경비는 따로 있다

일반적으로 아파트나 주택을 구입한 뒤 인테리어 공사에 들어간 경비는 나중에 되팔 때 양도세를 줄이는 경비로 인정받을 수 있다. 부동산 매매로 인한 양도세를 계산할 때는 양도가액에서 취득가액 등 필요경비를 차감하여 그 차익에 대해 양도세를 부과한다. 인테리어 공사비도 재산 가치를 높이는 수리비일 경우 필요경비로 인정받기 때문에 그 지출액이 크면 클수록 양도차익이 줄어들어 양도세도 줄어든다. 그런데 부동산을 취득하고 난 후에 지출하는 모든 비용들이 양도세를 줄일 수 있는 경비로 인정되는 것은 아니다. 그리고 필요경비로 인정되는 항목이라도 그 지출 내용을 입증하지 못하면 세무상 비용으로 인정받지 못할 수도 있으므로 증빙 서류를 잘 챙기는 것도 중요하다.

재산 가치를 높이는 수리비만 필요경비로 인정된다

앞서 밝힌 대로 보유하던 부동산을 팔고 양도세를 계산할 때, 양도차익은 양도가액에서 세법에서 정하는 필요경비를 공제하고 계산한다. 이때 공제받을 수 있는 필요경비에는 취득가액, 양도비, 재산 취득 후에 지출한 자본적 지출액 등이 있다. 자본적 지출이란 부동산의 사용연수를 연장시키거나 가치를 증가시키기 위해 지출한 수리비를 말하는데, 수리비 중에서도 단순히 현 상태를 유지하기 위해 들어가는 비용은 제외된다. 그러나 실무적으로는 부동산을 취득한 후에 들어간 수리비가 자본적 지출에 해당하는지 수익적 지출에 해당하는지의 여부를 판단하기가 쉽지 않기 때문에 논란이 되고 있다. 실제로 양도세 계산에서 문제가 되는 것들을 살펴보자. 발코니 섀시 설치비, 난방시설 교체비, 인테리어 공사비 등은 건물 가치를 실질적으로 증가시켰다고 보아 필요경비로 인정하고 있다.

반면 벽지나 장판 교체비, 싱크대나 주방 기구 교체비, 외벽에 대한 도색비, 문짝이나 조명 기구 교체비, 보일러 수리비, 옥상 방수 공사비 등은 건물의 현 상태를 유지하기 위해 들어가는 수선 비용으로 보기 때문에 양도세를 계산할 때 필요경비로 인정되지 않는다.

부동산 양도에 쓴 돈도 필요경비가 될까?

부동산을 양도하면서 들어가는 양도비 등도 필요경비로 인정받을 수 있다. 여기서 비용으로 인정되는 양도비 등을 구체적으로 살펴보자.

우선 계약서 작성비 및 양도세 신고서 작성비, 공증비, 인지대 및 소개비 등이 있다. 부동산의 경우에는 그 재산을 취득할 때 매입한 국민주택채권 및 토지개발채권을 만기 전에 매각함으로써 발생하는 채권매각차손, 주식을 양도한 경우에는 그 주식의 양도에 대해 납부한 증권거래세 등이 있다.

대출 이자는 필요경비로 인정되지 않는다

우리나라의 경우, 집을 살 때 대출을 받지 않고 순수하게 자기 돈으로만 사는 사람은 그리 많지 않다. 집값이 많이 오를 때는 무리하게 대출을 받아서 집을 사도 나중에 이자액보다 훨씬 큰 시세차익을 기대할 수 있다면 별 문제가 되지 않을 수 있을 것이다.

흔히들 부동산을 팔면서 양도세를 계산할 때 그동안 낸 이자액이 필요경비로 인정될 거라 생각하는데, 매매계약에 의해 원래 지급하기로 한 매매 대금을 제때 지급하지 못해 추가로 발생하는 연체이자 상당액이나, 집 대출금에 대한 이자는 양도세를 계산할 때 세법상 필요경비로 인정되지 않는다. 또한 부동산을 취득한 후에 돈을 빌리면서 들어간 근저당 설정비 등도 양도가액에서 공제하는 필요경비로 인정되지 않는다.

건물의 취득가액에서 감가상각비를 빼라

개인사업자가 소유 건물을 사업에 사용하는 경우에는 사업소득을 계산할 때 그 건물에 대한 감가상각비(건물이나 설비 등 고정자산의 가치감소분을 비용으로 계상한 것)를 계산해 비용으로 처리한다. 그런데 사업소득금액을 계산할 때 이미 필요경비로 셈하여 넣은 감가상각비가 있을 경우에는 건물의 당초 취득가액에서 감가상각비를 공제한 후의 금액을 그 건물의 취득가액으로 보고 양도세를 계산해야 한다. 그렇게 하지 않으면 하나의 건물에 대해 사업을 하면서 감가상각비로 비용을 처리해서 사업소득에 대한 세금도 적게 내고, 나중에 그 건물을 팔 때 원래 취득가액을 필요경비로 계산해서 양도세도 적게 내 이중으로 혜택을 보기 때문이다.

예를 들어 취득가액이 5억 원인 상가 건물을 임대하면서 이미 감가상각비로 1억 원을 세무상 비용처리를 했다면, 양도세를 계산할 때 이 상가 건물에 대한 취득가액은 5억 원이 아닌 4억 원이 되는 것이다.

부동산을 취득할 때는 각종 증빙을 잘 챙겨라

부동산을 팔고 양도세를 계산할 때 필요비용으로 인정되는 것 중에서 취득할 때 납부한 취득세 등의 세금 납부 내역은, 설사 영수증을 분실했다고 하더라도 구청 등에서 납세증명을 받으면 필요경비로 인정받을 수 있다.

그런데 재산 가치를 높이는 수리비 등(자본적 지출액)을 지출한 경우에는 공사계약서나 세금계산서, 영수증, 송금명세서, 도급계약서, 기타 대금 지급 자료 등 어떤 종류의 증빙이든 실제로 지출된 사실을 입증해야만 필요경비로 공제받을 수 있지만, 2016년 2월 17일 이후 지출분부터는 세법에서 정하는 계산서나 세금계산서, 신용카드 매출전표, 현금영수증, 금융거래 증빙 등의 자료를 받아야지만 비용으로 인정받을 수 있다. 그리고 양도가액에서 공제되는 양도비 등의 경우에도, 2018년 4월 이후 지출분부터는 그 재산을 양도하기 위해 직접 지출한 비용으로서 계산서, 세금계산서, 현금영수증, 금융거래 증빙 등 실제로 지출된 사실을 확인할 수 있는 증빙이 있어야만 비용으로 인정받을 수 있다.

따라서 부동산을 취득한 후 지출한 경비에 대해서는 반드시 세법에서 정하고 있는 적격 증빙을 받도록 하고, 대금을 지급할 때는 나중에 입증하기 쉽도록 가능하면 금융기관을 통해 지급하는 것이 좋다.

세금 고수의 가이드 TIP

양도차익 계산 시 인정되는 필요경비의 범위

1. 취득가액

해당 재산을 취득하면서 들어간 실지거래가액.
다만 실지거래가액을 확인할 수 없는 경우에는 매매사례가액, 감정가액 또는 환산가액으로 한다.

2. 자본적 지출액 등으로서 다음에 해당하는 것

① 수리비 중 재산의 가치를 현실적으로 증가시키는 자본적 지출액과 다음 중 어느 하나에 해당하는 지출

- 본래의 용도를 변경하기 위한 개조
- 엘리베이터 또는 냉난방 장치의 설치
- 빌딩 등의 피난 시설 등의 설치
- 재해 등으로 인해 건물·기계·설비 등이 멸실 또는 훼손되어 해당 재산의 본래 용도로의 이용 가치가 없는 것의 복구
- 기타 개량·확장·증설 등 위와 유사한 성질의 것

② 양도재산을 취득한 후 소송이 있는 경우에 그 소유권을 확보하기 위해 직접 소요된 소송비·화해비 등의 금액

③ 양도재산의 용도 변경·개량 또는 이용 편의를 위해 지출한 비용(재해·노후화 등 부득이한 사유로 인하여 건물을 재건축한 경우, 그 철거비용 포함)

④「개발 이익 환수에 관한 법률」에 따른 개발 부담금

⑤「재건축 초과 이익 환수에 관한 법률」에 따른 재건축 부담금

⑥「하천법」,「댐 건설 및 주변 지역 지원 등에 관한 법률」, 그 밖의 법률에 따라 시행하는 사업으로 인해 해당 사업 구역 내의 토지 소유자가 부담한 수익자 부담금 등의 사업비용

⑦ 토지 이용의 편의를 위해 지출한 장애 철거비

⑧ 토지 이용의 편의를 위해 해당 토지 또는 해당 토지에 인접한 타인 소유의 토지에 도로를 신설한 경우의 그 시설비

⑨ 토지 이용의 편의를 위해 해당 토지에 도로를 신설하여 국가 또는 지방자치단체에 이를 무상으로 공여한 경우의 그 도로로 된 토지의 취득 당시 가액

⑩ 사방 사업에 소요된 비용 등

3. 양도비 등으로서 다음에 해당하는 것

①「증권거래세법」에 따라 납부한 증권거래세

② 양도세 과세표준 신고서 작성비 및 계약서 작성비

③ 공증비, 인지대 및 소개비

④ 부동산을 취득함에 있어서 법령 등의 규정에 따라 매입한 국민주택채권 및 토지개발채권을 만기 전에 양도함으로써 발생하는 매각차손

⑤ 매매계약에 따른 인도의무를 이행하기 위해 양도자가 지출하는 명도비용

⑥ 주식양도를 위한 위탁매매수수료와 농어촌특별세

17

부동산은 명의를 잘 활용하면 절세할 수 있다

세금은 과세표준에 세율을 곱해 계산한다. 과세표준의 범위에 관계없이 세율이 일정한 단일세율이 적용되는 대표적인 예는 부가세이다. 2026년 현재 부가세의 세율은 10%로 동일하다. 반면 소득세나 법인세는 누진세율이 적용된다. 특히 개인의 소득에 대해 과세하는 종합소득은 이자소득, 배당소득, 사업소득, 근로소득, 연금소득, 기타소득, 이렇게 6가지 소득을 합산해 과세하므로 소득금액이 커질수록 세율도 높아져 많은 세금을 낸다. 이때 금융소득(이자소득과 배당소득)은 개인별로 연간 합계액 2,000만 원을 초과하는 경우에만 그 초과금액을 종합소득으로 합산해 소득세를 과세한다.

따라서 같은 소득금액이라고 하더라도 한 사람의 소득으로 되는 것보다는 여러 사람에게 분산될 경우 각각 낮은 세율부터 적용받으므로 내야 하는 세금도 당연히 줄어든다. 예를 들어 부동산을 사서 임대업을 하는 경우, 단독명의인지 또는 공동명의인지에 따라서 그 임대소득에 대한 소득세뿐만 아니라 나중에 그 부동산을 양도할 때 내는 양도세도 달라질 수 있다.

부동산 임대를 할 경우 소득 없는 사람의 명의를 활용하라

부동산을 취득해서 임대업을 할 경우, 다른 종합소득이 없는 사람의 명의로 임대업을 하면 소득이 분산되어 세금 부담이 줄어든다.

예를 들어 이미 연간 1억 원 정도의 사업소득금액이 있는 사람이 자기 명의로 건물을 사고 임대하여 임대소득금액이 연간 5,000만 원이 발생한다고 가정해보자. 사업소득금액 1억 원과 임대소득금액 5,000만 원을 합해 종합소득금액은 총 1억 5,000만 원 정도이므로 소득세율을 적용하면 대략 3,700만 원의 소득세를 내야 한다.

그런데 만일 그 사람이 소득이 없는 배우자의 명의로 건물을 사서 임대소득이 발생하면, 그 사람은 자신의 사업소득금액 1억 원에 대해서는 1,950만 원 정도의 소득세를 부담하고, 배우자의 임대소득금액 5,000만 원에 대해서는 그 배우자가 620만 원 정도의 소득세를 부담하므로 전체 세금은 2,570만 원 정도가 된다. 따라서 사업소득과 임대소득이 합산될 때보다 사업소득과 임대소득의 명의를 달리해서 세금을 낼 때 연간 1,100만 원 이상의 소득세가 절감된다.

공동명의로 부동산을 소유하면 양도세가 줄어든다

「소득세법」에서는 공동사업이나 공동소유재산에서 발생하는 소득은 공동사업자나 공동소유자 간에 약정된 손익 분배 비율에 따라 배분하도록 하고 있다. 이에 따라 공동사업자 또는 공동소유자는 각자의 지분에 해당하는 소득금액에 대해 각자 따로 소득세를 낸다.

그런데 소득세는 누진세이므로, 사업을 하거나 부동산을 취득할 때 공동명의로 하면 각자의 지분에 대해서만 세금을 내기 때문에 소득이 분산되어 단독명의로 할 때보다 소득세 부담이 줄어든다.

예를 들어 보유하던 누진세가 적용되는 부동산을 팔아서 1억 원의 양도차익이 발생했을 경우, 단독명의였다면 2,000만 원 정도의 양도세를 내야 한다. 하지만 두 사람이 각각 지분율 50%의 공동명의로 소유했을 경우에는 각자의 양도소득금액이 5,000만 원 정도이고, 양도세는 각각 약 600만 원이므로, 결국 총 1,200만 원 정도의 세금을 낸다. 즉 공동명의로 부동산을 취득했을 때 단독명의보다 양도세를 800만 원 정도 절감할 수 있는 것이다.

사업도 공동명의로 하면 소득세를 줄일 수 있다

동업으로 사업을 하면 각자의 지분율에 해당하는 소득에 대해서만 소득세를 부담하므로, 단독으로 사업을 할 때보다 소득세를 적게 낼 수 있다. 그런데 이런 점을 악용하여 실제로는 공동으로 사업을 하지 않으면서, 소득세를 줄이기 위해 명의만 빌려 공동으로 사업을 하는 것처럼 위장할 수 있다.

따라서 세법에서는 이런 경우를 방지하기 위해 가족 등 특수관계인 사이에 세금을 줄일 목적으로 공동으로 사업을 하거나 지분 비율을 거짓으로 신고하는 경우, 공동사업에서 발생한 소득금액을 공동사업자의 지분별로 나누지 않고 주된 사업자에게 몰아서 누진세율을 적용해 소득세를 계산하도록 하고 있다. 이 경우, 누진세율은 종합소득 과세표준의 크기에 따라서 최저 6%에서 최고 45%까지 세율이 적용되는데, 과세표준의 크기가 커질수록 높은 세율이 적용된다.

소득 없는 사람의 명의로 부동산을 사면서 증여세를 피하려면?

건물을 사서 임대업을 할 때 이왕이면 소득이 없는 사람의 명의로 하면 이미 소득이 많은 사람의 명의로 하는 것보다 낮은 세율이 적용되어 전체적으로 소득세가 줄어들 수 있다. 그런데 이때 반드시 주의해야 할 점이 있다. 그동안 소득 자료가 없던 사람의 명의로 재산을 취득한 경우, 그 자금에 대한 출처를 소명하지 못하면 증여를 받은 것으로 간주되어 증여세를 내야 할 수도 있다는 것이다.

따라서 신고된 소득 자료가 없는 사람의 명의로 재산을 취득하는 경우에는 사전에 자금 계획을 잘 세우는 것이 중요하다. 설명한 것처럼 배우자 간에는 10년간 6억 원까지는 증여해도 증여세를 부과하지 않으므로, 부동산을 취득해서 임대업을 할 때 증여세가 비과세되는 금액까지는 소득이 없는 배우자의 명의로 하면 절세에 도움이 된다. 또한 임대를 하는 건물을 담보로 은행에서 대출을 받은 뒤, 임대료 수입으로 그 대출금에 대한 이자와 원금을 갚는다면 그 부분은 정당한 자금출처로 인정받을 수 있다. 따라서 그동안 소득 자료가 없던 사람의 경우에도 대출을 받고 부동산을 취득하면 자금출처 문제를 해결할 수 있다.

TIP

세금 고수의 가이드

종합소득세율

종합소득 과세표준	세율
1,400만 원 이하	과세표준의 6%
1,400만 원 초과 5,000만 원 이하	84만 원 + 1,400만 원을 초과하는 금액의 15%
5,000만 원 초과 8,800만 원 이하	624만 원 + 5,000만 원을 초과하는 금액의 24%
8,800만 원 초과 1억 5,000만 원 이하	1,536만 원 + 8,800만 원을 초과하는 금액의 35%
1억 5,000만 원 초과 3억 원 이하	3,706만 원 + 1억 5,000만 원을 초과하는 금액의 38%
3억 원 초과 5억 원 이하	9,406만 원 + 3억 원을 초과하는 금액의 40%
5억 원 초과 10억 원 이하	1억 7,406만 원 + 5억 원을 초과하는 금액의 42%
10억 원 초과	3억 8,406만 원 + 10억 원을 초과하는 금액의 45%

1세대 1주택의 양도세 비과세 조건은?

우리 사회에서 집은 주거 공간으로서의 의미도 있지만, 투자의 대상이 되기도 한다. 그런데 이렇게 부동산 투자를 할 경우 양도 차익에 대한 세금이 부과되므로 주의할 필요가 있다.

그러나 주거 목적으로 집 한 채를 보유하고 있다가 양도할 때 이익이 났다고 무조건 세금을 내야 한다면, 집을 판 돈에서 세금을 뺀 금액을 가지고 다른 집을 구해야 하기 때문에 같은 조건일 경우 집을 줄여서 이사를 가는 수밖에 없을 것이다. 이런 불합리한 점을 방지하고 주거권을 보장하기 위해, 국내에서 1세대가 한 주택을 일정 기간 이상 보유하다가 양도하는 경우에는 그 차익에 대해 원칙적으로 양도세를 비과세해주고 있다.

양도세가 비과세되는 1세대 1주택이란, 거주자와 그 배우자가 동일한 주소 또는 거소에서 생계를 같이하는 가족과 함께 양도일 현재 국내에 1주택을 보유하고 있는 경우로 그 주택의 보유 기간이 2년 이상(2017년 8월 3일 이후 취득하는 주택으로서 서울시 등 취득 당시에 세법상 조정 대상 지역에 있는 주택은 보유 기간 중 거주 기간도 2년 이상이어야 함)인 것을 말한다. 그런데 1세대 1주택이더라도 양도 당시의 실거래가액이 12억 원이 넘는 고가 주택의 경우에는 그 양도소득금액 중 12억 원이 넘는 부분에 대해 양도세를 내야 한다.

보유 기간과 거주 기간의 계산은 어떻게 할까?

주택에 대한 양도세를 계산할 때 보유 기간은 그 주택의 취득일부터 양도일까지로 한다. 그리고 거주 기간의 계산은 해당 주택의 취득일 이후 실제로 거주한 기간으로 하되, 실제 거주 기간이 불분명한 경우에는 주민등록상 전입일부터 전출일까지의 기간으로 한다.

보유 기간과 거주 기간 제한 없이 양도세가 비과세되는 경우

1세대 1주택의 양도로 인한 양도세 비과세 혜택을 받기 위해서는 원칙적으로 취득한 후 2년 이상 보유(조정 대상 지역은 2년 거주 요건도 충족)하다 팔아야 한다. 하지만 세법에서 정해놓은 사유에 해당할 경우, 보유 기간이나 거주 기간의 제한을 받지 않고 양도세가 비과세될 수 있다.

보유 기간 및 거주 기간의 제한 없이 양도세가 비과세되는 사유는 다음과 같다. (1) 주택이 관련법에 따라 협의매수나 수용되는 경우, (2) 「해외이주법」에 따라 세대 전원이 해외 이주를 하기 위해 출국하는 경우(출국일로부터 2년 이내에 양도해야 한다), (3) 1년 이상 계속하여 국외 거주를 필요로 하는 취학 또는 근무상의 형편으로 세대 전원이 출국하는 경우(출국일로부터 2년 이내에 양도해야 한다), (4) 1년 이상 거주한 주택을 취학이나 근무상의 형편 또는 1년 이상의 치료나 요양을 필요로 하는 질병의 치료·요양 등 기타 부득이한 사유로 세대 전원이 다른 시·군(특별시와 광역시, 특별자치시, 제주특별자치도 포함)으로 주거를 이전하면서 양도하는 경우 등이 있다. 그리고 거주 기간의 제한을 받지 않는 경우로는 조정 지역으로 지정되기 이전에 매매계약을 체결하고 계약금을 지급한 사실이 증빙 서류에 의해 확인되는 경우로서 1세대가 계약금 지급일 현재 주택을 보유하지 않은 경우 등이 있다.

1세대로 인정해주는 범위는 어디까지일까?

양도세가 비과세되는 1세대 1주택의 해당 여부를 판단할 때, 1세대란 거주자 및 그 배우자가 그들과 동일한 주소 또는 거소에서 생계를 같이하는 가족과 함께 구성하는 1세대를 말한다. 그렇다면 배우자가 없는 사람은 아예 1세대 1주택의 양도로 인한 세금 혜택을 받을 수 없는 것일까? 물론 그렇지는 않다. 세법에서는 거주자의 연령이 30세 이상인 경우, 또는 배우자가 사망했거나 이혼한 경우, 최저생계비 수준 이상으로 신고된 소득이 있는 경우(미성년자는 제외) 등은 배우자가 없어도 1세대로 인정해주고 있다.

겸용주택의 양도세 부과 기준은 주택 면적에 따라 달라진다

하나의 건물이 주택과 주택 외의 부분으로 복합되어 있는 겸용주택의 경우, 어느 부분까지를 주택으로 보느냐는 각 부분의 면적에 따라 달라진다. 먼저 주택의 면적이 주택 외의 면적보다 더 크면 겸용주택 전체를 주택으로 본다(다만, 2022년 1월 이후 양도분부터는 실거래가액이 12억 원이 넘는 겸용주택의 경우에는 주택의 연면적이 더 커도 주택 부분만 주택으로 본다). 그러나 주택의 면적이 주택 외의 면적보다 작거나 같을 때에는 주택 부분만 주택으로 인정한다.

따라서 1세대가 주택 부분의 면적이 더 큰 겸용주택 한 채만을 보유하고 있다면, 그 건물 전체를 주택으로 보기 때문에 양도할 때 양도세를 내지 않는다. 반면 1세대가 주택 외의 부분이 더 큰 겸용주택 한 채만을 보유하고 있을 경우에는, 주택 부분만 주택으로 보기 때문에 양도할 때 전체 양도차익에서 주택 부분의 양도차익에 대해서는 1세대 1주택으로 양도세를 내지 않지만, 주택 외의 부분에 해당하는 양도차익에 대해서는 양도세를 내야 한다.

예를 들어 총면적 100m²의 건물에서 실 주택 면적이 20m²라면 나머지 80m²에 해당하는 양도차익에 대해 양도세가 부과된다. 반대일 경우, 고가 주택에 해당하는 경우 외에는 전체를 주택으로 봐서 전체 양도차익에 대해 비과세된다.

일시적 1세대 2주택일 경우 비과세된다

설명한 것처럼 세법에서는 원칙적으로 1세대가 국내에서 1주택을 취득해서 2년 이상 보유하다가 양도하는 경우에는 양도세를 비과세해주고 있다. 그런데 1주택을 가지고 있다고 하더라도 항상 그 주택을 먼저 팔고 이사 갈 집을 살 수는 없기 때문에, 세법에서는 일정한 사유가 있는 경우에는 일시적으로 1세대가 2주택 이상을 보유한 상태에서 그중 1주택을 양도하면 양도세를 비과세해주고 있다.

TIP

세금 고수의 가이드

1세대 2주택의 양도가 비과세되는 경우

1. 이사를 가기 위해 일시적으로 2주택이 된 경우

국내에 1주택을 소유한 1세대가 그 주택(종전의 주택)을 양도하기 전에 다른 주택을 취득함으로써 일시적으로 2주택이 되었을 때, 종전의 주택을 취득한 날부터 1년 이상이 지난 후 다른 주택을 취득하고 그 다른 주택을 취득한 날부터 다시 3년 이내에 종전의 주택을 양도하는 경우에는 이를 1세대 1주택으로 보아 양도세 비과세 규정을 적용한다.

2. 주택을 상속받아서 2주택이 된 경우

상속받은 주택과 그 밖의 주택(일반주택)을 국내에 각각 한 채씩 소유하고 있는 1세대가 일반주택을 먼저 양도하는 경우에는 국내에 1주택을 소유하고 있는 것으로 보아 양도세 비과세 규정을 적용한다. 단, 상속인이 보유하고 있던 주택이 아닌 피상속인으로부터 상속받은 주택을 먼저 양도하는 경우에는 양도일 현재 1세대 2주택인 것으로 보아 양도세가 과세된다.

3. 부모님을 모시기 위해 세대를 합쳐서 2주택이 된 경우

1주택을 보유하고 1세대를 구성하는 자가 1주택을 보유하고 있는 60세 이상의 직계존속(배우자의 직계존속을 포함하며, 직계존속 중 어느 한 사람이 60세 미만인 경우도 포함하고 국민건강보험법에 따른 요양급여를 받는 60세 미만의 직계존속 중 중증질환자 등으로 등록된 자 포함)을 동거봉양하기 위해 세대를 합침으로써 1세대가 2주택을 보유하게 되는 경우, 합친 날부터 10년 이내에 먼저 양도하는 주택은 이를 1세대 1주택으로 보아 양도세 비과세 규정을 적용한다.

4. 결혼으로 2주택을 가지게 된 경우

1주택을 보유하는 자가 1주택을 보유하는 자와 혼인함으로써 1세대가 2주택을 보유하게 되는 경우, 또는 1주택을 보유하고 있는 60세 이상의 직계존속을 동거봉양하는 무주택자가 1주택을 보유하는 자와 혼인함으로써 1세대가 2주택을 보유하게 되는 경우, 각각 혼인한 날부터 10년 이내에 먼저 양도하는 주택은 이를 1세대 1주택으로 보아 양도세 비과세 규정을 적용한다.

5. 취학 등 부득이한 사정이 있는 경우

취학이나 근무상의 형편, 질병의 요양, 그 밖에 부득이한 사유로 취득한 수도권 밖에 소재하는 주택과 그 밖의 주택(일반주택)을 국내에 각각 한 채씩 소유하고 있는 1세대가 부득이한 사유가 해소된 날부터 3년 이내에 일반주택을 양도하는 경우에는 국내에 1주택을 소유하고 있는 것으로 보아 양도세 비과세 규정을 적용한다. 즉 수도권에 이미 집을 한 채 보유하고 있는 세대가 취학이나 근무상의 형편 등으로 수도권 밖에도 집을 한 채 더 보유하게 되는 경우에는 그 집을 불가피하게 사게 된 것으로 보아, 수도권에 있던 집을 파는 경우에 수도권 밖에 있는 집은 없는 것처럼 간주하고 양도세 비과세 여부를 판단한다는 것이다.

6. 농어촌 주택을 포함해서 2주택이 된 경우

다음 중 어느 하나에 해당하는 주택으로서, 수도권 밖의 지역 중 읍 지역(도시 지역 안의 지역은 제외) 또는 면 지역에 소재하는 주택(농어촌 주택)과 그 외의 주택(일반주택)을 국내에 각각 한 채씩 소유하고 있는 1세대가 일반주택을 양도하는 경우에는 국내에 1주택을 소유하고 있는 것으로 보아 양도세 비과세 규정을 적용한다.

① 상속받은 주택(피상속인이 취득 후 5년 이상 거주한 사실이 있는 경우에 한함)
② 이농인(어업에서 떠난 자 포함)이 취득일 후 5년 이상 거주한 사실이 있는 이농주택
③ 영농 또는 영어의 목적으로 취득한 귀농주택. 이 경우에는 2주택을 취득한 날부터 5년 이내에 일반 주택을 양도해야 한다

여러 주택을 보유하다가 팔면 세금이 중과될 수 있다

2017년 5월 출범한 문재인 정부에서는 무려 26회에 걸쳐 주택시장 안정화 대책을 발표했다. 그러나 그동안 정부가 부동산 대책을 발표할 때마다 서울 등 일부 지역을 중심으로 오히려 주택가격이 폭등하는 기현상이 계속되었다. 그러다 보니 정부는 더 자주 더 강한 규제책들을 내놓곤 했다.

그런데 문제는 수시로 바뀌는 정책 때문에 주택에 대한 양도세 중과 등의 규정들이 너무 복잡해져서 전문가조차도 해석과 적용이 쉽지 않다는 불만이 나오고 있다는 것이다. 양도세를 중과하기 위한 주택 수를 판단하는 기준과 실제로 양도세를 중과하는 기준 등이 다르고, 변수도 많아서 자칫하면 예상치 못한 거액의 세금을 내야 할 수도 있다. 그래서 주택을 팔 때에는 양도세 중과요건들을 잘 따져봐야 불의의 피해를 막을 수 있다.

양도세가 중과되는 것은 조정 대상 지역 안에 있는 주택이다

「소득세법」에서 규정하고 있는 주택양도에 대한 중과세제도에는 1세대 1주택에 대한 양도세 비과세요건 강화와 다주택 보유자에 대한 중과세율 적용 및 장기보유특별공제의 배제, 분양권 전매 시 양도세 중과 등이 있다. 그런데 양도세가 중과되는 주택은 모든 주택이 아니라 「주택법」에 따른 조정 대상 지역 내에 있는 주택이다. 참고로 보유 기간 2년 이상으로서 2022년 5월 10일부터 2026년 5월 9일까지 양도하는 경우에는 중과세를 배제하여 장기보유특별공제를 적용하고 일반세율로 과세하고 있다. 그런데 2026년 1월 현재, 2026년 5월 9일 이후에 양도세 중과 배제를 종료할지 연장할지에 대한 정부의 입장은 정해지지 않은 것으로 알려지고 있어서 앞으로 어떻게 진행될지 지켜봐야 할 것 같다.

조정 대상 지역은 1세대 1주택의 비과세요건도 더 까다롭다

원칙적으로 1세대가 국내에 1주택을 보유하고 있는 경우로서 그 주택의 보유 기간이 2년 이상인 것을 양도하는 경우에는 양도세가 비과세된다. 그러나 2017년 8월 3일 이후에 조정 대상 지역 내에서 주택을 취득하는 경우 1세대 1주택 양도세 비과세혜택을 받기 위해서는 그 주택의 보유 기간이 2년 이상이면서 그 보유 기간 중 거주 기간도 2년 이상이어야 한다. 즉 기존의 1세대 1주택 비과세요건에 2년 이상의 거주요건이 추가된 것이다.

다주택자가 조정 대상 지역에 있는 주택 양도시 세율도 높아진다

1세대 2주택 이상의 다주택 보유자(조합원 입주권 및 분양권 포함)가 조정 대상 지역 내에 소재하는 주택을 양도하는 경우에는 장기보유특별공제도 배제되면서 원래의 양도세율(6%~45%)에 각각 20%포인트의 세율이 추가된다. 그리고 3주택(조합원 입주권 및 분양권 포함) 이상을 소유하고 있는 1세대가 조정 대상 지역에 있는 주택을 양도하는 경우에는 장기보유특별공제가 배제되면서 원래의 양도세율에 30%포인트를 더한 세율을 적용하여 양도세를 내야 한다. 다만 다주택자에 대한 양도세 중과제도는 2026년 5월 9일까지 한시적으로 배제되고 있으므로, 이 기간에는 장기보유특별공제가 적용되고, 세율도 일반세율이 적용된다.

양도세가 중과되지 않거나 주택 수를 따질 때 제외되는 주택도 있다

원칙적으로 다주택자가 조정 대상 지역에 있는 주택을 양도하면 장기

보유특별공제를 배제하면서 세율은 일반세율보다 높은 세율을 적용한다고 했다. 그런데 조정 대상 지역의 주택이라도 양도세를 중과하지 않는 경우가 있고, 다주택(2주택 이상) 여부를 따질 때 주택 수에 포함되지 않는 경우도 있다. 세법에 따르면, 다주택자 보유자에 대한 양도세 중과 규정은 해당 양도주택이 조정 대상 지역에 소재하면서 동시에 중과세 대상 주택에 해당하여야 한다. 즉 조정 대상 지역이 아닌 지역에 있는 주택을 양도하거나 조정 대상 지역에 있는 주택이라고 하더라도 장기임대주택 등 중과 대상 주택이 아닌 경우에는 양도세가 중과되지 않는다. 따라서 다주택자가 주택을 양도하는 경우에는 먼저 중과 대상 여부를 잘 따져 보는 것이 필요하다.

인구감소 지역 주택 및 비수도권 준공 후 미분양 주택은 주택 수에서 제외된다

1세대 1주택자가 2024년 1월 4일부터 2026년 12월 31일까지의 기간 중에 인구감소 지역 및 인구감소 관심지역(수도권·광역시는 제외하되, 수도권 내 접경 지역 및 광역시 내 군 지역 포함)에 소재하는 공시가격 4억 원(비수도권은 공시가격 9억 원) 이하의 주택 1채를 취득하는 경우 양도세나 종합부동산세를 계산할 때 그 인구감소 지역 등의 주택은 주택 수에서 제외한다. 또한, 1세대 1주택자가 2024년 1월 10일부터 2026년 12월 31일까지의 기간 중에 수도권 밖에 소재하는 전용면적 85m² 이하 또는 취득가액 7억 원 이하의 준공 후 미분양 주택을 취득하는 경우 양도세나 종합부동산세를 계산할 때 그 준공 후 미분양 주택을 주택 수에서 제외한다.

TIP

세금 고수의 가이드

2026년 1월 현재 양도세가 중과되는 조정 대상 지역

서울특별시	25개 자치구 전체
경기도	과천시, 광명시, 성남시 분당구·수정구·중원구, 수원시 영통구·장안구·팔달구, 안양시 동안구, 용인시 수지구, 의왕시, 하남시

20

오피스텔은 주거용과 업무용에 따라 세금이 다르다

한동안 수익형 부동산으로 각광받던 오피스텔이 고금리 장기화와 부동산 시장의 경기둔화로 과거보다 투자여건이 악화되었다고 한다. 최근 몇 년 동안 수도권 오피스텔의 임대수익률은 꾸준히 하향세를 보이며, 서울의 경우에는 5% 아래로 떨어졌다고 한다.

그런데 몇 년 전 일부 지역의 주택가격 폭등으로 정부의 각종 규제가 아파트에 집중되다 보니 주거수단으로서 아파트를 대체할 수 있는 주거용 오피스텔에 수요가 몰리고 있다고 했는데, 최근 아파트에 대한 규제와 월세 상승 부담으로 인한 수요 이동 등으로 인해 서울 지역을 중심으로 오피스텔 가격은 상승하고 있다고 한다.

오피스텔은 용도에 따라 세금 환급이 가능하다

오피스텔은 원칙적으로는 업무용 건물에 해당하지만, 요즘은 원룸처럼 주거용으로도 많이 사용한다. 세법에는 실질과세 원칙이라는 것이 있어서, 건물의 경우 등기부등본 등의 공부(관청이나 관공서에서 법규에 따라 작성·비치하는 장부)상의 용도와는 상관없이 실제로 사용되는 형태에 따라 주택으로 보기도 하고, 업무용 건물로 보기도 한다.

오피스텔의 경우에도 그것을 상시 주거용으로 사용하는 경우에는 주택으로 보고, 업무용으로 사용하면 사업용 건물로 보아 각기 다른 세법을 적용한다.

따라서 오피스텔을 취득할 때도 주거용으로 사용할지 아니면 업무용으로 사용할지에 따라서 취득할 때 부담한 부가세 매입세액을 환급받을 수도 있고, 환급받지 못할 수도 있다.

업무용 오피스텔은 부가세를 환급받을 수 있다

건설사에서 오피스텔을 분양할 때 건물 부분은 부가세가 과세되기 때문에 세금계산서를 발행하고, 토지 부분은 부가세가 면제되므로 계산서를 발행한다. 오피스텔을 분양받아서 업무용으로 사용하거나 임대를 하는 경우라면 관할 세무서에 환급 신고를 해서 분양받을 때 부담한 부가세를 환급받을 수 있다.

이때 주의해야 할 점은 부가세를 환급받기 위해서는 반드시 일반과세자로 사업자등록을 해야 한다는 것이다. 부가세를 환급받은 오피스텔은 자신이 부가세가 과세되는 사업을 위해 직접 사용할 수도 있고, 아니면 업무용으로 임대할 수도 있다. 업무용으로 임대하면, 그 매출이나 임대료에 대해 부가세를 내야 한다. 또한 이 경우 임대료는 사업소득으로서 다른 소득과 합산해 종합소득세 신고를 해야 한다.

주거용 오피스텔의 임대소득은 부가세가 면제된다

오피스텔을 임대할 때 그것을 빌려서 사용하는 임차인이 항상 주거용으로 사용하면 그 오피스텔의 임대소득은 주택 임대소득으로 간주되어 부가세가 면제된다. 이렇게 주거용으로 사용하거나 임대를 주는 오피스텔은 부가세를 내지 않는 대신, 그 오피스텔을 분양받으면서 부담한 부가세도 환급받을 수 없다. 또한 주거용 오피스텔은 주택으로 간주하기 때문에 주택 임대소득에 대한 소득세 과세 여부를 따질 때 주택 수에 포함해야 한다.

단, 임대를 하는 그 오피스텔의 소유자가 부부 합산해서 다른 주택이 없고, 그 오피스텔의 기준시가가 12억 원 이하인 경우에는 1주택의 임대로 봐서 그 임대소득에 대해서는 소득세가 비과세된다. 따라서 다른 주택을 보유하고 있지 않으면서 분양받은 오피스텔을 사업용이 아닌 주거용으로 사용하는 개인에게 임대를 주고 있다면, 그 임대료에 대해서는 부가세가 면제될 뿐만 아니라 소득세도 비과세 적용을 받을 수 있다.

그러나 주의할 점은 오피스텔을 취득하면서 처음부터 그 오피스텔을 주거용으로 임대하려고 생각한다면, 처음에 그 오피스텔을 분양받으면서 취득자로서 부담한 부가세는 환급받지 말아야 한다는 것이다. 만약 오피스텔을 분양받으면서 그 오피스텔을 업무용으로 사용하거나 임대하려고 자기가 부담한 부가세를 이미 환급받은 후에 당초 예상과 달리 주거용으로 임대를 하거나 그럴 것으로 예상된다면, 차라리 임대사업자 등록을 폐업하고 당초에 환급받은 부가세를 다시 납부한 뒤 주택 임대로 돌리는 것이 좋다. 이렇게 하는 것이 부가세뿐만 아니라 소득세도 내지 않을 수 있기 때문에 장기적으로는 유리하다.

오피스텔을 양도할 때도 용도에 따라 세금을 달리 낸다

다른 주택이 없이 오피스텔만 보유하면서 그 오피스텔을 주거용으로 사용한다면 1세대 1주택에 대한 양도세 비과세 혜택을 받을 수 있다. 그러나 이미 다른 주택이 있는 상태에서 오피스텔을 매입해서 주거용으로 사용하면 1세대 2주택에 해당되어 그 양도소득에 대해서는 양도세를 내야 한다.

반면 사업자등록을 하고 업무용으로 사용하던 오피스텔을 팔 경우에는 그 건물분에 대해서는 세금계산서를 발행하고, 토지분에 대해서는 계산서를 발행해야 한다. 그리고 세금계산서를 발행한 건물분에 대해서는 폐업 신고와 함께 부가세를 신고하고 납부해야 한다. 또한 업무용 오피스텔을 양도하는 경우에는 다른 주택의 보유 여부와 관계없이 그 양도차익에 대해 양도세를 내야 한다.

TIP

세금 고수의 가이드

공실인 오피스텔의 주택 해당 여부

주택 양도일 현재 공실로 보유하는 오피스텔의 경우, 내부시설 및 구조 등을 주거용으로 사용할 수 있도록 변경하지 않고 건축법상의 업무용으로 사용 승인된 형태를 유지하고 있을 때는 주택으로 보지 않는다. 그러나 내부시설 및 구조 등을 주거용으로 변경하여 언제라도 주거용으로 사용 가능한 경우에는 주택으로 본다.

그리고 건물을 양도할 때는 공부상의 용도에 관계없이 실제로 사용한 용도에 따라 과세 여부를 판단하므로, 건물을 공부상의 용도와 다르게 사용하고 있는 경우라면 나중에 그것을 입증하기 위해서 내부 시설이나 구조 변경과 관련된 자료를 챙겨두는 것이 좋다. 예를 들어 공부상으로는 업무용 건물이지만 실제로 주택으로 사용했다면, 그 사실을 입증하기 위해 건물 내부의 모습을 촬영해둔다든지 아니면 그 건물로 주민등록을 옮겨놓는 것도 한 방법이 될 수 있다.

다세대주택과 다가구주택은 전혀 다르다

최근에는 기존에 보유하고 있던 단독주택을 헐어버리고 여러 주택이 한 건물에 들어 있는 다세대주택이나 다가구주택을 지어서 분양하거나 임대를 주는 경우가 많다. 그런데 그런 주택들에 '○○빌', '○○빌라', '○○연립' 등 여러 형태의 이름을 붙여서, 도대체 어떤 건물이 다세대주택인지 다가구주택인지 잘 구별되지 않는다. 세법상으로는 다세대주택인지 다가구주택인지에 따라 그 주택을 양도하거나 임대할 때 세금을 전혀 내지 않을 수도 있고, 반대로 내야 할 수도 있다. 따라서 그런 주택을 짓거나 매입할 때는 주택의 종류를 잘 구별해야 한다.

다가구주택은 한 채로 보고, 다세대주택은 여러 채로 본다

겉으로 보기에는 구별이 잘 안 되지만, 건축법에 따르면 다가구주택은 일반 단독주택과 마찬가지로 단독주택으로 분류되고, 다세대주택은 아파트나 연립주택과 함께 공동주택으로 분류된다. 일반적으로 다가구주택은 각 호수별로 등기가 되지 않으며, 다세대주택은 각 호수별로 별도 등기가 된다.

즉 다가구주택은 여러 호수가 있다고 하더라도 별도로 등기가 되지 않기 때문에 그 주택 전체를 한 채로 보며, 다세대주택은 각 호수별로 별도 등기가 되기 때문에 아파트처럼 여러 채의 주택이 한 건물에 들어가 있는 것으로 본다. 사정이 이렇다 보니 다가구주택인지 다세대주택인지에 따라서 1세대 1주택에 대한 양도세 비과세 혜택을 받을 수도 있고, 받지 못할 수도 있기 때문에 그 차이는 엄청나다.

세법에서는 다가구주택을 통째로 하나의 매매 단위로 양도하면 그 다가구주택 전체를 하나의 단독주택으로 보고, 1세대 1주택 여부와 고가 주택 여부를 판단해서 양도세 비과세 규정을 적용한다. 반면 다세대주택은 통째로 한 번에 양도하더라도 여러 채의 주택을 양도하는 것으로 보기 때문에, 1세대 1주택과 고가 주택 여부를 판단할 때 그 다세대주택 전체를 기준으로 판단하는 것이 아니라 각 호수별로 판단해서 양도세 비과세 적용 여부를 판단한다.

따라서 다세대주택을 보유하고 있다가 그 건물 전체를 양도하고 싶다면, 먼저 그 다세대주택을 다가구주택으로 용도 변경을 하는 방법을 고려해볼 필요가 있다. 다가구주택의 경우, 2년 이상 보유(조정 대상 지역은 2년 거주 요건도 충족)하다가 양도하면 1세대 1주택에 대한 양도세 비과세 혜택을 적용받을 수 있기 때문이다. 단, 이 경우도 그 주택의 양도가액이 12억 원 이상이면, 12억 원이 넘는 부분에 대해서는 1세대 1주택과 관계없이 양도세를 계산해서 내야 한다.

다가구주택에 옥탑방이 있는 경우에는 주의해야 한다

양도세와 관련해 다가구주택과 다세대주택 판정 시 특히 주의해야 할 점은 공부상으로는 다가구주택인데 옥탑방 때문에 다가구주택의 규모를 초과하는 경우이다. 최근 국세청의 과세 사례를 보면, 원칙적으로 단독주택으로 보아 양도세가 비과세되는 3층 이하의 다가구주택이 옥탑방 때문에 4층 다세대주택으로 간주되어 다주택 보유자에 해당되어 양도세가 중과되는 경우가 발생하고 있다.

따라서 1세대 1주택의 양도로 양도세가 비과세되는 다가구주택의 경우 양도를 하기 전에 옥탑방이 있어서 다세대주택에 해당될 여지가 있는지 따져보고, 혹시라도 옥탑방 때문에 다세대주택으로 분류될 가능성이 있으면 양도를 하기 전에 옥탑방을 철거해서 다가구주택 요건을 갖춘 후에 양도하는 것이 유리할 수 있다.

다가구주택의 임대소득은 비과세될 수 있다

부부 합산해서 국내에 1주택을 보유할 경우, 그 주택을 임대하여 발생하는 소득에 대해서는 소득세를 비과세한다. 이 경우 주택 수를 계산할 때 구분등기(한 건물이 구조상 여러 개의 독립된 공간으로 사용될 때 각 공간이 구분소유권의 대상이 되는데 이것의 등기를 가리키는 말)가 되어 있지 않은 다가구주택은 그 전체를 하나의 주택으로 본다.

반면 구분등기가 되어 있는 다세대주택은 호수별로 각각 한 채의 주택으로 보기 때문에, 다세대주택을 보유하고 있다면 다주택 보유자에 해당한다. 따라서 이를 임대할 경우, 그 임대소득은 원칙적으로 소득세 과세 대상이 된다.

그리고 또 하나 주의해야 할 점은 비록 하나의 주택으로 보는 다가구주택 한 채를 소유하고 있다 해도, 그것이 기준시가로 12억 원이 넘는 경우에는 그 주택을 임대하면서 발생하는 소득은 소득세 과세 대상에 해당된다는 것이다.

세금 고수의 가이드

TIP

주택임대에 대한 소득세 과세기준

1. 1세대 1주택인 경우

부부 합산해서 1주택을 소유하면서 그 주택을 임대하는 경우에는 그 주택의 임대소득(기준시가가 12억 원을 초과하는 주택 및 국외에 소재하는 주택의 임대소득은 제외)에 대해서는 소득세가 비과세된다.

2. 1세대 2주택인 경우

부부 합산해서 2주택을 소유하면서 그중 어느 주택이라도 임대를 하면서 월세를 받는 경우에 그 월세 수입은 소득세 과세 대상이 되고, 임대보증금을 받는 경우에는 원칙적으로 소득세 과세 대상이 아니다. 다만, 2026년 1월 1일 이후부터 해당 과세 기간의 기준시가가 12억 원을 초과하는 2주택을 소유하면서, 그중 어느 주택을 임대하고 받은 보증금이 3억 원을 초과하는 경우, 그 임대보증금에 대해서는 이자율을 적용해서 계산한 금액을 사업소득으로 보고 소득세를 부과한다.

3. 1세대 3주택 이상인 경우

부부 합산해서 3개 이상의 주택을 소유하면서 그중 어느 주택이라도 임대를 하면서 월세를 받는 경우에 그 월세 수입은 소득세 과세 대상이 된다. 임대 보증금의 경우에는 3주택(전용면적이 한 채당 40m² 이하인 주택으로서 해당 과세 기간의 기준시가가 2억 원 이하인 주택은 2026년 12월 31일까지는 주택 수에 포함되지 않음) 중 어느 주택을 임대하면서 받은 임대보증금의 합계액이 3억 원을 초과하면, 3억 원을 초과하는 보증금 등에 대해서는 연간 3.1%(2025년 기준)의 이자율을 적용해 계산한 금액을 사업소득으로 보고 소득세를 부과한다.

4. 2,000만 원 이하 소규모 주택임대소득에 대한 세 부담 완화

2014년 말 「소득세법」 개정으로 위의 과세 대상 주택임대소득이 연간 2,000만 원 이하인 경우, 2018년까지는 일시적으로 소득세를 비과세했고, 2019년부터는 14%의 세율로 분리 과세를 선택할 수 있다.

자경농지를 양도하면 세금이 감면된다

오랫동안 농사를 짓던 사람이 농사짓던 땅을 양도하는 경우, 본의 아니게 시세차익이 커져서 양도차익에 대한 세금이 엄청나게 많이 나올 수 있다. 특히 요즘은 택지 개발을 통해 신도시를 많이 건설하는데, 그런 지역에 토지를 보유하고 있는 경우라면 양도차익이 꽤 클 수 있다. 이렇게 상당히 오랫동안 직접 농사를 짓다가 그 농지를 양도하는 경우에는 비록 부동산 가격이 상승했다고 하더라도 투기 목적으로 토지를 보유했던 것이 아니기 때문에 거액의 양도세를 부과하는 것이 오히려 불합리할 수 있다. 그래서 세법에서는 일정 기간 이상 직접 경작하던 농지를 양도해서 발생하는 차익에 대해서는 양도세를 감면해주고 있다.

자경농지의 양도세는 100% 면제된다

농지 소재지에 거주하는 사람이 8년 이상 직접 경작한 토지(양도일 현재 도시 지역에 있는 농지 중 주거 지역·상업 지역 및 공업 지역 안에 있는 농지로서 이들 지역에 편입된 날부터 3년이 지난 농지 제외)로서 농업소득세 과세 대상이 되는 토지를 양도할 때 발생하는 소득에 대해서는 양도세를 100% 감면(한도 있음)한다. 이 경우 농지는 양도일 현재 논이나 밭으로서 지적공부(지적(地籍)을 명확히 하기 위하여 작성된 토지대장)상의 지목에 관계없이 실제로 경작에 사용되는 토지를 말하는데, 농지 경영에 직접 필요한 농막·퇴비사·양수장·농로·수로 등도 여기에 포함된다. 자경농지에 해당하는지의 여부는 양도자가 8년 이상 소유한 사실이 등기부등본이나 토지대장 등에 의해 확인되어야 한다. 그리고 8년 이상 농지를 보유했더라도 직접 농사를 지었어야 양도세를 감면받을 수 있다. 이때 직접 농사를 지었는지의 여부는 양도자가 8년 이상 농지 소재지에 거주하면서 자기가 경작한 사실이 있고, 양도일 현재도 농지인 것이 주민등록등본이나 농지원부 원본 등에 의해 확인되어야 한다.

자경농지의 양도로 인한 양도세 감면을 받으려면 8년 이상 농지 소재지 근처에서 거주하면서 직접 농사를 지어야 한다. 여기서 농지 소재지 근처란, 농지가 소재하는 시·군·구(자치구인 구)의 지역이나, 농지가 소재하는 지역과 연접(농지 소재지와 거주지가 행정 구역으로 맞붙어 있는 것을 말함)한 시·군·구의 지역 또는 해당 농지로부터 직선거리 30km 이내의 지역을 말한다. 그리고 8년 이상 계속하여 직접 경작해야 한다는 조항은 양도일 현재 농지인 토지를 그 농지의 전체 보유 기간 중 8년 이상 농지 소재지에 거주하면서 거주자가 직접 농사를 지은 사실이 있는 경우로, 반드시 양도일 현재까지 농지 소재지 근처에 거주하고 있어야 한다는 뜻은 아니다.

자신이 직접 농사지은 사실을 인정받으려면?

자경농지에 대한 양도세 감면 규정을 적용받을 수 있는 자경농지는 농지 소재지에 거주하면서 자기가 직접 농작물을 경작하거나 최소한 자기 책임하에 농사를 지은 농지에 한하며, 위탁 경영을 하거나 대리경작 또는 다른 사람에게 빌려준 농지는 제외된다. 또한 농지 소유자가 직접 농사를 짓지 않고 부모나 배우자 등 동일 세대원인 다른 가족이 경작한 경우에도 자경으로 보지 않으므로 주의해야 한다. 거주자가 소유 농지에 농작물을 직접 경작하거나 다년성 식물을 재배하면 자경으로 인정된다. 만약 다른 직업이 있어서 농사를 계속 짓지 못하더라도 최소 농사의 50% 이상을 자기 노동력으로 경작하는 경우도 직접 경작한 것으로 인정된다. 단, 자경 기간 내 다른 직업이 있었다면 객관적인 증빙에 의해 직접 농사를 지었다는 사실을 입증해야 한다. 그런데 거주자의 사업소득금액과 총급여의 합계액이 3,700만 원 이상인 과세 기간과 사업소득 총수입금액(농·임업소득, 부동산임대업소득, 농가부업소득은 제외)이 업종별로 복식부기의무자 기준 금액 이상인 과세 기간은 자경 기간에서 제외된다.

농사 일정을 직접 기록해도 자경 증거로 인정받는다

자경농지에 대해 양도세를 감면받기 위해서는 농지 소재지 근처에 거주하면서 직접 농사를 지어야 하므로, 자경농지에 대한 양도세를 감면받으려면 일단 주소를 농지 인근으로 이전해야 한다. 그리고 농지 소유자가 농사를 지을 때, 특히 다른 직업이 있으면서 농사를 짓는 경우, 훗날 그 농지를 팔 때 직접 농사를 지었다는 것을 입증할 만한 증빙들을 평소에 갖추어놓는 것이 좋다. 직접 농사를 지었다는 것을 입증하는 서류는 일률적으로 정해진 것은 없으며, 농지원부, 농자재 구입 영수증, 농작물이 심어져 있던 항공 사진, 종묘를 구입한 영수증, 농약 구입 영수증 등 누가 봐도 실제 농사를 지었다고 인정할 수 있는 증빙이다.

판례에 의하면 농사 일정을 직접 기록한 것도 자경을 입증하는 서류로 인정된다. 그리고 다른 자료로 자경 여부가 확실하지 않은 경우에는 농지 인근에 거주하는 사람들로부터 직접 농사를 지었다는 확인서를 받는 것도 도움이 될 수 있으므로, 농사를 지을 때는 평소에 농지 주변의 이웃과도 안면을 익히고 잘 지낼 필요가 있다.

자경농지를 상속·증여할 때 인정되는 자경 기간은 다르다

자경농지에 대한 경작 기간을 계산할 때, 피상속인이 취득하여 경작한 기간은 상속인이 경작한 기간으로 간주해 자경 기간을 합산한다. 이 경우 상속인이 피상속인의 자경 기간을 합해서 자경농지 양도에 대한 양도세 감면을 받기 위해서는 상속인 역시 상속받은 농지에서 1년 이상 계속해서 경작해야 한다. 다만 상속인이 농지를 상속받은 후 1년 이상 계속해서 경작을 하지 못한 경우에는 상속받은 날로부터 3년 내에 그 농지를 팔면 피상속인의 경작 기간을 자경 기간으로 인정해준다.

반면 농지를 증여하는 경우는 다르다. 수증자가 직접 경작한 기간만 자경 기간으로 인정받기 때문이다. 즉 아버지가 오랫동안 직접 농사짓던 농지를 자녀에게 증여해도, 자녀가 농지를 증여받은 날 이후에 8년 이상 직접 농사를 지어야만 그 농지에 대한 양도세를 감면받을 수 있다.

TIP

세금 고수의 가이드

자경농지에 대한 양도세 감면한도

자경농지 양도도 일정 금액까지만 양도세를 감면받을 수 있다. 개인이 자경농지에 대한 양도세 등을 감면받는 경우에 감면받을 양도세의 합계액은 토지 등이 수용되어 감면되는 세액과 합하여 과세 기간별로 최대 1억 원까지이며, 또한 5년간 자경농지에 대한 감면과 수용에 대한 감면세액을 합하여 최대 2억 원까지만 양도세를 감면받을 수 있다. 따라서 양도세가 감면 한도액을 초과하면 100% 감면을 받더라도 감면 한도 초과 부분에 대해서는 세금을 내야 한다.

부동산을 양도하기 전에 서류 정리부터 하자

요즘은 이혼하는 부부도 많고, 이혼하지 않았지만 가정 불화로 인해 별거하는 부부도 많다. 부부가 사실상 이혼 상태에서 별거를 하면 각자 살 집이 필요하고, 그 결과 각각 한 채씩의 주택을 보유할 수도 있다. 세법에서는 일정 요건을 충족하는 1세대 1주택의 양도에 대해서는 양도세를 비과세하고 있는데, 양도세 비과세 여부를 판단할 때는 원칙적으로 개인을 기준으로 판단하는 것이 아니라 부부를 포함한 1세대를 기준으로 한다. 실질적으로 남남처럼 따로 살더라도 법률적으로 부부인 경우에는 같은 세대로 보는데, 배우자를 제외한 가족은 주민등록상 같은 세대로 되어 있더라도 실제로 같이 살지 않으면 다른 세대로 보는 경우도 있다.

양도세 비과세 여부는 양도일 '현재'가 기준이다

1세대 1주택으로 인한 비과세에 해당하는지의 여부는 그 주택을 양도하는 날 현재를 기준으로 판단한다. 다시 말해 비록 계속해서 같은 장소에서 생계를 함께했더라도 주택을 양도하기 전에 세대를 분리하면 별도의 세대로 본다. 예를 들어 집을 한 채 보유하고 있는 사람이 사정이 있어서 또 다른 집 한 채를 보유하고 있는 가족의 주소지로 주민등록을 옮겨놓았다고 하더라도, 자기가 보유하고 있던 주택을 팔기 전에 주소를 다른 곳으로 옮기면 1세대 2주택에 해당하지 않는다. 양도일은 원칙적으로 계약서에 명시되어 있는 잔금 청산일을 말하지만, 잔금을 치르기 전에 소유권이전등기를 넘길 경우에는 등기 접수일을 양도일로 본다. 따라서 잔금을 받거나 등기를 하기 전에 1세대 2주택에 해당하는지의 여부를 따져보고, 필요하면 세대를 분리하는 등의 조치를 취하는 것이 필요하다.

주민등록상 같은 세대여도 별도의 세대로 인정받을 수 있다

세법상 거주자와 그 배우자가 그들과 동일한 주소 또는 거소에서 생계를 같이하는 가족과 함께 구성하는 1세대가 양도일 현재 국내에 1주택을 2년 이상 보유(조정 대상 지역의 경우 거주 기간도 2년 이상)하다가 파는 경우, 즉 1세대 1주택의 양도에 대해서는 양도세를 비과세한다. 그런데 1세대 1주택을 판단할 때 함께 살고 있는 가족에는 거주자와 그 배우자뿐만 아니라 직계존비속 및 형제자매도 포함된다. 이때 같은 장소에서 생계를 함께하는지의 여부는 주민등록상으로 따지는 것이 아니라 사실상 현황에 의한다. 실제로 사정상 별도의 세대를 구성하고 있는데도 주민등록상 한 세대로 되어 있는 경우가 있을 수 있다. 즉 부모가 이미 한 채의 주택을 소유하고 있는 상태에서 또 다른 주택을 소유하고 있는 자녀가 사정상 주민등록을 부모님의 주소지로 옮겼을 경우에 원칙적으로는 1세대가 2주택을 보유한 것으로 보지만, 실제로는 따로 살면서 주민등록만 함께 해놓았다는 사실을 입증하면 별도의 세대로 인정된다.

이런 상황을 대비해서 별도 세대였다는 것을 입증하기 위해 실제로 살고 있던 곳의 가스나 수도 요금 납부 영수증 또는 그 건물에 대한 관리비 영수증 등을 잘 챙겨놓았다가 제시하면 큰 도움이 될 수 있다. 그리고 이러한 영수증 외에도 관리사무소나 이웃들이 작성해준 거주 사실 확인서도 도움이 될 수 있다. 하지만 실제 거주 사실을 명확하게 입증할 만한 객관적인 자료 없이 확인서 등만으로는 실제 거주 사실을 인정받지 못할 수 있으므로 주의해야 한다.

부부가 별거 중이더라도 1세대로 본다

부부가 각각 세대를 달리 구성해도 그 부부는 세법상 동일한 세대로 보며, 사실상 이혼 상태이거나 별거 중이라고 하더라도 법률상으로 혼인 상태면 세법상 같은 세대에 해당한다. 즉 부부는 동일한 장소에서 함께 거주하든 별거를 하든, 법률적으로 이혼하지 않았으면 동일한 세대로 보기 때문에 부부가 각각 소유하고 있는 주택의 수를 합해서 1세대 1주택에 해당하는지의 여부를 판단한다.

만약 부부가 각각 주택을 한 채씩 소유하면서 별거하고 있는 경우에는 1세대 2주택에 해당되어 어느 주택이라도 먼저 양도하는 주택은 1세대 1주택의 양도로 인한 비과세 혜택을 받지 못한다. 따라서 실질적으로 이혼 상태이면서 부부가 각각 1주택을 소유하고 있다면, 주택을 양도하기 전에 법률적으로 이혼하는 것이 유리할 수 있다.

위장이혼 부부는 1세대로 본다

경제 상황이 나빠지고 세상이 각박해지면서 이런저런 이유로 위장이혼을 하는 경우도 있다. 그런데 세법에서는 법률상 이혼은 했지만 사실상 생계를 같이하는 등 이혼으로 보기 어려운 경우에는, 비록 법률상으로는 이혼했더라도 동일한 세대로 보고 1세대 1주택에 대한 양도세 비과세 해당 여부를 판단한다. 즉 사실상 같이 살면서 법률상으로만 위장이혼을 한 상태에서 부부가 각각 주택을 한 채씩 소유하고 있다면, 1세대 2주택으로 간주하여 그중 먼저 양도하는 주택에 대해서는 양도세를 부과한다. 따라서 실제로 이혼을 했지만 피치 못할 사정으로 한 집에서 사는 경우에는 주택을 양도할 때 억울하게 위장이혼으로 오해받을 여지가 없는지 따져볼 필요가 있다.

이혼할 때는 위자료보다 재산 분할이 낫다

일방 배우자의 소유로 되어 있던 부동산을 이혼으로 인해 다른 일방에게 소유권을 이전하면 그 부동산의 소유권을 넘겨주는 쪽은 부동산 양도에 대한 양도세 문제가 발생하고, 부동산을 넘겨받는 쪽은 무상으로 재산을 취득하므로 증여세 문제가 발생한다.

이혼을 하면서 이혼자 일방이 다른 일방으로부터 재산을 받을 때는 그것을 이혼에 따른 위자료를 받는 것으로 처리할 수도 있고, 민법에 따른 이혼으로 인한 재산 분할로 처리할 수도 있다. 그런데 이혼으로 받는 재산이 양도세 과세 대상 부동산인 경우에는 위자료로 처리하는지, 재산 분할로 처리하는지에 따라 재산을 넘겨주는 쪽이 세금을 낼 수도 있고 안 낼 수도 있다.

위자료를 받는 경우에는 증여세를 내지 않는다

원칙적으로 다른 사람의 증여에 의해서 무상으로 재산을 취득한 사람은 증여세를 납부할 의무가 있지만, 이혼 등에 의해서 정신적 또는 재산상 손해배상의 대가로 받은 위자료에 대해서는 조세 포탈의 목적이 있다고 인정되는 경우를 제외하고는 증여로 보지 않는다. 따라서 이혼을 하면서 받는 위자료는 현금으로 받든, 부동산으로 받든 그것을 받는 사람의 입장에서는 증여세를 낼 필요가 없다.

부동산을 위자료로 주면 양도세가 부과된다

이혼 위자료 명목으로 재산을 취득하는 사람은 그것을 세법상 증여로 보지 않기 때문에 그 재산 취득에 대해서는 증여세를 낼 필요가 없다. 그러나 위자료를 지급하는 사람은 지급하는 재산의 종류에 따라 양도세를 내야 할 수도 있다. 즉 현금 등 「소득세법」에서 양도세 과세 대상으로 규정하고 있지 않은 물건으로 위자료를 지급하는 경우에는 양도세를 낼 필요가 없지만, 부동산 등 양도세 과세 대상인 재산을 위자료로 지급하면 그것을 유상으로 양도한 것으로 보아서 양도세를 내야 한다. 세법상 양도세 과세 대상 물건을 간단하게 살펴보면, 토지나 건물의 양도, 부동산에 관한 권리의 양도, 상장법인의 대주주의 주식의 양도, 비상장법인의 주식의 양도, 파생상품, 신탁수익권의 양도로 발생하는 소득 등이 있다.

이혼 위자료를 부동산으로 준다는 것은 현금 대신에 물건으로 위자료를 지급하는 것으로, 이를 '대물변제'라고 한다. 이혼하면서 위자료를 현금으로 지급하는 대신에 자기가 소유하고 있던 부동산의 소유권을 이전해주는 것은, 결국 그 부동산을 처분해서 현금으로 위자료를 주는 것과 마찬가지의 효과가 있기 때문에, 부동산을 넘겨주는 사람이 그 부동산을 유상으로 양도한 것으로 간주하여 양도세를 부과하는 것이다.

위자료를 주는 대신 재산 분할을 하면 양도세를 내지 않는다

부동산을 이혼 위자료로 주는 경우에는 그 소유권을 넘겨주는 사람이 양도세를 내야 할 수 있다. 그런데 이혼합의서에 의해 위자료가 아니라 재산 분할 청구로 인한 소유권 이전임을 확인할 수 있거나 가정법원에 재산 분할 청구권을 행사하여 혼인 후에 취득한 부동산의 소유권이 이전되는 경우에는, 부부 공동의 노력으로 이룩한 공동재산에서 이혼으로 인해 자기 지분을 환원받는 것으로 본다. 따라서 이혼하면서 재산 분할을 하는 경우에는 비록 그 재산이 양도세 과세 대상이라고 하더라도 양도세가 과세되지 않는다.

그러므로 이혼하면서 금전이 아닌 부동산 등 양도세 과세 대상 재산을 주는 경우에는, 그것을 위자료로 하지 말고 민법에서 규정하는 '재산 분할 청구로 인한 소유권 이전'으로 해야만 양도세를 내지 않을 수 있다. 그리고 착오로 등기 원인을 '증여'로 했다고 하더라도 이혼으로 인한 재산 분할이라는 것을 입증할 수 있으면 재산 분할로 인정받을 수 있으므로, 이혼합의서 등에 재산 분할 내용을 제대로 기재하는 것이 중요하다.

재산 분할을 위해 부동산을 팔면 양도세가 과세된다

앞서 설명한 대로 민법에 따른 재산 분할 청구를 통해 혼인 후에 취득한 부동산의 소유권을 이혼한 배우자에게 이전하는 경우에는 원칙적으로 양도세나 증여세가 과세되지 않는다. 그러나 법원의 재산 분할 판결에 따라 부동산으로 지급하지 않고 재산 분할금으로 지급하기 위해 보유하고 있던 부동산을 처분하는 경우에는 그 양도에 대해서는 양도세가 과세된다. 즉 부동산의 소유권을 직접 넘겨주는 방법으로 재산 분할을 하지 않고, 그 재산 분할에 대한 금액을 금전으로 지급하기 위해 부동산을 제3자에게 양도하는 경우에는 당연히 양도에 해당하여 양도세 과세 대상이 되는 것이다.

재산 분할로 재산을 취득하면 경감된 세율로 취득세가 부과된다

이혼을 하면서 재산을 분할하는 것도 재산을 취득하는 것이기 때문에, 이 경우 재산을 취득하는 사람은 「지방세법」상 취득세를 내야 한다. 그런데 이혼에 따른 재산 분할은 비록 그 재산이 한 사람의 명의로 등기가 되어 있었다고 하더라도, 부부가 혼인 중에 쌍방의 협력으로 이룩한 실질상의 공동재산을 이혼할 때 분배하는 것이기 때문에, 이혼으로 인한 재산 분할로 재산을 취득하는 것은 형식상의 취득에 불과하다고 볼 수 있다. 따라서 「지방세법」에서는 이혼을 하면서 재산 분할로 취득세 과세 대상인 재산을 취득하는 경우에는 일반 취득세율에서 경감된 세율을 적용하여 취득세를 부과한다.

TIP

세금 고수의 가이드

이혼으로 취득한 주택의 보유 기간 계산

세법에서는 주택의 보유 기간이나 거주 기간에 따라 양도세·비과세 여부를 판단할 때 이혼으로 인한 재산 분할로 취득한 경우와 위자료를 취득한 경우를 달리 취급하고 있다.

1. 재산 분할로 주택을 취득한 경우

이혼으로 인한 재산 분할 전의 배우자가 해당 주택을 취득한 날부터 해당 주택을 양도하는 날까지의 보유 및 거주 기간을 합산한다.

2. 위자료로 주택을 취득한 경우

이혼으로 인한 위자료로 취득하는 해당 주택은 소유권 이전 등기접수일부터 해당 주택을 양도하는 날까지의 보유 및 거주 기간만 계산한다.

25

해외자산에 대해서도 국내에서 세금을 내야 할까?

요즈음 많은 사람이 해외에 있는 부동산이나 주식 등에 투자를 하고 있다. 해외에 있는 자산에 투자해서 이익이 나는 경우 그 자산이 있는 나라에서만 세금을 내면 될 것이라고 생각하기 쉽다.

그러나 우리나라의 거주자(국내에 주소를 두고 있거나 과세 기간 동안 또는 그 과세 기간에 걸쳐 계속해서 183일 이상 거소를 둔 사람)나 내국법인(국내에 회사의 본점을 두고 있는 법인)이 해외에서 보유하고 있는 자산에서 이자나 배당소득, 임대소득 등이 발생하거나 그 자산을 처분하면서 이익이 발생한 경우에는 비록 그 나라에서 세금을 냈다고 하더라도 우리나라에서 다시 세금신고를 해야 한다.

또한 세법에서는 우리나라 거주자나 내국법인이 해외자산에 투자

하는 경우 그 투자내역에 대한 신고를 하도록 규정하고 있고, 해외에서 보유하고 있는 금융자산도 신고하도록 하고 있다.

해외자산을 취득한 경우에는 투자명세 등을 제출해야 한다

「외국환거래법」에 따라 해외 직접투자를 하거나 외국에 있는 부동산이나 이에 관한 권리를 취득한 거주자나 내국법인은 과세 기간 또는 사업 연도 종료일부터 6개월 이내에 해외 직접투자명세 및 해외 부동산 등의 투자명세와 해외 직접투자 또는 그 외국에 있는 부동산 등과 관련된 자료를 세무서에 제출하여야 한다. 이렇게 자료제출 의무가 있는 거주자나 내국법인이 정해진 기한까지 관계되는 자료를 제출하지 않거나 거짓된 자료를 제출하는 경우에는 과태료가 부과될 수 있다.

해외자산 양도에 대한 양도세 계산도 국내와 비슷하다

개인인 거주자가 해외에 자산을 보유하고 있다가 처분하는 경우 소득세법에서 규정하고 있는 자산에 대해서만 양도세를 내게 되는데, 양도세가 과세되는 해외자산은 양도세가 과세되는 국내자산과 비슷하다. 그리고 개인인 거주자가 해외자산을 양도해서 우리나라에서 양도세를 신고·납부하는 경우 양도세 계산방식도 기본적으로 국내에 있는 자산을 양도한 경우와 동일하다. 따라서 해외자산의 양도에 대한 양도세를 계산할 때 반영하기 위하여 그 양도자산과 관련하여 외국에서 지출한 각종 비용에 대한 증빙들을 제대로 챙기는 것이 중요하다. 그런데 해외자산의 양도에 대해서는 국내자산과는 달리 그 자산을 아무리 오랫동안 보유했더라도 장기보유특별공제는 적용하지 않는다.

해외자산 양도에 따른 외국납부세액은 우리나라에서 공제된다

개인인 우리나라의 거주자는 무제한 납세의무자로서 국내외의 모든 소득에 대해 우리나라에서 세금을 내야 하는데, 해외자산의 양도에 대한 양도세의 경우에는 그 자산이 다른 나라에 소재하기 때문에 그 자산의 소재지 국가에서도 자산양도에 따른 세금을 부과할 수 있다. 이렇게 동일한 자산의 양도에 대해 두 나라에서 각각 과세를 하게 되면 동일한 소득에 대해 두 번 세금을 내는 문제가 발생하게 되는데, 우리나라 「소득세법」과 「법인세법」에서는 동일한 소득에 대하여 국제적으로 이중과세되는 것을 방지하기 위하여 외국에서 납부한 세금을 공제해주는 제도를 두고 있다.

해외자산을 증여하거나 상속하는 경우에도 원칙적으로 국내에서 세금을 내야 한다

개인인 우리나라 거주자가 해외에 있는 자산을 우리나라의 거주자에게 무상으로 증여하는 경우, 그 해외자산을 증여받은 사람은 국내에서 증여세 신고를 해야 한다.

그런데 거주자가 비거주자에게 국외에 있는 재산을 증여하는 경우에는 원칙적으로 그 거주자가 국내에서 증여세를 신고·납부해야 하지만, 이 경우 증여를 받는 사람이 세법에서 정하는 증여자의 특수관계인이 아닌 경우로서 해당 재산에 대하여 외국의 법령에 따라 증여세가 부과되는 경우에는 그 해외자산의 증여에 대하여는 국내에서 증여세를 내지 않아도 된다. 또한, 개인인 거주자가 사망하면서 상속이 개시되는 경우에는 해외에 있는 재산도 국내에서 상속세 과세 대상이 된다. 이 경우에도 외국에 있는 상속재산에 대하여 외국의 법령에 따라 상속세를 부과받은 경우에는 그 부과받은 상속세에 상당하는 금액은 납부할 상속세에서 공제해준다.

일정금액 이상의 해외 금융계좌가 있으면 해외 금융계좌정보를 신고해야 한다

해외 금융회사에 개설된 해외 금융계좌를 보유한 거주자 및 내국법인은 해당 연도의 매월 말일 중에 어느 하루라도 보유계좌잔액(보유계좌가 복수인 경우에는 각 계좌잔액을 합산함)이 5억 원을 초과하는 경우에는 해외 금융계좌정보를 다음 연도 6월 1일부터 30일까지 납세지 관할 세무서장에게 신고하여야 한다. 신고 대상 해외 금융계좌는 해외 금융회사에 은행업무 및 증권, 파생상품 거래 등의 금융거래를 위해 개설한 계좌를 말한다. 그리고 신고 대상 자산의 범위에는 현금, 주식, 채권, 집합투자증권, 보험상품 등 해외 금융계좌에 보유한 모든 자산이 포함되는데, 2022년 1월 이후 신고의무 발생분부터는 가상자산 및 그와 유사한 자산의 거래를 위해 해외에 개설한 계좌도 포함된다.

세법에 따라 해외 금융계좌를 신고해야 할 의무자가 신고기한 내에 신고하지 않거나 적게 신고한 경우에는 과태료를 부과하게 된다. 그런데 해외 금융계좌정보의 신고의무자로서 신고기한 내에 신고하지 않거나 적게 신고한 금액이 50억 원이 넘는 경우에는 징역형이나 벌금형에 처해질 수도 있으므로 매우 조심해야 한다.

TIP

세금 고수의 가이드

국내에서 양도세가 과세되는 해외자산 양도소득의 유형

1. 토지 또는 건물의 양도로 발생하는 소득

2. 다음 중 어느 하나에 해당하는 부동산에 관한 권리의 양도로 발생하는 소득

① 부동산을 취득할 수 있는 권리
② 지상권
③ 전세권과 부동산임차권

3. 주식 등의 양도로 발생하는 소득

외국법인이 발행한 주식(국내 증권시장에 상장된 주식 등은 제외)과 내국법인이 발행한 주식으로서 국내 증권시장과 유사한 시장으로서 외국에 있는 시장에 상장된 주식 등

4. 다음 중 어느 하나에 해당하는 재산의 양도로 발생하는 소득

① 토지 또는 건물 등 사업용 고정자산과 함께 양도하는 영업권
② 이용권·회원권 및 그 밖에 그 명칭과 관계없이 시설물을 배타적으로 이용하거나 일반 이용자보다 유리한 조건으로 이용할 수 있도록 약정한 단체의 구성원이 된 자에게 부여되는 시설물 이용권
③ 부동산 과다 보유 법인의 주식 등

PART 3

부가 보이는 사업 절세

26

동업은 신중하게 결정하자

동업을 하는 이유는 자금을 나눠서 투자하고 사업에 대한 노하우를 공유하는 등, 사업으로 인한 위험 부담을 분산시키고 경영을 효율적으로 할 수 있기 때문일 것이다. 그뿐만 아니라 세금 문제 역시 동업을 하는데 있어서 하나의 고려 조건이 될 수 있다. 사업자등록을 할 때, 공동사업의 경우에는 공동사업약정서를 추가로 제출하는 것 외에는 대체로 단독사업과 공동사업의 세무상 절차는 같다고 할 수 있다. 다만 공동사업을 하는 경우에는 그 공동사업에서 발생하는 세금의 종류에 따라서 책임 범위가 달라질 수 있다. 그렇지만 동업을 할 때는 세금 문제 외에도 복잡한 문제들이 많이 발생할 수 있으므로, 동업은 항상 신중하게 결정하는 것이 좋겠다.

동업에 대한 부가세는 연대납세의무를 진다

「국세기본법」에서는 공유물·공동사업 또는 공동사업에 속하는 재산에 관계되는 국세·가산금과 체납처분비는 공유자 또는 공동사업자가 연대해서 납부할 의무를 지도록 하고 있다. 따라서 개별 세법에서 다른 규정을 두고 있지 않은 한 공동사업과 관련된 모든 세금은 공동사업자가 연대납세의무를 져야 한다.

부가세가 과세되는 사업을 하면 원칙적으로 사업장별로 사업자등록을 하고 부가세를 신고·납부해야 한다. 그런데 부가세 과세사업을 동업 형태로 할 때 납세의무의 범위에 대해서는 「부가세법」에서 별도로 규정을 두고 있지 않기 때문에, 원칙적으로 동업으로 하는 사업장과 관련된 부가세는 공동사업자가 연대해서 납세의무를 져야 한다. 즉 동업을 하면서 공동사업장에 대한 부가세를 내지 않으면, 공동사업자 각자의 지분과는 관계없이 동업자들은 각자의 개인 재산으로 그 공동사업에 대한 부가세를 책임져야 한다. 따라서 다른 사람과 동업을 할 때는 가장 먼저 서로 믿을 수 있는지를 잘 따져봐야 한다.

소득세는 각자의 지분에 대한 납세의무가 따른다

연대납세의무를 규정하고 있는 「국세기본법」과 달리 「소득세법」에서는 공동사업에서 발생하는 소득금액의 계산과 분배에 대해 별도의 규정을 두고 있다. 이 규정에 따르면, 공동사업장별로 계산된 소득금액은 공동사업자 각자의 지분별로 나누며, 동업자들은 각자의 몫에 대해서만 종합소득세를 신고·납부하면 된다. 따라서 공동사업에서 발생한 소득금액을 공동사업자별로 배분한 후에는 설사 동업자 중 한 사람이 자신의 소득세를 내지 못했다고 하더라도 그 몫에 대해 다른 동업자가 소득세를 대신 납부해야 할 의무는 없다.

이처럼 소득세의 경우에는 다른 동업자의 지분에 해당하는 소득세를 연대해서 납부할 의무는 없지만, 반대로 동업을 하면서 단순히 경영에 관여하지 않고 이익을 분배받지 못했다는 이유만으로 자신의 몫에 대한 소득세를 내지 않을 수는 없다. 따라서 동업을 하는 경우에는 그 동업에서 이익이 발생하는지, 그리고 그 이익이 제대로 분배되는지 정도는 정확하게 파악하고 있어야 한다.

동업을 하면 소득세 부담이 줄어들 수 있다

「소득세법」에서는 사업소득이 발생하는 사업을 공동으로 경영하고 그 손익을 분배하는 공동사업의 경우, 그 사업을 경영하는 장소(공동사업장)를 1거주자로 보아 공동사업장별로 소득금액을 계산하도록 하고 있다. 이렇게 공동사업에서 발생한 소득금액은 해당 공동사업을 경영하는 각 거주자 간에 약정된 손익 분배 비율에 의해 분배되며, 종합소득세의 신고·납부 의무 역시 분배되는 소득금액에 따라 각 공동사업자가 개별적으로 진다.

그런데 소득세는 누진세율 구조이므로, 소득금액이 여러 사람으로 분산되면 소득세 부담도 적어진다. 따라서 동일한 소득금액일 경우에 사업을 단독으로 하는 것보다는 공동으로 하는 것이 소득세를 줄이는 효과가 있다.

가족끼리 동업하면 소득금액을 합산해 세금 낼 수 있다

동업을 하는 경우에 소득세 부담이 줄어드는 점을 악용해서 실제로는 동업을 하지 않으면서도 동업을 하는 것처럼 위장하는 경우가 있다. 특히 소득세를 적게 내기 위해 실제로는 동업을 하지 않으면서 가족끼리 동업하는 것처럼 위장하여 소득을 분산시키는 사례가 있다.

「소득세법」에서는 이런 행위를 방지하기 위해 별도의 규정을 두고 있다. 거주자 1인과 세법상 그와 특수관계에 있는 사람이 공동사업자에 포함되어 있을 때, 손익 분배 비율을 허위로 정하는 등 세금 부담을 회피하기 위해 공동으로 사업을 경영하는 것으로 확인되는 경우에는, 공동사업의 소득금액을 각자의 지분별로 분배하지 않고 손익 분배 비율이 큰 공동사업자(주된 공동사업자)의 것으로 간주하여 소득세를 계산한다.

가족 간에 진짜 동업을 하는 경우에는 각자가 자금을 투자하고 경영에 관여하는 등 동업을 한다는 것을 입증한다면 정상적인 동업으로 인정받을 수 있다. 따라서 동업을 할 때는 가족이라도 동업계약서를 제대로 작성하고, 투자하는 자금에 대해서도 금융기관을 통해 거래하여 기록을 남기는 등 실제로 동업한다는 것을 입증할 수 있도록 준비해둘 필요가 있다.

TIP

세금 고수의 가이드

동업 소득금액을 합산해 과세하는 경우

거주자 1인과 그와 특수관계에 있는 자가 공동사업자에 포함되어 있는 경우로서, 손익 분배 비율을 허위로 정하는 등 다음의 사유가 있는 때에는 공동사업 소득금액을 각자의 지분별로 분배하지 않고, 해당 특수관계자의 소득금액을 손익 분배 비율이 큰 공동사업자(주된 공동사업자)의 소득금액으로 간주하여 그 주된 공동사업자의 소득에 합산해서 소득세를 부과한다.

- 공동사업자가 제출한 종합소득 과세표준 신고서와 첨부 서류에 기재한 사업의 종류, 소득금액 내역, 지분율, 약정된 손익 분배 비율 및 공동사업자 간의 관계 등이 사실과 현저하게 다른 경우
- 공동사업자의 경영 참가, 거래 관계, 손익 분배 비율 및 자산·부채 등의 재무 상태 등을 고려할 때, 조세를 회피하기 위해 공동으로 사업을 경영하는 것이 확인되는 경우

명의를 함부로 빌려주지 말자

실제로 사업을 한 사람은 따로 있는데 명의를 빌려준 탓에 억울하게 세금을 대신 내야 하는 난처한 상황에 처한 사람들이 생각보다 많다. 이처럼 자신이 명의를 빌려준 사람의 사업이 잘못되어서 실제 사업을 한 사람이 세금을 못 내면, 관할 세무서에서는 실제 사업자가 아니라 사업자등록상의 명의자에게 강제징수 절차를 진행한다.

유난히 정이 많은 우리 민족의 특성상 가족이나 친지로부터 명의를 빌려달라는 부탁을 받으면 매몰차게 거절하기가 쉽지 않지만, 그래도 정에 이끌려 선불리 명의를 빌려줬다가 나중에 낭패당하는 일은 없어야겠다.

명의를 빌려주면 다른 사람의 세금을 대신 낼 수 있다

그런데 명의를 빌려준 사람의 명의로 다른 소득이 있는 경우에는 그 소득과 합산되어 누진세율을 적용해 소득세를 계산하고, 또한 그 명의자의 소득이 증가함에 따라 국민연금이나 건강보험료 등의 부담도 늘어난다. 그리고 만약 사업이 잘못되어서 실제 사업을 한 사람이 세금을 못 내면 사업자등록상의 명의자, 즉 명의 대여자에게 세금이 부과되고 체납처분도 집행되므로, 명의를 빌려준 탓에 받는 불이익은 예상외로 클 수 있다.

따라서 다른 사람에게 명의를 빌려주지 말고, 불가피하게 명의를 빌려주어야 하는 경우라면 그 내용을 기재한 계약서를 작성하거나 공증을 받아놓으면 나중에 그 내용을 소명하는 데 도움이 될 수 있다.

탈세 목적으로 명의를 빌리거나 빌려주면 형사처분까지 받는다

「조세범처벌법」에서는 탈세 목적으로 명의를 빌리거나 빌려주는 경우에는 형사처분을 할 수 있는 규정들을 두고 있다. 예를 들면 조세 회피 또는 강제집행의 면탈을 목적으로 다른 사람의 명의를 사용해 사업자등록을 한 사람은 2년 이하의 징역이나 2,000만 원 이하의 벌금에 처하도록 하고 있다. 또한 그렇게 하도록 허락한 사람은 1년 이하의 징역 또는 1,000만 원 이하의 벌금에 처하도록 하고 있다. 이처럼 명의를 함부로 빌려줬다가는 억울하게 세금을 내는 등 불이익은 물론 형사처분까지 받을 수 있으니 더더욱 주의해야 한다.

명의 대여를 입증하면 세금을 안 낼 수도 있다

실제로 사업을 하던 사람이 세금을 내지 못해 관할 세무서에서 사업자등록이 되어 있는 명의자에게 세금을 부과한 경우, 명의 대여자가 자신은 명의만 빌려주었을 뿐 실제로 사업을 한 사람은 따로 있다는 것을 입증할 수만 있으면 「조세범처벌법」에 의해 처벌되는 것은 별개로 하더라도, 그 사업에 대한 세금은 실제로 사업을 한 사람에게 부과되도록 할 수 있다. 이것은 「국세기본법」에서 규정하고 있는 '실질과세 원칙', 즉 실질 내용과 명의가 다를 때에는 실질 내용에 따라 세금을 부과해야 한다는 원칙에 따라서, 명의상의 사업자등록자와는 별도로 사실상의 사업자가 있는 경우에는 사실상의 사업자를 납세의무자로 하는 것이다.

명의 대여 사실을 밝히는 것이 쉽지는 않다

그런데 문제는 명의를 도용당한 경우가 아니라면, 자신은 명의만 빌려주었을 뿐이고 그 사업과 전혀 관련이 없다는 것을 입증하기가 쉽지 않다는 것이다. 특히 금융실명제하에서 실제로 사업을 하는 사람이 명의를 빌려준 사람의 명의로 사업용 계좌를 개설해서 금융거래를 하고 신용카드로 매출한 금액을 그 통장으로 결제받았다면, 해당 명의자가 사업을 한 것으로 인정되기 때문에 명의를 빌려주었다는 것을 입증하기가 더욱 어렵다.

설령 명의를 빌려주었다가 운 좋게 실질 사업자가 밝혀져서 세금은 내지 않게 되었다 하더라도, 명의 대여자는 명의를 빌려간 사람과 함께 「조세범처벌법」에 의해서 처벌을 받을 수 있다. 또한 명의 대여 사실은 국세청 전산망에 기록·관리되기 때문에, 나중에 본인이 실제로 사업을 하려고 할 때 불이익을 받을 수 있다.

특히 최근 서울행정법원은 회사에 대표자 명의를 사용하도록 명의만 빌려준 속칭, '바지사장'에게 명의 대여는 실사업자와 합의하에 탈세를 조장하는 행위라며, 명의 대여자에게 소득세를 부과한 것은 정당하다는 판결을 한 경우가 있으므로 더더욱 조심할 일이다.

TIP

세금 고수의 가이드

명의 대여에 대한 세법상의 불이익

1. 「조세범처벌법」상의 처벌

① 조세의 회피 또는 강제집행의 면탈을 목적으로 타인의 성명을 사용하여 사업자등록을 하거나 타인 명의의 사업자등록을 이용하여 사업을 영위한 자는 2년 이하의 징역 또는 2,000만 원 이하의 벌금에 처한다.

② 조세의 회피 또는 강제집행의 면탈을 목적으로 자신의 성명을 사용하여 타인에게 사업자등록을 할 것을 허락하거나 자신 명의의 사업자등록을 타인이 이용하여 사업을 영위하도록 허락한 자는 1년 이하의 징역 또는 1,000만 원 이하의 벌금에 처한다.

2. 「부가세법」상의 가산세

다른 사람(배우자는 제외)의 명의로 사업자등록을 하고 사업을 하는 것으로 확인되는 경우, 사업 개시일로부터 그 사실이 확인되는 날의 직전일까지의 공급가액의 합계액에 2%를 곱한 금액을 부가세 가산세로 부과한다.

개인사업자와 법인사업자, 어느 쪽이 유리할까?

많은 사람이 사업을 시작할 때 개인사업자로 하는 것이 유리한지 또는 법인사업자로 하는 것이 유리한지에 대해 궁금해한다. 그리고 대개는 법인사업자로 하는 것이 개인사업자로 하는 것보다 세금 측면에서 유리하다고 생각한다. 심지어 연간 매출액이 10억 원 정도일 때 법인사업자가 아닌 개인사업자라고 하면 이상하게 생각하기도 한다. 그런데 일반적으로 생각하는 것처럼 법인 형태로 사업을 하는 것이 개인 형태로 사업을 하는 것보다 모든 측면에서 항상 유리한 것은 아니다. 개인사업자가 유리한지 법인사업자가 유리한지 일률적으로 말하기는 어렵고, 여러 가지 측면에서 장단점을 따져보고 판단해야 한다.

개업과 폐업 신고 절차는 법인이 개인보다 복잡하다

개업할 때와 폐업할 때의 개인과 법인의 차이를 비교해보자. 인허가 사업이 아닌 경우, 개인사업자는 사업을 시작할 때 관할 세무서에 사업자등록만 하면 되고, 폐업 시에도 관할 세무서에 폐업 신고만 하면 되기 때문에 절차가 간단하고 비용도 거의 들지 않는다.

이에 반해 법인사업자는 정관(법인의 목적, 조직, 업무 집행 등에 관한 근본 규칙 또는 그것을 적은 문서)을 작성하고 주주를 모집해서 상업등기소에 법인설립등기를 해야 하는 등 복잡한 절차를 거친 후에 관할 세무서에 사업자등록을 하고, 폐업을 할 때에도 청산 절차를 거쳐서 먼저 상업등기소의 법인등기를 말소한 후에 관할 세무서에 사업자등록 폐업 신고를 해야 한다.

이렇게 절차와 비용 면에서 보면 법인사업자는 개인사업자보다 설립 절차가 복잡하고, 설립할 때와 청산할 때 등록면허세 등 세금과 기타 비용이 추가로 들어간다. 따라서 개업과 폐업 측면에서 보면 개인사업자가 법인사업자보다 그 절차가 훨씬 간편하고 비용도 적게 들기 때문에 유리하다고 할 수 있다.

자금 운용은 개인이 법인보다 편리하다

자금 운용 면에 있어서, 개인사업자는 법정자본금이 따로 정해져 있지 않기 때문에 필요한 자금을 수시로 투입할 수 있고, 회사 자금에 여유가 있을 때에는 비교적 자유롭게 자금을 인출할 수 있다. 반면 법인

사업자는 법인 설립 시에 출자해야 하는 법정자본금이 있는데, 업무와 관련 없이 법인 자금을 함부로 인출하면 가지급금(업무와 관련없이 회사에서 가져가는 돈)으로 처리되어 나중에 추가로 세금을 내야 할 수 있다. 심한 경우에는 법인 자금을 횡령하거나 유용한 것으로 간주되어 형사처분을 받을 수도 있다.

그리고 사업을 해서 이익이 발생했을 때 개인사업자의 경우에는 세금을 낸 후의 소득에 대해서는 자유롭게 인출하여 사용할 수 있지만, 법인사업자의 경우에는 세후 소득을 법인세 납부 후의 금액, 즉 법인의 '이익잉여금'으로 유보하고 있거나 배당 절차를 통해서 주주에게 지급해야 한다. 따라서 자금 운용 면에 있어서도 개인사업자가 법인사업자보다 편리하다고 할 수 있다.

세금 부담은 법인과 개인사업자 중 어느 쪽이 유리할까?

그렇다면 사업을 해서 이익이 났을 때 부담하는 세액을 비교해보자. 개인사업자의 경우에는 수입액에서 원가나 비용을 차감하고 소득공제를 한 후의 금액, 즉 과세표준에 따라서 최저 6%에서 최고 45%의 종합소득세를 납부해야 하는 반면, 법인사업자는 과세표준에 따라서 최저 10%에서 최고 25%의 법인세를 부담한다. 따라서 얼핏 보기에는 법인세의 최고세율이 종합소득세의 최고세율보다 낮기 때문에 법인사업자가 개인사업자보다 세금을 줄일 수 있을 것으로 보인다.

그러나 법인사업자는 이익잉여금에 대해 배당 절차를 거쳐서 주주들에게 분배를 하는데, 배당소득에 대한 소득세 원천징수 세율이 14%이므로 주주들의 배당소득세까지 감안하면 개인사업자와 법인사업자 간의 세금 부담은 큰 차이가 없다고 할 수 있다.

거기다가 개인 주주별로 이자와 배당소득을 합해서 연간 2,000만 원이 넘으면 금융소득 종합과세에 해당되어, 다른 종합소득과 합산해 소득세를 추가로 부담해야 할 수 있다. 실제로 외부에서 주주를 모집해서 법인을 설립하는 경우, 법인은 법인세만 부담하고 주주들이 배당소득세를 부담하기 때문에 사업에 대한 소득세와 법인세 간에 세액 차이가 크게 난다. 그러나 우리나라의 경우 많은 중소 법인들이 대부분의 주식을 경영자가 소유하고 있기 때문에, 법인세와 배당소득세를 함께 고려해야 한다. 따라서 이런 점을 감안하면 세금 측면에서 법인사업자가 개인사업자보다 꼭 유리하다고 보기는 어렵다.

안정적인 사업을 위해서는 법인이 낫다

사업의 영속성 측면에 대해 살펴보면, 개인사업자는 상속의 경우 외에는 원칙적으로 사업 승계를 하더라도 기존의 사업자등록은 폐업을 하고 승계하는 사업자가 새로 사업자등록을 해야 하므로 사업의 계속성이 단절된다. 반면 법인사업자는 주주나 임원이 모두 바뀌더라도 법인 자체는 동일성을 가지고 계속되므로 영속성이 있다고 할 수 있다. 즉 이론적으로 법인은 주주나 임원이 바뀌는 것과 관계없이 그 법인 자체로 무한정 존속할 수 있는 것이다. 따라서 대규모의 사업을 오랫동안 안정적으로 유지하기 위해서는 법인사업자가 개인사업자보다 유리하다고 할 수 있다.

법인은 위험과 책임을 분산시킬 수 있다

사업과 관련된 책임 범위와 관련해서는, 개인사업자의 경우에는 사업의 결과에 대해서 개인사업자가 단독으로 무한 책임을 져야 하므로, 사업상 발생한 채무나 세금 문제도 사업자가 자기의 모든 재산으로 책임져야 한다. 반면 법인기업 중 대부분을 차지하고 있는 주식회사나 유한회사의 경우에는 세법상 과점 주주(발행 주식을 반 넘게 소유하고 기업 경영을 지배하고 있는 주주)의 경우에 일부 예외가 있기는 하지만, 기본적으로 주주나 출자자는 자신의 출자액을 한도로 유한 책임을 부담한다. 따라서 위험 부담이 따르는 대규모의 사업인 경우에는 다수의 주주를 모집해서 법인으로 하는 것이 막대한 자금을 동원할 수 있고 위험은 분산시킬 수 있다. 이런 점을 감안하면 책임 측면에서는 법인사업자가 개인사업자보다 유리하다고 할 수 있다.

규모가 큰 개인사업자는 세무 간섭이 증가할 수 있다

실무상의 차이에 대해서 보면, 개인사업자의 경우에는 대략 연간 매출액이 10억 원 정도를 넘으면 국세청에서 대사업자로 보아 세무 간섭이 많아질 수 있다. 반면 법인사업자의 경우에는 연간 10억 원 정도의 매출액이면 영세한 법인으로 분류되어 상대적으로 세무 간섭이 줄어들 수 있다. 특히 연간 매출액이 수십억 원 정도 되는 법인이 서울 강남 지역에 본사를 두고 있다면, 같은 관할구역 내에 있는 대규모의 법인 업체들 덕분에 상대적으로 과세 관청의 관심에서 멀어질 수밖에 없을 것이다. 이런 점을 감안하면, 연간 매출액이 수십억 원 정도인 경우라면 개인사업자로 하는 것보다는 법인으로 하는 것이 상대적으로 세무 간섭을 덜 받을 수 있으므로 유리할 수 있다.

TIP

세금 고수의 가이드

개인사업자로 시작하고 규모가 커지면 법인 전환을 고려하라

현실적으로 개인기업보다는 법인기업으로 거래하는 것이 영업을 하거나 자금을 차입할 때 우대받는 경우가 많다. 또한 사업상 거래처에 가서 명함을 내밀더라도 개인사업체의 대표라고 하는 것보다는 법인업체의 대표이사라고 할 때 대외적으로 신인도가 올라가는 현실도 무시하기는 힘들다.

그래서 사업의 형태를 개인으로 하는 것이 유리할지 법인으로 하는 것이 유리할지는 여러 가지 상황에 따라 다르기 때문에 일률적으로 말할 수는 없다. 각각의 장단점이나 차이점을 종합적으로 검토한 후에 각자의 상황에 맞는 형태로 하는 것이 좋을 것이다. 다만 사업을 시작할 때 개인기업으로 할지 법인기업으로 할지 정 판단이 서지 않는다면, 우선 개인사업자로 시작했다가 규모가 커지면 법인으로 전환하는 것도 고려해볼 만하다.

「부가가치세법」은 피도 눈물도 없다

얼마 전 뉴스에 따르면, 940억 원 상당의 허위 세금계산서를 발행한 30대 '자료상'에게 징역 2년의 실형과 함께 100억 원에 달하는 벌금이 부과되었다고 한다. 자료상이란, 실제로 사업을 하지 않는 회사를 설립한 뒤 다른 사업자에게 재화나 용역을 공급한 것처럼 가짜 세금계산서를 발급해주고 그 대가를 받는 업자들을 말한다. 어떻게 가짜 세금계산서를 남발하고 돈을 버는 일이 가능할까?

우리나라의 부가세 제도는 부가세 납부세액을 계산할 때 각 거래 단계의 매출액에 대한 부가세 전액을 납부하지 않고, 자기 단계에서 발생한 매출세액에서 전 단계에서 매입하면서 부담한 매입세액을 공제한 나머지 세액을 납부하는 방식을 취하고 있다. 이렇게 납부세액을 계산하는 방식을 '전단계 세액공제법'이라고 한다. 이러한 특성상 세금계산서를 제대로 주고받는 것은 굉장히 중요하다. 부가세 신고를 할 때 사업자는 자기의 매출세액에서 전 단계에서 부담한 매입세액을 뺀 나머지 세액만 납부하면 되므로 세금계산서가 곧 돈과 같기 때문이다.

세금계산서는 「부가세법」에서 정하는 공급 시기에 발급해야 한다

세금계산서는 사업자가 재화 또는 용역을 공급하는 때에 부가세를 거래징수하고, 이를 증명하기 위해 거래 상대방에게 작성·교부하는 세금 영수증이다. 그 외에도 세금계산서는 사업자와 거래 상대방 관계에서는 송장의 기능을 하며, 외상 거래에서는 청구서의 기능을, 현금거래에서는 영수증의 기능도 한다. 그리고 장부 기록에 있어서는 증빙자료로 사용되며, 조세 행정상으로는 매출세액의 계산 및 매입세액의 공제가 정당한지의 여부와 소득세 과세 등에도 과세 자료로 활용된다.

그런데 전단계 세액공제법을 채택하고 있는 「부가세법」에서 세금계산서는 납부세액(매출세액에서 매입세액을 제한 금액)을 계산하는 데 있어서 필수적인 증빙 서류다. 즉 세금계산서 없이는 사업자가 전 단계에서 부담한 매입세액을 정확하게 파악하고 계산하기가 어렵기 때문에, 잘 정비된 세금계산서 제도 없이는 전단계 세액공제법을 유지하기가 거의 불가능하다고 할 수 있다.

전단계 세액공제 방식으로 납부세액을 계산하는 「부가세법」에서 사업자가 납부할 부가세액은 매출세액에서 매입세액을 공제한 금액이 된다. 즉 부가세는 다단계 거래세이기 때문에 각 거래 단계별로 매출이 발생하면 공급자는 거래와 동시에 세금계산서를 발급하고 거래 상대방으로부터 부가세를 거래징수한다. 또한 공급자인 사업자는 자신이 전 단계에서 매입하면서 부가세를 부담하고 수취한 세금계산서를 증빙으로 해서 매입세액을 공제받는다.

따라서 거래 시기는 부가세 과세 대상 거래를 하는 경우에 부가세를 거래징수하고 세금계산서를 발급하는 중요한 기준 시점이 된다. 이에 「부가세법」에서는 공급자가 세금계산서를 발급해야 하는 공급 시기를 규정하고 있다. 그리고 이를 어길 경우 매출자의 입장에서는 가산세를, 매입자의 입장에서는 가산세뿐만 아니라 실제로 부담한 매입세액을 공제받지 못하도록 하는 엄청난 불이익을 주고 있다.

재화 또는 용역의 거래 시기는 그 재화나 용역을 공급하는 자의 입장에서는 공급 시기가 되며, 공급을 받는 자의 입장에서는 공급받는 시기가 된다. 공급자는 재화나 용역의 공급 시기에 세금계산서를 발급해야 하므로, 「부가세법」에서는 재화 또는 용역의 공급 시기를 각각 규정하고 있다. 그런데 「부가세법」의 거래 시기는 수익 인식 기준으로 '발생주의'를 채택하고 있는 기업회계 기준이나 '권리의무확정주의'를 채택하고 있는 「소득세법」, 「법인세법」과도 다르다. 물론 인도 기준 등의 일부는 「부가세법」의 거래 시기와 기업회계 기준이나 「법인세법」, 「소득세법」의 수익 인식 시기가 일치하는 경우도 있지만, 대부분의 경우는 서로 연관성이 없다. 따라서 세금계산서를 발급할 때 「부가세법」상 공급 시기에 해당하는지를 잘 따져봐야 한다.

예를 들어 기계 판매업자가 1억 원의 기계를 판매하기로 계약을 체결하면서 계약금 1,000만 원을 받았다고 하더라도, 기계 판매에 대한 「부가세법」상 원칙적인 공급 시기는 그 기계를 인도한 날이므로 그 인도일에 1억 원 전체에 대한 세금계산서를 발급해야 한다.

대금 결제를 받지 못해도 세금계산서를 발급해야 한다

실무에서는 거래를 한 후에 대금 결제를 받지 못했다고 세금계산서를 발급하지 않는 경우가 종종 있다. 하지만 세금계산서는 원칙적으로 「부가세법」에서 정하고 있는 거래 시기인 '재화나 용역을 공급하는 때'에 발급해야 한다. 따라서 「부가세법」에서 정하고 있는 공급 시기인데도 대금 결제를 받지 못했다고 세금계산서를 발급하지 않고 있다가 나중에 대금 결제를 받으면서 세금계산서를 발급하면 사실과 다른 세금계산서가 된다.

이렇게 거래 시기와 다르게 세금계산서를 발급할 경우 공급자는 가산세를 부담해야 하고, 공급받는 자는 실제로 부가세를 부담하고 세금계산서를 발급받았더라도 사실과 다른 세금계산서로 간주되어 매입세액공제를 받지 못한다. 설령 공제를 받을 수 있다 해도 가산세를 부담하는 등의 불이익을 받을 수 있다. 따라서 재화나 용역을 공급하고 비록 대금을 받지 못했다고 하더라도 공급자는 「부가세법」상 공급 시기에 반드시 세금계산서를 발급해야 한다.

부가세를 누가 부담할지는 계약으로 정할 수 있다

비록 「부가세법」에서는 거래징수 규정을 두고 있지만, 현실에서는 재화나 용역을 공급하는 사업자가 반드시 거래 상대방으로부터 부가세를 징수해서 납부하는 것은 아니다. 왜냐하면 「부가세법」에서는 사업상 독립적으로 재화나 용역을 공급하는 사업자가 부가세를 납부할 의무가 있는 것으로 규정하고 있으므로, 재화나 용역을 공급받는 거래 상대방은 사실상의 납세자일 뿐이지 납세의무자는 아니기 때문이다. 따라서 부가세를 사실상 누가 부담하며 어떻게 전가할 것인가 하는 문제는 사적 자치가 허용되는 영역으로, 거래 당사자 간의 약정 또는 거래 관행 등에 따라서 결정될 수 있다.

이런 점을 감안해서, 재화나 용역을 공급하는 공급자의 입장에서는 계약을 할 때 부가세를 별도로 받는 것으로 계약하는 것이 유리하고, 공급받는 자의 입장에서는 거래금액에 이미 부가세가 포함된 것으로 하는 것이 유리할 것이다.

TIP

세금 고수의 가이드

세금계산서 발급 기준이 되는 공급 시기

1. 재화의 공급 시기

재화의 공급시기는 원칙적으로 재화의 이동이 필요한 경우에는 그 재화가 인도되는 때이고, 재화의 이동이 필요하지 않은 경우에는 그 재화가 이용 가능하게 되는 때이며, 이러한 기준을 적용할 수 없는 경우에는 그 재화의 공급이 확정되는 때로 한다. 구체적인 경우에 있어서 재화의 공급 시기는 다음과 같다.

① 현금 판매·외상 판매 또는 할부 판매의 경우에는 재화가 인도되거나 이용 가능하게 되는 때를 공급 시기로 한다.
② 장기 할부 판매의 경우에는 대가의 각 부분을 받기로 한 때를 공급 시기로 한다.
③ 반환 조건부 판매·동의 조건부 판매·기타 조건부 및 기한부 판매의 경우에는 해당 조건이 성취되거나 기한이 경과되어 판매가 확정되는 때를 공급 시기로 한다.
④ 완성도 기준 지급의 경우나 전력 기타 공급 단위를 구획할 수 없는 재화를 계속적으로 공급하는 경우에는 대가의 각 부분을 받기로 한 때에 공급 시기로 한다.
⑤ 재화의 공급으로 보는 가공의 경우에는 가공된 재화를 인도하는 때를 공급 시기로 한다.
⑥ 의제공급 중 자가공급과 개인적 공급, 사업상 증여의 경우에는 재화가 사용 또는 소비되는 때를 공급 시기로 한다.
⑦ 의제공급 중 폐업 시에 잔존하는 재화의 경우에는 폐업일을 공급 시기로 한다.
⑧ 무인판매기를 이용하여 재화를 공급하는 경우에는 해당 사업자가 무인판매기에서 현금을 수금하는 때를 공급 시기로 한다.
⑨ 내국 물품을 수출하는 경우에는 수출 재화의 선(기)적일을 공급 시기로 한다.
⑩ 위탁매매 또는 대리인에 의한 매매의 경우에는 수탁자 또는 대리인의 공급을 기준으로 하여 일반적인 공급 시기 기준을 적용한다.

2. 용역의 공급 시기

용역이 공급되는 시기는 원칙적으로 역무가 제공되거나 재화·시설물 또는 권리가 사용되는 때다. 그 구체적인 기준은 다음과 같다.

① 통상적인 용역의 경우에는 역무의 제공이 완료되는 때를 공급 시기로 한다.
② 완성도 기준 지급·중간 지급·장기 할부 또는 기타 조건부로 용역을 공급하거나 그 공급 단위를 구획할 수 없는 용역을 계속적으로 공급하는 경우에는 그 대가의 각 부분을 받기로 한 때를 공급 시기로 한다.
③ 위의 기준을 적용할 수 없는 경우에는 역무의 제공이 완료되고, 그 공급가액이 확정되는 때를 공급 시기로 한다.

사업자등록은 빨리 할수록 좋다

사업을 하기 위해서는 이것저것 준비할 것이 많다. 그런데 자칫하면 꼭 챙겨야 할 것들을 놓쳐서 큰 손해를 볼 수도 있다. 사업을 시작하면 우선 사업자등록을 해야 한다. 「부가세법」에서는 사업을 개시하는 경우에 원칙적으로 사업장마다 사업 개시일로부터 20일 이내에 사업자등록을 하도록 규정하고 있다. 즉 사업을 시작하고 나서 늦어도 20일 내에는 사업자등록을 해야 한다.

그런데 사업을 처음 시작하는 경우에는 보통 먼저 사무실을 임차해서 실내 공사를 하고 필요한 집기들을 구입하는 등 사업을 하기 위한 준비 과정이 필요하기 마련이다. 이렇게 개업 준비 과정에서 인테리어 공사를 하거나 사업을 위해 필요한 물품들을 구입할 수 있는데, 사업자등록을 하기 전에는 사업자등록번호가 없기 때문에 실제로 물건을 매입을 하고도 세금계산서를 받을 수 없는 문제가 발생한다. 그래서 「부가세법」에서는 이런 문제점을 해소하기 위해 사업 개시일 전이라도 사업자등록을 할 수 있도록 하고 있다.

이에 따라 사업장을 아직 설치하지 않은 사람이라도 사업 개시일 전에 집 주소를 사업장으로 해서 사업자등록을 할 수 있다. 「부가세법」에 따르면 사업자등록은 사업장별로 하도록 되어 있는데, 제때에 사업자등록을 하지 않으면 미등록가산세를 물거나 매입세액공제를 받지 못하는 등의 불이익을 받을 수 있으므로 사업자등록은 되도록 빨리 하는 것이 좋다.

사업장이 둘 이상이라면 사업자등록은 어디서 해야 하나?

「부가세법」에 따르면, 사업자등록은 원칙적으로 사업장별로 하도록 되어 있다. 일반적으로 사업장이란 사업자나 그 사용인이 상시 주재하면서 거래의 전부 또는 일부를 행하는 장소를 말한다. 이처럼 사업자등록은 재화나 용역이 공급되는 사업장별로 각각 해야 하지만, 예외의 경우도 있다. 사업자가 기존 사업장이 협소해서 인접 건물에 사업장의 일부를 이전하여 사업을 영위하는 경우로서, 사업과 관련된 경리·인사·총무 등의 모든 업무를 일괄하여 한 장소에서 하는 때에는 두 사업장을 동일한 사업장으로 볼 수 있다.

그런가 하면 사업자등록은 사업장별로 하고 부가세 신고도 원칙적으로 사업장별로 해야 하기 때문에, 사업장이 둘 이상일 때 어떤 사업장에서는 납부세액이 발생하고, 다른 사업장에서는 환급세액이 발생할 수 있다. 이 경우에 납부는 부가세 납부 기한까지 해야 하지만, 환급은 신고·납부 기한 경과 후 15일(조기 환급의 경우) 또는 30일(일반 환급의 경우) 이내에 받을 수 있기 때문에, 사업장별로 신고와 납부를 각각 하면 납부와 환급 사이에 시차가 발생해 사업자 입장에서 자금 부담을 느낄 수 있다. 이러한 불편과 부담을 덜어주기 위해 다음과 같은 사업자단위과세 제도와 주사업장총괄납부 제도가 있다.

사업장별이 아닌 사업자 단위로 등록할 수 있다

사업자등록은 사업장별로 해야 하는 원칙에도 불구하고, 둘 이상의 사업장이 있는 사업자는 사업장이 아닌 '사업자' 단위로 해당 사업자의 본점 또는 주사무소 관할 세무서장에게 등록할 수 있으며 이를 '사업자 단위 과세제도'라고 한다. 이미 사업장별로 등록한 사업자가 사업자 단위로 다시 등록하려면, 적용받고자 하는 과세 기간의 개시 20일 전까지 등록하면 된다.

이렇게 사업자 단위로 등록한 사업자는 사업자등록번호도 사업장별로 부여받는 것이 아니라, 사업자 단위 과세적용 사업장에 대해 하나의 등록번호를 부여받는다. 또한 부가세의 신고·납부도 사업장별로 하는 것이 아니라, 그 사업자의 사업장을 전부 합해서 사업자 단위 과세적용 사업장에서 일괄적으로 부가세를 신고·납부하면 된다.

그런데 주의할 점은 사업자 단위 과세사업자로 등록한 사업자가 속한 사업장에서 세금계산서를 발급하는 경우에는 세금계산서에 본점 또는 주사무소의 인적 사항을 적어서 발급하되, 비고란에 종된 사업장의 상호와 소재지를 함께 적어서 발급해야 한다는 것이다.

부가세는 주사업장에서 총괄 납부할 수 있다

「부가세법」상 사업자등록을 사업장별로 한 경우에는 신고와 납부도 사업장별로 하는 것이 원칙이다. 그런데 둘 이상의 사업장이 있는 경우, 사업자가 주된 사업장의 관할 세무서장에게 신청해서 승인을 얻으면 부가세 신고는 각 사업장별로 하되 납부는 주된 사업장에서 총괄하여 할 수 있다. 이것을 '주사업장 총괄납부제도'라고 한다.

이 경우 주된 사업장은 법인의 본점 또는 개인의 주사무소로 하는데, 법인의 경우에는 지점을 주된 사업장으로 할 수도 있다. 사업자 단위 과세제도와 달리 주사업장 총괄납부제도는 사업자등록은 여러 개의 사업장별로 하고 부가세 신고도 사업장별로 하되, 납부만 주사업장에서 통산해서 총괄 납부할 수 있도록 허용하고 있다.

실무적으로 사업자 단위 과세사업자 적용을 받으면 세금계산서의 수수나 부가세의 신고·납부 등은 주된 사업장에서 하면 되지만, 세금계산서를 발급할 때는 종된 사업장도 함께 기재해야 하고 부가세 신고를 할 때도 사업장별로 매출과 매입에 대한 내역을 별도로 첨부해야 하는 등 번거로운 면이 있다. 따라서 둘 이상의 사업장을 운영한다면,

사업자 단위 과세제도보다 주사업장 총괄납부제도를 활용하는 것이 더 편리할 수 있다.

인허가를 받지 못해도 사업자등록은 할 수 있을까?

약국이나 학원, 음식점처럼 다른 법령에 의해 인허가를 받아야 하는 경우에는 사업자등록 신청 시 인허가증 사본을 첨부해야 한다. 따라서 자기가 하고자 하는 사업이 인가나 허가를 받아야 하는 업종인지 먼저 검토한 뒤 필요한 경우에는 사업자등록 전에 인허가를 받아야 한다.

그런데 허가를 받아야 하는 사업인데 허가를 받지 않았다고 해서 사업자등록을 거부할 수는 없다. 예를 들어 음식업 허가를 받지 않은 사업자가 실제로 무허가로 식당을 운영하고 있을 경우, 음식업 허가를 받지 않았다고 해서 사업자등록을 받아주지 않는다면 허가 없이 사업을 하면서 세금도 내지 않는 결과가 되어버린다. 이렇게 되면 정상적으로 허가를 받고 사업을 하는 것보다 우대를 받는 셈이 된다.

따라서 허가 사업에 있어서, 비록 허가를 받지 못했다고 하더라도 사업자등록은 할 수 있어야 하는 것이 마땅하다. 이런 경우에 관할 세무서에서는 우선 사업자등록을 해주고, 허가 관청에 무허가로 사업하는 사실을 통보함으로써 그 무허가 사업자가 허가를 내지 않은 것에 대해 영업정지나 취소 등의 불이익을 받는 것은 별개의 문제다.

법인의 미등기 지점에 대해서도 사업자등록을 할 수 있다

사업자등록은 원칙적으로 사업장별로 하도록 되어 있다. 법인사업자가 여러 곳에 사업장을 두는 경우에는 먼저 지점으로 법인등기를 한 후에 그 지점에 대한 사업자등록을 신청하는 것이 원칙이다.

그러나 법인이 지점을 설치하고 지점등기를 하지 않은 상태에서 사업자등록을 신청하는 경우에는 해당 지점의 등기 여부와는 관계없이 사업자등록 신청서에 그 법인의 법인등기부등본을 첨부해서 사업자등록을 신청할 수 있다.

이처럼 법인등기부에 등재되어 있지 않은 법인의 지점이 사업자등록을 신청하는 경우에는 지점 책임자의 재직증명서 및 지점 설치에 관한 이사회의 의사록 사본을 첨부하면 되고, 이사회의 의사록 사본을 첨부할 수 없는 경우에는 그 법인의 지점임을 객관적으로 입증할 수 있는 서류를 제출하면 된다.

사업자등록을 하지 않으면 가산세를 물 수 있다

사업자등록을 제때 하지 않을 경우에 받는 불이익에 대해서 살펴보자. 먼저 사업 개시일로부터 20일 이내에 등록하지 않을 경우에는 사업 개시일로부터 등록을 신청한 날의 직전일까지의 공급가액의 합계액에 1%를 곱한 금액을 가산세로 물어야 한다. 또한 사업자등록을 하기 전의 부가세 매입세액은 실제로 부가세를 부담했다고 하더라도 부가세 신고 시에는 공제되지 않을 수 있으며(사업자등록 신청일로부터 소급해서 일정 기간 내의 매입세액에 대해서는 대표자의 주민등록번호로 매입세금계산서를 받은 경우 공제 가능함), 사업자등록이 되어 있지 않으므로 거래를 하는 경우에 상대방이 요구해도 세금계산서를 발행할 수 없는 등의 불이익이 있을 수 있다.

TIP

세금 고수의 가이드

사업장 임대보증금에 대한 확정일자 신청

사업장을 빌린 경우에는 사업자등록 신청 시에 임대차계약서 사본을 제출해야 한다. 그런데 지역별로 임대 보증금이 일정 금액 이하인 경우에는 계약서 원본을 관할 세무서에 제시하고 확정일자를 받아두면, 나중에 그 상가 건물이 경매나 공매되는 경우에 「상가건물임대차보호법」에 의해 확정일자를 기준으로 우선변제를 받을 수 있다.

그런데 모든 경우에 우선변제를 받을 수 있는 것은 아니다. 서울시의 경우에는 환산 보증금이 6,500만 원 이하(우선변제액은 2,200만 원)여야 하고, 서울시를 제외한 수도권 과밀 억제권역은 5,500만 원 이하(우선변제액은 1,900만 원), 광역시(수도권 과밀 억제권역에 포함된 지역과 군 지역은 제외)·안산시·용인시·김포시 및 광주시는 3,800만 원 이하(우선변제액은 1,300만 원), 그 밖의 지역은 3,000만 원 이하(우선변제액은 1,000만 원)일 경우에 우선변제를 받을 수 있다.

환산 보증금을 계산할 때 월세의 경우에는 100을 곱한 금액을 보증금으로 보고 적용한다. 예를 들면 임차료가 보증금 1,000만 원에 월세 50만 원이라면, 월세 50만 원에 100을 곱하면 환산 보증금이 5,000만 원이 되므로, 여기에 보증금 1,000만 원을 더해서 총 환산 보증금은 6,000만 원이 되는 것이다.

부가세 매입세액공제를 제대로 받으려면?

부가세 과세사업자는 매출액의 10%에 해당하는 부가세를 매출세액으로 납부한다. 이 경우에 자기 사업을 위해 물건이나 용역을 구입하면서 매입세금계산서를 받으면 그 매입세액은 매출세액에서 공제하고, 매입세액이 매출세액보다 많은 경우에는 오히려 환급을 받는다. 이렇게 우리나라의 부가세 제도는 매출세액에서 매입세액을 차감하고 나머지 세액을 납부하는 전단계 세액공제 방식을 채택하고 있다.

그러나 비록 정상적으로 매입세금계산서를 받았다고 하더라도 매입세액공제를 해주지 않는 경우도 있다. 이는 실제로 거래를 하지도 않고 가짜로 세금계산서를 발급하거나 거래 내용과 다르게 세금계산서를 발급해서 부당하게 부가세 환급을 받는 경우를 규제하려는 목적도 있고, 승용차나 기업업무추진비(접대비)* 관련 매입 등 과소비를 억제하려는 목적도 있다.

그런데 이제는 승용차가 사치재가 아닌 생활필수품이라고 할 수 있을 정도로 일반화되었고, 기업업무추진비의 경우에도 이미 「법인세법」이나 「소득세법」에서 한도를 설정해서 그 한도를 넘을 경우 불이익을 주고 있기 때문에, 정상적으로 부가세를 부담하고 받은 승용차나 기업업무추진비 관련 매입세액은 공제해주는 것이 타당할 것으로 본다.

부가세 매출세액에서 공제하는 매입세액은 사업자가 자신의 과세사업을 위해 사용했거나 사용할 재화 또는 용역의 공급이나 재화의 수입에 대한 세액이다. 그러나 이런 경우에도 세금계산서 수취 등 「부가세법」에서 요구하는 요건에 맞는 세액만 공제 대상이 된다.

따라서 다음에 해당하는 매입세액은 매출세액에서 공제하지 않으니 유의해야 한다.

매입처별 세금계산서합계표를 제출하지 않은 경우

거래를 하면서 매입세금계산서를 제대로 받았다고 하더라도 부가세 신고를 할 때 매입처별 세금계산서합계표를 제출하지 않았거나, 매입처별 세금계산서합계표의 기재사항 중 거래처별 등록번호 또는 공급

* 기존의 '접대비'가 2022년 12월 말 세법개정으로 2023년부터 '기업업무추진비'로 명칭이 변경되었다.

가액의 전부 또는 일부가 기재되지 않았거나 사실과 다르게 기재된 경우에는 매입세액공제가 되지 않는다.

다만 수정 신고나 경정 청구 등을 통해 매입처별 세금계산서합계표를 제출하거나, 기한 후 신고를 하면서 매입처별 세금계산서합계표를 제출하면 매입세액공제가 가능하다. 그리고 교부받은 세금계산서에 대한 매입처별 세금계산서합계표의 거래처별 등록번호 또는 공급가액이 단순 착오에 의해 사실과 다르게 기재되었다면, 교부받은 세금계산서에 의해 거래 사실이 확인되는 경우에는 매입세액공제가 가능하다.

세금계산서를 받지 않은 경우

거래를 하면서 세금계산서를 발급받지 않았거나, 거래를 하고 받은 매입세금계산서에 세법에서 정하는 필요적 기재 사항들이 기재되지 않았거나 사실과 다르게 기재된 경우에는 매입세액공제가 되지 않는다.

세금계산서를 주고받을 때 꼭 기재해야 하는 필요적 기재 사항이란, 공급하는 사업자의 등록번호와 성명 또는 명칭, 공급받는 자의 등록번호, 공급가액과 부가세액, 작성 연월일 등이다.

다만 세금계산서의 필요적 기재 사항 중 일부가 착오로 기재되었으나, 해당 세금계산서에 대한 그 밖의 필요적 기재 사항 또는 임의적 기재 사항을 통해 실제 거래 사실이 확인되는 경우에는 매입세액공제가 가능하다.

업무와 관련이 없는 경우

사업과 관련 없는 매입세액은 당연히 공제가 되지 않는다. 단, 과세되는 사업과 관련이 있는지의 여부는 구체적으로 구입 목적, 사업의 연관성, 사용 실태 등을 확인해서 종합적으로 판단하도록 하고 있다.

예를 들어 콘도미니엄 회원권의 경우에도 일률적으로 매입세액공제 대상에서 제외되는 것이 아니라 사업자가 종업원의 복리후생을 목적으로 취득한 콘도 회원권의 매입세액은 업무와 관련되므로 매출세액에서 공제받을 수 있다. 즉 사업과 관련 없이 구입한 회원권 등에 대한 매입세액은 공제 대상이 아니다.

비영업용 승용차와 관련되는 경우

비영업용 승용차(배기량이 1,000cc를 초과하는, 개별소비세가 과세되는 승용 자동차를 말함)의 구입과 임차 및 유지에 관련되는 매입세액도 공제가 되지 않는다.

이 경우 영업용이란 운수업, 자동차판매업, 자동차임대업, 운전학원업에서와 같이 승용차를 직접 영업에 사용하는 것을 말한다. 예를 들어 렌터카 회사의 대여용 차량이나 택시 회사의 택시 같은 승용차는 영업용이라고 할 수 있다. 단, 업무용이라고 하더라도 직접 영업용으로 사용하지 않는 경우에는 매입세액공제가 되지 않으니 주의해야 한다.

기업업무추진비와 관련되는 경우

기업업무추진비와 관련된 매입세액도 매입세액공제가 되지 않는다. 기업업무추진비의 매입세액을 공제하지 않는 이유는 소비성 경비인 기업업무추진비의 지출을 억제하기 위해서다. 하지만 소비성 경비라고 해서 모두 매입세금공제가 되지 않는 것은 아니다.

기업업무추진비와 유사한 성격의 지출로 복리후생비가 있는데, 회사 임직원을 위해 지출한 복리후생비와 관련된 매입세액은 매입세액공제가 된다. 예를 들어 임직원이 식대를 지출한 경우, 그 식대가 거래처 접대를 위한 것이었다면 부가세를 부담했더라도 매입세액으로 공제되지 않지만, 임직원들의 복리후생을 위해 지출한 경우라면 부가세 매입세액으로 공제된다.

면세사업과 관련되는 경우

부가세가 면제되는 사업과 관련된 매입세액도 공제가 되지 않는다. 면세사업의 경우에는 그 매출에 대해서 부가세를 내지 않기 때문에, 그 매출을 발생시키기 위해 투입된 매입에 대한 부가세도 매입세액으로 공제되지 않는 것이다.

그러나 부가세 과세사업과 면세사업을 겸영(兼營)하는 경우, 과세사업과 면세사업을 위해 공통적으로 사용되는 매입에 대한 매입세액은 과세사업과 면세사업에 대한 비율로 나누어서, 전체 매입세액 중 과세사업에 대한 매입세액만 공제 대상이 된다.

사업자등록 전 매입의 경우

사업자등록을 하기 전의 부가세 매입세액은 원칙적으로 공제되지 않는다. 다만 공급 시기가 속하는 과세 기간이 끝난 후 20일 이내에 사업자등록을 신청한 경우는 예외로 한다. 이 경우, 등록 신청일로부터 공급 시기가 속하는 과세 기간 기산일까지 역산한 기간 이내의 것은 공급받는 사업장 대표자의 주민등록번호를 기재해서 세금계산서를 받으면 매입세액공제 대상이 된다. 참고로 개업 준비 과정에서 매입이 발생해서 세금계산서를 받아야 할 경우가 있을 수 있는데, 이를 위해 사업 개시일 전에도 사업자등록을 할 수 있다.

TIP

세금 고수의 가이드

위장거래와 가공거래도 매입세액공제가 가능할까?

가공거래란 실제 거래가 전혀 없이 세금계산서 등 자료만 주고받는 경우를 말하며, 위장거래란 실제 거래는 있었지만 세금계산서는 실제 거래처와 다르게 주고받는 경우를 말한다.
가공거래의 경우에는 실제 거래 자체가 없었으므로 매입세금계산서가 있다고 하더라도 매입세액으로 공제할 수 없으며, 법인세나 소득세 계산 시에 원가나 비용으로도 처리할 수 없다. 그리고 법인의 경우에는 가공 자료에 해당하는 금액만큼 대표자가 법인의 자금을 인출해 간 것으로 보아서 대표자 개인에 대해 소득세가 추가로 과세된다.
반면 위장거래는 실제로 거래가 있었지만 자료는 다른 곳에서 받은 경우이기 때문에, 부가세는 사실과 다른 세금계산서라고 해서 매입세액공제를 받을 수 없지만, 실제 거래 사실을 입증한다면 법인세나 소득세 계산 시에 원가나 비용으로는 인정받을 수 있다.

32

같은 비용이라도 기업업무추진비(접대비)는 불이익이 많다

실무를 하다 보면 지출의 성격이 유사한 기업업무추진비와 복리후생비, 광고선전비, 기부금 등에 대한 분류 기준이 애매한 경우가 많다. 같은 지출이라도 기업업무추진비 항목에 속하면 일반적으로 복리후생비나 그 밖의 다른 명목으로 지출하는 경우보다 세법상 경비로 인정받을 수 있는 한도 금액이 작고, 경비로 인정받기 위해 갖추어야 할 증빙 요건도 까다롭다. 가령 업무상 식사를 하더라도 지출 목적이나 그 상대방이 누구인가에 따라서 기업업무추진비가 될 수 있고 복리후생비가 될 수도 있다. 마찬가지로 판촉물을 나누어주더라도 그 상대방에 따라서 기업업무추진비가 될 수 있고 광고선전비가 될 수도 있다. 그리고 다른 사람에게 무상으로 금품을 지급할 때도 상황에 따라서 기업업무추진비가 될 수 있고 기부금이 될 수도 있다. 이렇게 유사한 성격의 지출에 대해 세법에서는 그 기준을 구체적으로 규정하고 있지는 않기 때문에, 일반적으로는 기재된 지출명목보다는 지출의 목적이나 상대방 등 실질 내용을 기준으로 구분하고 있다.

기업업무추진비는 업무와 관련해서 특정인에게 지출한 비용이다

기업업무추진비란 사업과 관련해서 특정 상대방을 위해 지출한 비용을 말한다. 주로 원활한 거래 관계를 유지하기 위한 것이거나 새로운 영업 활동과 관련된 지출 항목으로, 유흥 음식비나 식대, 부조금, 선물 등의 형태로 지출되는 것이 일반적이다. 세법에서는 기업업무추진비를 소비성 경비로 보아 다른 경비에 비해 여러 가지 불이익을 주고 있는데, 먼저 건당 기업업무추진비 지출액이 3만 원(경조사비는 20만 원)을 초과하는 경우에 적격증빙(신용카드, 세금계산서, 계산서 등)을 발급받지 않으면 아예 세무상 비용으로 인정하지 않는다. 즉 건당 기업업무추진비 지출액이 3만 원 이하인 경우에는 영수증 등 증빙의 종류에 관계없이 기업업무추진비로 처리할 수 있고, 건당 20만 원 이하의 경조사비의 경우에는 청첩장이나 부고장으로 지출증빙을 대신할 수 있지만 그 금액을 초과하는 지출액은 반드시 세법에서 정하고 있는 적격증빙을 수취해야만 한다. 그리고 이렇게 3만 원(경조사비의 경우에는 20만 원)을 초과하는 기업업무추진비를 지출하고 적격증빙을 수취했어도 연간 기업업무추진비 총 금액이 1,200만 원(개인·법인사업자 구분 없이 세법상 중소기업의 경우에는 3,600만 원)과 수입액에 일정 비율을 곱한 금액을 초과하는 경우에는 세무상 비용으로 인정하지 않는 등 기업업무추진비에 대해서는 규제가 까다롭다.

복리후생비는 임직원을 위해 지출한 비용이다

기업업무추진비와 유사한 지출인 복리후생비와 기업업무추진비의 구분은 그 지출이 누구를 위한 것인가를 기준으로 한다. 경조사비나 식대, 선물 등이 거래처가 아닌 회사의 임직원을 위해 지출되는 경우에는 복리후생비로 처리한다. 복리후생비의 경우에는 세법에서 구체적인 한도 규정을 두고 있지는 않지만, 사회 통념상 타당하다고 인정되는 범위를 벗어나는 복리후생비는 세무상 비용으로 인정받지 못할 수 있다. 이 경우 '사회 통념상 타당하다고 인정되는 범위'가 어느 정도인지 판단하는 것은 쉬운 일이 아니다.

경조사비를 예로 들어보자. 거래처에 경조사비로 지출한 경우는 기업업무추진비에 해당되는데, 건당 20만 원을 초과할 경우 적격증빙을 받지 못하면 기업업무추진비로 인정받지 못한다. 또 적격증빙을 받았다고 하더라도 전체 기업업무추진비 해당 금액에 대해 한도 계산을 다시 하며, 그 한도 초과분은 세무상 비용으로 인정되지 않는다. 그런데 임직원을 위한 경조사비의 경우에는 세법에서 정하고 있는 구체적인 한도 규정이 없기 때문에 회사의 경조사비 지급 규정, 경조사의 내용, 법인의 지급 능력, 종업원의 직위나 연봉 등을 종합적으로 감안해 사회 통념상 타당한 범위 내인지를 판단한다.

기업업무추진비와 광고선전비는 어떻게 다를까?

기업업무추진비와 지출의 성격이 유사한 광고선전비와 기업업무추진비의 구분 기준은 그 상대방의 특정 여부에 따른다. 이 경우 광고선전비는 제품 등의 판매촉진이나 광고를 위해서 불특정 다수인을 상대로 지출하는 비용을 말한다. 즉 특정 상대방을 위해 지출하는 기업업무추진비와는 달리 광고선전비는 불특정 다수인을 상대로 지출하는 것이다. 또한 광고선전비는 기업업무추진비와는 달리 원칙적으로 특별한 한도 제한 없이 지출하는 금액 전액에 대해서 비용으로 인정받을 수 있다.

그런데 불특정 다수인이 아닌 특정인에게 기증하는 물품이라고 하더라도 연간 5만 원 이내의 금액에 대해서는 광고선전비로서 특별한 제한 없이 세무상 비용으로 인정받을 수 있다. 한편 개당 3만 원 이하의 물품의 경우에는 특정인에게 주었다 하더라도 횟수나 연간 한도 제한 없이 세무상 비용으로 인정된다.

기부금은 업무와 관련 없이 특정인에게 지출한 금액이다

기업업무추진비와 지출의 성격이 비슷한 것 중에서 기부금이 있다. 기부금과 기업업무추진비는 업무와의 관련성 여부에 따라서 구분할 수 있다. 즉 업무와 관련해서 특정 상대방을 위해 지출하면 기업업무추진비가 되고, 업무와 관련 없이 특정 상대방에게 금전 등을 무상으로 지급하면 기부금이 된다. 세법상 기부금은 지출의 성격에 따라서 소득금액 범위 내에서 전액(법인의 경우에는 소득금액의 50%)을 세무상 비용으로 인정받을 수 있는 특례 기부금과 소득금액의 30%(개인의 종교단체에 대한 기부금과 법인의 경우에는 10%)를 세무상 비용으로 인정받을 수 있는 일반 기부금 등으로 구분할 수 있다. 그리고 세무상 비용으로 인정받지 못하는 기부금도 있는데, 사업자의 동창회비나 기부금 단체로 인정되지 않는 단체에 기부한 금품 등이 그 예이다.

기업업무추진비 해당 여부는 실질내용으로 판단한다

일반적으로 회사에서 사용하는 계정과목 중 기업업무추진비와 지출의 성격이 비슷한 것으로 복리후생비, 광고선전비, 기부금 외에도 회의비, 출장비 등 여러 가지가 있다. 중요한 것은 세법상 기업업무추진비는 손익계산서 등의 재무제표에 기업업무추진비로 기록된 것만 기업업무추진비로 취급되는 것이 아니라는 점이다. 복리후생비나 광고선전비, 회의비, 출장비 등 어떤 계정과목에라도 실제로 기업업무추진비의 성격이 있는 지출이 있으면 그 금액은 기업업무추진비로 봐서 세무조정을 해야 한다.

TIP

세금 고수의 가이드

기업업무추진비에 대한 세무조정

세법상 기업업무추진비는 건당 지출액에 대해 적격증빙을 받지 않으면, 직부인(바로 세무상 비용에서 제외하는 것)한 후에 적격증빙을 제대로 수취한 기업업무추진비에 대해 연간 한도액을 다시 계산하는 방식으로 세무조정을 한다. 그리고 「조세특례제한법」에서는 문화 기업업무추진비로 지출한 경우는 일반 기업업무추진비 한도액에 추가하여 세무상 비용으로 인정해주고 있다.

1. 건당 기업업무추진비에 대한 규제

한 차례의 접대에 지출한 기업업무추진비가 3만 원(경조사비의 경우 20만 원)을 초과하면서 적격증빙을 받지 않은 경우에는 기업업무추진비로 인정하지 않는다. 다만 적격증빙을 수취하기 어려운 국외 지역에서 지출한 기업업무추진비나 농어민으로부터 접대용 물품을 구입한 경우에는 적격증빙 수취의무가 면제된다.

2. 기업업무추진비 연간 한도액의 계산

기업이 적격증빙을 수취하면서 지출한 기업업무추진비에 대한 세무상 한도액은 다음을 합한 금액으로 한다. 세법에서 정하는 일정 요건에 해당하는 부동산 임대업을 주업으로 하는 법인과 성실신고 대상 법인은 그 금액의 50%를 한도로 한다.

① 연간 1,200만 원(세법상 중소기업은 연간 3,600만 원. 사업연도가 1년이 안 되는 경우에는 그 금액을 12로 나눈 다음 해당 사업연도의 월수를 곱한 금액을 한도로 본다.)

② 기업회계 기준에 따라 계산한 수입액에 다음 표에 따른 적용률을 곱한 금액(특수관계인과의 거래에서 발생한 수입액에 대해서는 일반 적용률에 따라 계산한 금액의 10%에 해당하는 금액)

수입액	적용률
100억 원 이하분	0.3퍼센트
100억 원 초과 500억 원 이하분	3,000만 원+100억 원 초과액의 0.2퍼센트
500억 원 초과분	1억 1,000만 원+500억 원 초과액의 0.03퍼센트

3. 문화 기업업무추진비 및 전통시장지출 기업업무추진비

2028년 12월 31일까지 문화예술의 공연이나 전시회, 박물관 등의 입장권 구입비, 체육활동의 관람을 위한 입장권 구입비, 비디오물 구입비, 음반 및 음악 영상물 구입비, 간행물 구입비 등을 구입해서 기업업무추진비로 지출하는 경우에는 원래 기업업무추진비 한도액의 20%에 상당하는 금액 범위에서 추가로 세무상 비용으로 인정한다.

그리고 2028년 12월 31일까지 전통시장에서 신용카드를 사용하거나 지역사랑 상품권으로 기업업무추진비를 지출하는 경우 원래 기업업무추진비 한도액의 10%에 상당하는 금액을 추가로 세무상 비용으로 인정한다.

세금계산서 없이도 매입세액공제를 받을 수 있다

부가세 신고를 할 때 매입세액으로 공제할 수 있는 금액은 원칙적으로 매입세금계산서를 발급받은 금액에 한한다. 즉 재화나 용역을 매입하면서 아무리 부가세를 부담했다고 하더라도 매입세금계산서를 받지 않았다면 매입세액으로 공제할 수 없다.

그런데 신용카드나 현금 등으로 결제하면서 그 영수증에 부가세가 별도로 표시된 경우에는 매입세금계산서를 받지 않아도 신용카드 매출전표나 현금 영수증 등으로 매입세액공제를 받을 수 있다. 즉 매입자가 재화나 용역을 매입하면서 부가세를 부담했다고 하더라도 공급자가 발급하는 세금계산서를 받지 못한 경우에는 매입세액공제를 할 수 없는 것이 원칙이지만, 신용카드 등으로 결제한 경우에는 예외적으로 매입세금계산서 없이도 매입세액공제를 받을 수 있다.

신용카드 매출전표와 현금 영수증도 매입세액공제가 가능하다

사업자가 세금계산서를 발급할 수 있는 일반과세자로부터 재화나 용역을 공급받고, 부가세가 별도로 구분 표시된 신용카드 매출전표나 현금 영수증, 직불카드 영수증, 선불카드 영수증 등을 발급받은 경우에는 그 영수증에 표시된 부가세는 공제할 수 있는 매입세액으로 본다.

다만 신용카드 등으로 결제를 하고 매입세액으로 공제받기 위해서는 부가세 신고를 할 때 '신용카드 매출전표 등 수령 명세서'를 제출해야 하고, 또한 신용카드 매출전표 등을 5년간 보관해야 한다. 즉 물건을 매입할 때 신용카드 등으로 결제를 하면서 부가세가 구분 표시된 신용카드 매출전표 등을 받은 경우에는 매입세금계산서 없이도 부가세 신고를 할 때 매입세액으로 공제받을 수 있다.

반드시 회사 명의의 신용카드가 아니어도 된다

사업자가 재화나 용역을 매입하고 신용카드로 결제를 하는 경우, 그 신용카드의 명의는 회사 명의가 아니어도 상관없다. 즉 법인사업자의 경우에는 그 법인의 과세사업과 관련해서 공급받은 재화나 용역의 대가를 해당 법인 명의의 신용카드뿐만 아니라 소속 임원 및 종업원 명의의 신용카드를 사용해서 지급해도 된다. 이렇게 공급자가 해당 신용카드 매출전표에 그 법인의 사업자등록번호와 부가세를 별도로 기재한 경우에는 해당 신용카드 매출전표에 기재된 부가세는 매출세액에서 공제할 수 있는 매입세액으로 본다.

개인사업자의 경우에는 일반과세자로부터 부가세가 과세되는 재화나 용역을 공급받고 해당 사업자 명의의 신용카드나 소속 종업원 명의의 신용카드뿐만 아니라 가족 명의의 신용카드를 사용해서 지급하고 공급자로부터 신용카드 매출전표를 발행받는 경우에도, 그 부가세가 해당 사업자의 사업을 위해 사용되었거나 사용될 재화나 용역의 공급에 대한 세액임이 객관적으로 확인되면 매출세액에서 공제되는 매입세액으로 본다.

면세 · 간이사업자로부터 구입한 경우, 매입세액공제를 받지 못한다

사업자가 재화나 용역을 공급받으면서 신용카드 등으로 결제를 하고 그 신용카드 매출전표 등에 부가세가 별도로 기재되어 있다고 하더라도, 공급자가 세금계산서를 발행할 수 없는 간이과세자나 면세사업자인 경우에는 그 매입세액은 공제 대상 매입세액에 해당하지 않는다.

즉 처음부터 세금계산서를 발급할 수 없는 간이과세자(소규모 개인사업자)나 면세사업자가 신용카드 등으로 결제를 받으면서 신용카드 매출전표 등에 착오로 부가세를 별도로 구분 표시했더라도, 그 부가세는 매입세액으로 공제받을 수 없다.

따라서 재화나 용역을 공급받으면서 부가세가 별도로 구분 표시된 신용카드 매출전표 등을 받았다고 하더라도, 부가세 신고를 할 때에는 먼저 국세청 웹사이트에서 사업자등록 조회를 통해 그 매출자가 일반과세자인지 간이과세자인지 또는 면세사업자인지를 확인해보아야 한다. 그중 일반과세자인 경우에만 매입세액으로 공제받을 수 있다.

매입자가 직접 세금계산서를 발행할 수도 있다?

매입자가 부가세를 지불하고도 공급자가 세금계산서를 발급해주지 않아서 매입세액공제를 받지 못하는 불이익을 없애기 위해, 세법에서는 공급자인 사업자가 세금계산서를 발급하지 않은 경우에 그 재화나 용역을 공급받은 자가 관할 세무서장의 확인을 받아서 세금계산서를 발행할 수 있도록 하고 있다. 이것을 '매입자 발행 세금계산서'라고 한다.

이런 경우에 매입자 발행 세금계산서를 발행할 수 있는 자는 면세사업자를 포함한 과세 대상 재화나 용역을 공급받은 모든 사업자이며, 발행 대상이 되는 매출자는 납세의무자로 등록하고 세금계산서 발급 의무가 있는 사업자다. 여기에 미등록 사업자나 간이과세자 및 면세사업자는 제외된다. 단, 공급자가 세금계산서를 발급하지 않는다고 공급받는 자가 임의로 공급자를 대신해서 세금계산서를 발급하거나, 세금계산서를 받지 않은 상태에서 매입세액공제를 받으면 매입세액이 불공제되는 등 매출자보다 매입자가 더 큰 불이익을 당할 수 있으니 주의해야 한다.

TIP

세금 고수의 가이드

상대방이 원해도 세금계산서를 발행할 수 없는 경우

일반과세자 중 다음 중 어느 하나의 사업을 하는 사업자와 간이과세자는 부가세가 과세되는 재화나 용역을 공급하는 경우에 거래 상대방이 세금계산서의 발급을 요구하더라도 세금계산서 대신에 영수증을 발급해야 한다.

따라서 이런 경우에는 공급자가 일반과세자이고 거래 상대방이 요구하더라도 세금계산서를 발급할 수 없기 때문에, 공급가액과 부가세액을 별도로 구분 표시한 신용카드 매출전표 등을 발급하더라도 공급받는 자는 매입세액으로 공제할 수 없다. 대상 업종은 다음과 같은 것이 있다.

- 미용, 욕탕 및 유사 서비스업
- 전세버스 운송사업을 제외한 여객운송업
- 입장권을 발행하여 영위하는 사업
- 「국민건강보험법」에 따라 요양급여의 대상에서 제외되는 부가세 과세 대상인 쌍꺼풀 수술, 코 성형 수술, 유방 확대·축소 수술 등의 진료 용역을 공급하는 의료업
- 수의사가 제공하는 부가세 과세 대상인 동물의 진료 용역
- 부가세가 과세되는 무도 학원이나 자동차운전 학원에서 교육 용역을 공급하는 사업

면세와 영세율 적용 사업자는 세금을 전혀 내지 않을까?

여행을 하면서 공항을 이용할 때 면세점에 들르면 여러 가지 좋은 물건들을 시중가격보다 싸게 살 수 있다. 그런데 일반적으로 면세라고 하면 아예 아무런 세금도 내지 않는 것을 말하는 걸까? 공항 면세점의 경우에는 물품 가격에 부가세나 개별소비세 등이 포함되어 있지 않아서 소비자들이 좋은 물건을 저렴하게 구입할 수 있다.

그러나 「부가세법」에서 면세라고 하면 부가세의 면세만을 의미한다. 국내에서 사업자가 공급하는 재화나 용역에 대해 과세하는 부가세는 일반소비세로서, 소득이 적은 사람이 자기 소득 대비 더 높은 비율의 세금을 부담하는 '역진성'이 발생한다. 때문에 이러한 세부담의 역진성을 완화하고, 사회·문화적 정책상의 목적을 위해 일정한 경우에는 부가세를 면제해주고 있다.

많은 사람이 면세사업자라고 하면 세금을 아예 내지 않는 것으로 오해하는데, 「부가세법」상 면세사업자란 특정 거래에 대해서 부가세만 면제한다는 의미이고, 소득세나 법인세 등 사업을 운영해서 발생한 소득에 대한 세금은 납부해야 한다. 그리고 「부가세법」에서는 수출 등 외화 획득을 하는 사업에 대해서는 부가세의 세율이 '0%'인 영세율Zero Rate을 적용하고 있다. 부가세 영세율 제도는 소비지국 과세 원칙에 따라 재화를 수입하는 국가에서 과세를 하게 함으로써 국제적인 이중과세를 방지하고, 매출에 대해 0%의 세율을 적용함으로써 매출세액이 발생하지 않아 수출을 장려하는 효과도 있다.

부가세 면세 제도는 소비자를 위한 제도이다

「부가세법」상 면세란 특정 재화나 용역의 공급에 대해 부가세의 납세의무를 면제하는 것을 말한다. 부가세 면세사업자는 면세 대상 재화나 용역의 공급에 대해서는 부가세의 납세의무가 없지만, 반면 자기의 면세사업을 위해 과세 대상 재화나 용역을 공급받는 경우에 그 매입에 대한 매입세액은 부가세 매입세액으로 공제되지 않는다. 따라서 면세사업자의 입장에서는 자기가 부담한 매입세액만큼 원가 부담이 커진다. 부가세 면세 제도의 이런 특성 때문에 면세 제도를 '일부 면세' 또는 '불완전 면세'라고도 한다.

한편 소비자의 입장에서는 부가세가 면제되는 재화를 구입하거나 용역을 이용하면, 그 재화나 용역을 부가세의 부담 없이 구입하거나 이용할 수 있다. 그만큼 저렴하게 소비생활을 할 수 있기 때문에 부가세 면세 제도는 사업자를 위한 것이라기보다는 소비자를 위한 제도라고 할 수 있다.

따라서 현재 「부가세법」에서 부가세 면제 대상으로 규정하고 있는 것은 주로 국민의 실생활과 직접 관련되는 것들이 대부분이다. 크게는 기초생활필수품 관련, 국민후생 관련, 문화생활 관련, 부가가치 생산요소 관련, 조세정책적 목적이나 공익 목적과 관련된 것 등으로 나눌 수 있다.

사업자에게는 면세가 오히려 원가 부담이 될 수 있다

소비자의 입장에서 부가세 면세 품목은 부가세 부담 없이 이용할 수 있기 때문에 이익이라고 할 수 있지만, 사업자의 입장에서 보면 부가세를 내지 않는 것이 오히려 손해가 될 수도 있다. 즉 부가세를 내는 사업자의 경우에는 부가세를 감안해서 가격을 책정하면, 비록 부가세 납부는 사업자가 하지만 실제로 부가세를 부담하는 사람은 궁극적으로 최종소비자가 된다.

그리고 과세사업자는 매출세액에서 자기가 부담한 매입세액을 공제받기 때문에, 즉 소비자로부터 거래징수한 부가세 매출세액에서 자기가 부담한 매입세액을 뺀 나머지만 납부하면 되기 때문에 사업자의 부담은 없다고 할 수 있다.

그러나 면세사업자의 경우에는 매출할 때 납부할 부가세가 없으므로 부가세를 제외한 금액을 소비자로부터 받는다. 이때 문제는 면세사업자가 부가세가 면제되는 그 재화나 용역을 공급하기 위해 부담한 부가세 매입세액도 공제되지 않는다는 것이다.

예컨대 병원의 경우에 의료 수입은 부가세가 면제되지만, 의료업을 하기 위해 구입한 의료 기기나 병원 임차료 등에 대해서는 정상적으로 매입부가세를 부담해야 한다. 이렇게 면세사업자가 부담한 매입부가세는 매입세액으로 공제가 되지 않고, 소득세나 법인세 계산을 할 때 원가나 비용으로 처리된다. 결국 그 매입세액은 부가세 매입세액으로 전액 공제가 되지 않고, 소득세나 법인세율을 적용한 만큼만 소득세나 법인세를 줄여주기 때문에 면세사업자의 입장에서는 오히려 원가나 비용이 증가하는 셈이다.

면세사업자도 소득세나 법인세를 신고해야 한다

부가세 면세사업자는 「부가세법」에서 규정하는 등록, 거래징수, 신고·납부 등의 제반 의무를 이행할 필요가 없다. 또한 부가세를 내지 않기 때문에 재화나 용역을 공급하면서 세금계산서 대신에 계산서를 발행해야 한다. 그리고 개인사업자의 경우에는 부가세 신고 대신에 1년간의 사업 실적을 그 다음 해 2월 10일까지 사업장 현황 신고를 통해 보고해야 하지만, 법인사업자가 부가세가 면제되는 사업만 하는 경우에는 개인사업자와 같은 수입액 신고는 별도로 할 필요가 없다. 그런데 부가세 면세사업자는 부가세만 면제되는 것이기 때문에 그 면세 사업으로부터 발생하는 소득에 대해 개인사업자의 경우에는 소득세를, 법인사업자의 경우에는 법인세를 신고·납부해야 한다는 점은 유의해야 한다.

부가세 영세율 제도는 사업자에게 유리한 제도이다

부가세 영세율 제도는 과세표준에 일반적인 10%의 세율을 적용하지 않고 0%의 세율을 적용해서 부가세를 계산한다. 매출세액에서 매입세액을 차감해서 납부세액을 계산하는 전단계 세액공제 방식을 채택하고 있는 「부가세법」에 따라 매출액에 0%의 세율을 적용하면, 매출세액은 '0'인 반면에 공제할 매입세액으로 인해 환급세액이 발생한다.

이렇게 특정한 재화나 용역의 공급에 대해 0%의 세율을 적용하고 그 전 단계에서 부담한 매입세액을 공제 또는 환급하면 부가세 부담이 완전히 없어지므로, 부가세 영세율 제도를 '완전 면세' 또는 '전부 면세'라고도 한다. 그리고 부가세 영세율 제도는 소비지국 과세 원칙(재화를 수출하는 국가가 아니라 수입하는 국가에서 그 나라의 세율에 따라 과세하는 것을 말함)에 따라 재화를 수입하는 국가에서 과세를 함으로써 국제적인 이중과세를 방지할 수 있고, 또한 수출하는 입장에서는 부가세 부담이 없으므로 가격 측면에서 국제 경쟁력이 강화되는 효과도 가져온다.

따라서 면세 제도가 소비자를 위한 것인 데 반해 부가세 영세율 제도는 사업자를 위한 제도라고 할 수 있다. 현재 「부가세법」에서 정하고 있는 영세율 적용 대상은 수출하는 재화 등 모두 외화 획득과 관련이 있는 것들이지만, 「조세특례제한법」에서는 방산물자 등 외화 획득과 관계없는 재화나 용역에 대해서도 정책으로 영세율 적용 대상으로 규정하고 있다.

부가세 영세율을 적용받으려면?

부가세 영세율을 적용받으려면 부가세 신고를 할 때 영세율 적용 대상에 해당한다는 것을 입증할 수 있는 서류를 함께 제출해야 한다. 영세율 적용 대상 관련 서류를 제출하지 않으면, 신고를 하지 않은 것으로 간주되어 가산세가 부과되거나 영세율 적용을 받지 못할 수도 있으므로 주의해야 한다.

「부가세법」이나 국세청장이 정하고 있는 영세율 첨부 서류에는 수출실적명세서, 내국신용장 사본, 외화입금증명서 등 매우 다양하다. 그런데 법령 또는 훈령에서 정하는 서류도 제출할 수 없는 경우에는 외화 획득 명세서에 그 외화 획득 사실을 입증할 수 있는 증빙 서류를 첨부하여 제출하면 된다. 이때 중요한 것은 영세율 적용을 받기 위해서는 어떤 종류라도 반드시 그 사실을 입증할 수 있는 서류를 제출해야 한다는 점이다.

TIP

세금 고수의 가이드

부가세 영세율 적용 대상과 면세 대상

1. 면세 적용 대상

- 가공되지 않은 식료품(식용으로 제공되는 농산물, 축산물, 수산물, 임산물 포함) 및 우리나라에서 생산되어 식용으로 제공되지 않는 농산물, 축산물, 수산물, 임산물 등
- 수돗물
- 연탄과 무연탄
- 여성용 생리 처리 위생용품
- 의료 보건 용역(수의사의 용역 포함) 중 「부가세법」에서 정하는 것
- 교육 용역으로서 「부가세법」에서 정하는 것
- 대중교통의 여객 운송 용역 등 「부가세법」에서 정하는 것
- 도서(도서 대여 용역 포함), 신문, 잡지, 관보, 「뉴스 통신 진흥에 관한 법률」에 따른 뉴스 통신 및 방송으로서 「부가세법」에서 정하는 것
- 우표(수집용 우표는 제외), 인지, 증지, 복권 및 공중전화
- 「담배사업법」 제2조에 따른 담배로서 「부가세법」에서 정하는 것
- 금융·보험 용역으로서 세법에서 정하는 것
- 주택과 이에 부수되는 토지의 임대 용역
- 「주택법」의 관리 규약에 따른 관리 주체나 입주자 대표 회의가 제공하는 공동주택 어린이집의 임대 용역
- 토지
- 저술가·작곡가나 그 밖의 자가 직업상 제공하는 인적용역으로서 「부가세법」에서 정하는 것
- 예술 창작품, 예술 행사, 문화 행사 또는 아마추어 운동경기로서 「부가세법」에서 정하고 있는 것
- 도서관, 과학관, 박물관, 미술관, 동물원, 식물원 등에 입장하게 하는 것
- 종교, 자선, 학술, 구호(救護), 그 밖의 공익을 목적으로 하는 단체가 공급하는 재화 또는 용역으로서 「부가세법」에서 정하는 것
- 국가, 지방자치단체 또는 지방자치단체조합이 공급하는 재화 또는 용역으로서 「부가세법」에서 정하는 것
- 국가, 지방자치단체, 지방자치단체조합 또는 「부가세법」에서 정하는 공익단체에 무상으로 공급하는 재화 또는 용역
- 미가공 식료품 등 「부가세법」에서 정하는 수입 재화
- 국민주택 및 그 주택의 건설 용역 등 「조세특례제한법」에서 정하고 있는 재화나 용역

2. 부가세 영세율 적용 대상

- 재화의 수출
- 국외에서 공급하는 용역
- 선박이나 항공기에 의한 외국 항행 용역의 공급
- 국내에 상주하는 외교공관 등에 공급하는 재화나 용역
- 국내에 상주하는 외교공관 등에 근무하는 외교관 등에게 공급하는 재화나 용역
- 비거주자 등에게 공급하는 것 중 「부가세법」에서 정하는 재화나 용역
- 수출 재화 임가공 용역
- 외국을 항행하는 선박 및 항공기 또는 원양어선에 공급하는 재화나 용역
- 「관광진흥법」에 따른 일반 여행업자가 외국인 관광객에게 공급하는 관광 알선 용역
- 외국인 전용 판매장 등에서 공급하는 재화나 용역
- 「조세특례제한법」, 「자유무역 지역의 지정 및 운영에 관한 법률」과 「남북 교류 협력에 관한 법률」, 「대한민국과 아메리카합중국 간의 상호방위조약」 제4조에 의한 「시설과 구역 및 대한민국에서의 합중국 군대의 지위에 관한 협정(SOFA)」 등에서 영세율 대상으로 규정하는 것

세금계산을 할 때는 실제 내용이 중요하다

악법도 법이라는 말이 있다. 이 말은 비록 그 내용이 불합리하고 부당하더라도 법으로 존재하는 한 지킬 수밖에 없다는 의미다. 세금과 관련해서도 이 말을 그대로 적용할 수 있다. 국민의 재산권이 부당한 세금 부과에 의해 침해되는 것을 방지하기 위해 헌법에서는 조세의 종목과 세율은 법률로 정하도록 하고 있는데, 반대로 불합리한 내용이라고 하더라도 법률에 규정된 세금은 그 법률이 위헌 결정을 통해 무효화되지 않는 한 납부할 수밖에 없다. 그런데 이 세상에서 일어나고 있는 모든 경제 현상들에 대해 일일이 세법에서 규정할 수가 없기 때문에, 법에서 특별히 정하고 있지 않은 내용에 대해서는 실질 내용을 파악해서 세법을 적용하도록 하고 있다. 이것을 '실질과세 원칙'이라고 하는데,

즉 세법에서 달리 정하고 있는 것을 제외하고는, 그 내용을 입증할 수 있으면 세금계산을 할 때 인정받을 수 있다.

불법체류자를 채용하고 인건비를 지급했다면?

여전히 청년 실업은 사회적인 문제다. 그러나 많은 경우 실제로 일자리가 없어서 실업자가 되는 것이 아니라, 대기업이나 공무원 등 나름대로 대우도 좋고 안정적인 직장을 구하려다 보니 젊은 실업자가 많이 생겨나는 듯하다. 청년들이 힘들고 어려운 일을 기피하면서, 기업은 일할 사람을 못 구해서 애를 태우는 경우도 다반사다. 때문에 우리나라 사람들이 기피하는 직종에서 일하기 위해 국내에 들어오는 외국인 근로자의 수도 꽤 많다. 그런데 고용 허가를 받고 들어온 외국인 근로자 중 일부는 고용 허가를 받고 일해온 업체를 무단이탈해서 불법체류자의 신분이 되는 경우도 있다.

그런데 이처럼 불법체류자의 신분인 외국인 근로자에게 지급하는 인건비는 법인세나 소득세를 계산할 때 세무상 경비로 인정받을 수 있을까? 결론부터 말하면 가능하다. 비록 불법체류 근로자가 관계 당국에 적발되면 벌금을 물거나 국외로 추방될 수는 있겠지만, 업무와 관련해서 실제로 인건비를 지급했다는 사실을 입증할 수만 있으면 불법체류자를 채용하고 인건비를 지급한 회사의 입장에서는 세금계산을 할 때 관련 지출을 비용으로 인정받을 수 있다. 이렇게 세법에서 특별히 정하고 있지 않은 사항에 대해서는 납세자가 입증할 수만 있다면 실제 내용을 반영해서 세금 계산을 할 수 있는데, 이런 것이 실질과세 원칙의 일종이라고 할 수 있다.

실질과세 원칙은 어떻게 적용될까?

실질과세 원칙이 실제로 적용되는 경우들을 살펴보자. 먼저 명의상 사업자등록자와는 별도로 사실상의 사업자가 있는 경우에는 사실상의 사업자를 납세의무자로 보며, 1인 명의로 사업자등록을 하고 2인 이상이 동업하여 그 수익을 분배하는 경우에도 외관상의 사업 명의인이 누구인지와는 관계없이 실질 내용대로 동업으로 봐서 세금을 부과한다. 그리고 법인의 경우에도 회사의 주주로 명부상 등재되어 있더라도, 회사의 대표자가 임의로 등재한 것일 뿐 회사의 주주로서 권리 행사를 한 사실이 없는 경우에는 그 명의자인 주주를 세법상의 주주로 보지 않는다.

그 밖에도 공부상의 등기나 등록 등이 다른 사람의 명의로 되어 있더라도 사실상 해당 사업자가 취득해서 그 사업에 사용했다는 사실이 확인될 경우에는 이를 그 사실상 사업자의 사업용 자산으로 본다. 즉 형식상의 기록 내용이나 거래 명의가 어떻게 되어 있든지 상거래 관례, 구체적인 증빙, 거래 당시의 정황 및 사회 통념 등을 고려해, 거래의 실질 내용대로 세법을 적용한다. 다만 실질 귀속자와 명의자가 다른 것에 대한 가산세 등의 불이익은 있을 수 있다.

세법에서 정하고 있는 규정을 뛰어넘을 수는 없다

세금계산은 명의나 형식에 상관없이 실질 내용대로 해야 한다는 실질과세 원칙에도 불구하고, 세법에서 특별히 정하고 있는 것은 세법에 따라서 세금계산을 해야 한다. 예를 들어 기업업무추진비의 한도 계산, 퇴직급여충당금의 설정, 감가상각비의 계상, 기부금의 한도 계산 등 「법인세법」이나 「소득세법」에서 따로 규정을 두고 있는 경우에는 설사 그 내용이 불합리하다고 하더라도 그 법에 따라서 세금계산을 해야 한다. 앞서 설명한 대로 「부가세법」에서도 실제로 부가세 매입세액을 부담하고 세금계산서를 받았다고 하더라도 정책적으로 매입세액을 공제해주지 않는 경우를 정하고 있다. 이렇게 세법에서 별도의 규정을 두고 있는 경우에는 실제 내용을 밝힌다고 하더라도 인정이 되지 않으며 법에 따라야 한다.

세금 고수의 가이드 TIP

「국세기본법」상의 실질과세 원칙

1. 과세 대상이 되는 소득, 수익, 재산, 행위 또는 거래의 귀속이 명의일 뿐이고 사실상 귀속되는 자가 따로 있을 때에는 사실상 귀속되는 자를 납세의무자로 세법을 적용한다.
2. 세법 중 과세표준의 계산에 관한 규정은 소득, 수익, 재산, 행위 또는 거래의 명칭이나 형식에 관계없이 그 실질 내용에 따라 적용한다.
3. 제3자를 통한 간접적인 방법이나 둘 이상의 행위 또는 거래를 거치는 방법으로 세법의 혜택을 부당하게 받기 위한 것으로 인정되는 경우에는 그 경제적 실질 내용에 따라 당사자가 직접 거래를 한 것으로 보거나 연속된 하나의 행위 또는 거래를 한 것으로 보아 세법을 적용한다.

기업회계와 세무회계는 목적이 다르다

외환위기 이후 누구나 들으면 알 만한 기업들이 부도가 나거나 공중분해되는 일이 꽤 있었다. 그런데 그 와중에 일부 기업들은 과세 관청을 상대로 분식회계로 인해 더 낸 세금을 환급해달라는 다소 황당한 주장을 펼쳤다. 그동안 실제로 이익이 나지 않았는데도 이익이 나는 것처럼 회계 처리를 하다가 더 이상 분식회계를 통해 주가 상승이나 투자 유치가 어려워지면서 기업이 망할 지경에 이르자, 사실은 손해가 났는데 억지로 이익이 난 것처럼 해서 내지 않아도 될 세금을 냈으니 돌려달라는 것이었다.

과거에 없던 기이한 상황이 발생하자 정부는 "자산가액을 과다하게 계상하고 이익을 낸 것처럼 공시한 뒤 법인세를 자진 납세해놓고,

이제 와서 분식결산으로 이익이 과다 계상됐다고 주장하는 것은 모순"이라고 주장하면서, "분식회계를 한 사실이 적발될 경우 세금 환급을 용인하게 되면 분식회계를 조장하는 결과를 초래"할 수 있기 때문에 세금 환급은 해줄 수 없다며 환급 요청을 거부했다.

그런데 그 후 법원에서 "사실과 다른 회계 처리 등 회계장부 조작 행위에 대해서는 별도의 처벌 규정이 있고, 관할 세무서가 납세자에 비해 세법상 우월한 지위에 있는 점 등으로 봤을 때 주식회사의 외부감사에 대한 법률의 입법 취지에 반한다는 이유로 경정 처분을 거부한 것은 합당하지 않다"며 다시 환급해주라는 판결을 했다.

어떻게 이런 일이 가능할까? 이렇게 분식회계를 통해 실제보다 자산과 이익을 부풀린 재무제표로 주가를 올리고 투자를 받다가, 그 사실이 들통이 나니까 실제로는 손해가 났다고 하면서 그동안 냈던 세금을 돌려달라고 하는 것이 가능한 이유는 기업회계와 세무회계 간에 차이가 있기 때문이다.

기업회계의 당기순이익과 세무회계의 소득금액

기업회계는 수익에서 비용을 차감한 정확한 당기순이익을 계산해서 주주나 채권자 등 이해관계자들에게 그 내용을 제대로 보고하는 것을 목적으로 한다. 반면 세무회계는 익금(총수입액)에서 손금(필요경비)을 차감한 정당한 소득금액을 계산해 기업이 납부할 세금을 산출하는 것을 목적으로 한다. 이렇듯 기업회계와 세무회계는 목적이 다르기 때문에 여러 가지 차이점이 있다.

그런데 기업회계와 세무회계가 항상 다른 것은 아니다. 세무회계의 기준이 되는 세법에 따르면, 세금 계산을 할 때 세법에 특별한 규정이 없는 경우에는 납세의무자가 계속해서 적용하고 있는 기업회계의 기준 또는 관행으로서 공정·타당하다고 인정되는 것을 존중하도록 하고 있다. 따라서 세법에서 달리 정하고 있는 것을 제외하고는 기업회계 기준을 따를 수 있기 때문에 별도의 세무조정이 필요 없다.

또한 기업회계와 세법상의 손익 귀속 시기가 같은 대부분의 항목에 대해서는 별도의 세무조정이 필요 없지만, 세법에서 특별히 정하고 있는 경우에는 세무조정이 필요하다. 참고로 「부가세법」에서는 세금계산서 발행과 관련해서 별도로 재화나 용역의 공급 시기를 규정하고 있는데, 대부분의 경우에는 기업회계나 「법인세법」의 내용과 동일하지만 일부 차이가 나는 부분이 있으므로 주의해야 한다. 기업회계나 법인세법과 다른 「부가세법」상 공급 시기를 보면, 선수금에 대해 세금계산서를 발행하면 그 시기를 공급 시기를 보는 경우, 완성도기준지급조건부나 중간지급조건부 또는 장기할부판매의 경우 대가의 각 부분을 받기로 한 때를 공급 시기로 보는 경우 등이 있다.

세무회계의 권리의무확정주의와 기업회계의 발생주의

「법인세법」이나 「소득세법」에서는 공평과세를 실현하기 위해 기본적으로 권리나 의무가 확정된 날이 속하는 사업연도에 수익이나 비용을 장부에 계상하도록 하고 있다. 이것을 '권리의무확정주의'라고 한다. 구체적으로는 세법상 익금이나 수입액의 경우에는 수입할 권리가 확정된 날을 수입 시기로 보며, 손금이나 필요경비의 경우에는 지급할 의무가 확정된 날을 손금으로 계상한다.

정보 이용자에게 유용한 정보를 제공하는 것을 목적으로 하고 있는 기업회계 기준에 따르면 재무제표는 발생 기준에 따라서 작성하도록 되어 있는데, 이것을 '발생주의'라고 한다. 발생 기준에 의하면, 기업의 경제적 거래나 사건과 관련된 수익과 비용은 그 현금 유출입이 있는 기간이 아니라 그 거래나 사건이 발생한 기간에 이를 계상해야 한다.

예를 들어 어떤 기업이 2025년 12월 11일에 임차한 건물에 입주하면서 임차료를 입주일로부터 1달이 되는 1월 10일에 지급하기로 했다면, 기업회계에서는 2025년 12월말로 결산을 하면서 비록 12월분 임차료를 지급하지 않았지만 12월 11일부터 12월 말일까지의 임차료를 계산해서 비용과 부채로 장부에 계상해야 한다. 그러나 세법상으로는 1달 후인 2026년 1월 10일에 그 임차료에 대한 권리의무가 확정되기 때문에 2025년 12월 11일부터 2026년 1월 10일까지의 임차료를 2026년 1월 10일에 장부에 모두 비용으로 계상할 수 있다.

입출금이 없어도 거래로 본다

실무를 하다 보면, 거래는 발생했지만 대금 결제가 이루어지지 않았다고 해서 수익이나 비용으로 계상하지 않으려고 하는 경우가 있다. 이렇게 현금의 수입이나 지출이 있을 때, 그 거래 내용을 장부에 기록하는 것을 '현금주의'라고 한다.

그런데 기업회계나 세무회계 모두 원칙적으로는 현금주의에 의한 회계 처리를 인정하지 않는다. 따라서 현금의 입출금이 없다고 해서 회계 처리를 하지 않는 것은 잘못이다. 예를 들어 매출자의 입장에서 매출을 하고 대금 결제를 받지 못한 경우에는, 장부상에는 매출을 기록하는 동시에 나중에 회수할 매출채권으로 기록해야 한다. 이렇게 하다 보면 장부상으로는 이익이 나지만 실제로는 자금 사정이 좋지 않아서 흑자부도가 날 수 있는데, 이런 문제 때문에 기업의 현금흐름을 보여주는 현금흐름표가 중요하다.

회계감사는 분식회계를 밝혀낸다

기업회계에 대한 적정성 여부를 검증하는 회계감사는 '분식회계'를 적발하는 것을 목적으로 한다. 그런데 회계감사를 하는 입장에서는 고객인 기업의 입장을 완전히 무시하기가 어렵기 때문에 부실한 회계감사를 하는 경우가 종종 있다. 몇 년 전에도 저축은행 사태 등을 통해 부실한 회계감사를 한 회계법인들에게 과징금을 부과하거나, 감사보고서를 믿고 투자했다가 손해를 봤다고 주장하는 소액주주들이 제기한 손해배상소송에서 법원이 회사 경영진과 감사를 한 회계법인에게 거액의 손해배상을 하라는 판결이 있었다.

세무조사는 기업의 세금 탈루를 적발한다

세무회계의 적정성 여부를 검증하는 세무조사는 세무상 수입을 부당하게 줄이거나 세무상 비용을 부당하게 늘리는 방법으로 소득금액을 줄여서 세금을 탈루하지 않았는지 조사하는 것이다. 분식회계를 방지하는 회계감사의 목적과 비교하면 거의 정반대의 성격이라고 할 수 있다. 즉 세무조사는 기업이 매출을 줄이거나 실제로 투입된 원가나 비용을 부풀려서 소득금액을 줄이지는 않았는지, 통상적인 범위를 벗어나는 과다한 지출로 세금을 부당하게 줄이지 않았는지 등을 조사해서 누락된 세금이 있으면 추징하는 절차다.

세금 고수의 가이드 TIP

세무조정이란?

세무조정이란 아래의 표에서 보듯이 기업회계와 세무회계의 차이를 조정하는 것을 말한다. 실무상으로는 기업회계에 따라 수익에서 비용을 차감해서 산출된 당기순손익에 기초해서 세법상 더하거나 빼는 항목들을 반영해 소득금액을 계산하는 방식으로 세무조정을 한다.

기업회계	세무조정	세무회계
수익	(+) 익금산입·손금불산입	익금(총수입액)
(-) 비용	(-) 손금산입·익금불산입	(-) 손금(필요경비)
(=) 당기순손익		(=) 소득금액

가까운 관계일수록 정상적으로 거래해야 한다

배우자나 직계존비속처럼 특수관계가 있는 사이에서 거래를 할 경우에는 정상적으로 대가를 주고받지 않을 가능성이 많다. 예를 들어 부동산을 보유하고 있는 부모가 사업을 하겠다고 하는 자녀에게 임대료를 꼬박꼬박 받을 수도 있겠지만, 부모의 입장에서는 임대료를 받지 않는 경우도 많을 것이다. 이 경우, 자신의 건물을 무상으로 자식에게 사용하게 한 부모는 받지도 않은 임대료에 대해 세금을 내야 할까? 결론적으로 조세 회피를 위한 것으로 판단되는 경우는 세금이 부과된다.

세법에서는 특수관계인 사이의 거래 행위가 세금 부담을 부당하게 감소시킨 것으로 인정되는 때에는, 그 행위에 관계없이 과세 관청이 소득금액을 다시 계산할 수 있도록 규정하고 있기 때문이다.

법인의 경우도 이와 마찬가지로 조세 경감에 대해서는 소득금액이 다시 계산될 수 있다. 소수의 주주들이 출자를 해서 법인을 설립하고, 그 법인 주식의 대부분을 소유하고 있는 주주가 임원을 겸한다고 하더라도, 법인의 자산과 부채는 법인에게 귀속되는 것이지 직접적으로 개인의 것이 될 수는 없다. 그런데 현실에서는 주주 몇 명이 자본금을 모아서 만든 작은 법인의 경우, 법인의 설립자 겸 대주주가 동시에 대표이사로 있으면서 그 법인을 자기 것으로 생각하고 법인의 자금을 개인 용도로 수시로 꺼내 쓰는 경우가 있다. 세법에서는 이처럼 법인이 특수관계인인 임원이나 주주 등에게 부당하게 자금을 지원하거나 이익을 제공해서 법인의 조세 부담이 부당하게 감소한 경우에는 과세 관청이 소득금액을 다시 계산할 수 있도록 규정하고 있다.

가족도 제3자처럼 합리적으로 거래하라

세법에서는 특수관계가 있는 사람들 사이의 거래 행위가 세금 부담을 부당하게 감소시킨 것으로 인정되는 때에는, 그 행위에 관계없이 과세 관청이 소득금액을 다시 계산할 수 있는 '부당 행위 계산의 부인'이라는 제도를 두고 있다. 이 제도는 납세자가 조세 부담을 부당하게 감소시키기 위해 변칙적인 거래 행위를 하는 경우, 이를 합리적인 계산으로 바꾸어 소득금액을 산정함으로써 부당한 조세회피 행위를 방지하여 공평한 과세를 실현하는 데 목적이 있다. 법인의 경우에도 특수관계가 없는 제3자와 거래를 할 때에는 합리적인 경제인의 입장에서 정상적으로 거래를 하겠지만, 그 법인의 특수관계인과 거래를 할 때에는 세금 부담을 줄이기 위해 변칙적인 방법으로 거래를 할 수도 있다. 따라서 법인과 특수관계인 간의 거래도 부당 행위로 판정되면 정상 거래로 인정받지 못할 수 있다.

의도적으로 세금 부담을 감소시켰다고 보는 경우는 어떤 때일까?

세법상 부당 행위 계산의 부인 대상이 되는 특수관계인의 범위는 친족관계, 사업주와 종업원 사이 등 몇 가지 유형이 있다. 그리고 부당 행위에 해당하는지의 여부는 건전한 사회 통념 및 상거래 관행과 특수관계인이 아닌 자 간의 정상적인 거래에서 적용되거나 적용될 것으로 판단되는 가격, 즉 시가를 기준으로 판단한다. 조세의 부담을 부당하게 감소시킨 경우로는 특수관계에 있는 자로부터 시가보다 높은 가격으로 자산을 매입하거나 특수관계에 있는 자에게 시가보다 낮은 가격으로 자산을 양도했을 때, 특수관계에 있는 자에게 금전 기타 자산 또는 용역을 무상 또는 낮은 이율 등으로 대부하거나 제공했을 때, 특수관계에 있는 자로부터 금전 기타 재산 또는 용역을 높은 이율 등으로 차용하거나 제공받았을 때, 특수관계에 있는 자로부터 무수익자산을 매입하여 그 자산에 대한 비용을 부담했을 때 등이 있다.

법인의 돈을 함부로 쓰면 불이익이 있다

규모가 작은 대부분의 법인들은 대주주나 경영자들이 정상적인 절차를 거치지 않고 법인의 자금을 개인적으로 사용하는 경우가 많다. 이처럼 회사에 남아 있어야 할 자금이 명목 없이 외부로 유출되는 것을 '가지급금'이라고 한다. 법인의 입장에서 보면 가지급금도 일종의 대여금이라고 할 수 있는데, 법인이 특수관계인에게 자금을 대여하면서 그 대여금에 대해 이자를 아예 받지 않거나 시가보다 낮게 이자를 받는 경우에는 부당 행위에 해당되어 적정 이자율로 계산한 이자 상당액을 법인의 소득으로 간주한 법인세를 내야 한다. 그리고 동시에 업무무관 가지급금을 가져간 사람에게는 그 이자 상당액을 상여금으로 받아간 것으로 보고 근로소득세를 추징한다.

그런데 법인의 자금이 빠져나가기는 했는데 누가 가져갔는지 불분명한 경우도 있을 수 있다. 이 경우, 그 자금에 대한 이자 상당액을 대표이사의 상여로 보고 근로소득세를 추징한다. 그리고 법인의 자금이 일시적으로 빠져나간 것이 아니라 완전히 개인적으로 사용된 것으로 판명되면, 그 가지급금 전체를 자금을 가져간 사람의 상여로 보고 근로소득세를 추징할 수 있으므로 주의해야 한다.

가지급금이 업무와 무관하면 불이익을 당할 수 있다

법인은 증자를 하거나 영업을 해서 자금을 확보하기도 하지만, 사업을 위해 외부에서 돈을 빌려올 수도 있다. 그런데 차입금이 있어서 이자를 지급하고 있는 법인의 자금이 명목 없이 회사에서 빠져나가 업무 무관 가지급금이 발생하는 경우에는, 총 차입금에서 그 가지급금이 차지하는 비율만큼의 지급이자는 세무상 법인의 비용으로 인정되지 않는다. 즉 업무 무관 가지급금이 발생하지 않았으면 그만큼 자금을 외부에서 차입하지 않아도 될 텐데, 가지급금이 발생하는 바람에 법인의 자금이 모자랐고, 그로 인해 자금을 더 많이 빌려온 것이므로 지급이자를 부인하는 것이다.

따라서 법인에 업무 무관 가지급금이 발생하면, 적정 이자율로 계산한 이자 상당액이 법인의 소득으로 간주되어 법인세를 내야 하며, 그 이자 상당액은 가지급금을 사용한 사람의 근로소득으로 간주되어 근로소득세도 추가로 내야 한다. 또한 그 법인이 차입금이 있어서 이자를 지급하고 있는 경우에는 가지급금에 상당하는 이자에 대해서는 법인의 손금으로도 인정받지 못하는 등 여러 가지 불이익을 당한다.

정당하게 계약을 하는 것이 결국 절세의 길이다

특수관계인 사이의 거래가 부당 행위로 인정되면 과세 관청이 소득금액을 다시 계산한다고 밝혔다. 이런 경우에 소득이 늘어나는 것으로 보는 사람은 세금을 내야 하지만, 그 반대의 입장에서는 실제로 비용이 지출된 것이 아니기 때문에 추가로 비용처리가 되지 않는다. 예를 들어 앞에서 지적한 것처럼 부모가 자녀에게 임대료를 받지 않은 상태에서 임대를 하는 경우, 세법상 부당 행위에 해당되면 실제로 임대료를 받지 않은 쪽은 소득이 있는 것으로 간주되어 세금을 내야 한다. 반면 이 경우 그 임대료를 지급해야 하는 쪽은 실제로 지급하지 않았기 때문에 비용처리가 되지 않는다. 따라서 특수관계인 사이에 거래를 할 때도 처음부터 정상적으로 계약을 하고 대금을 수수하면 그 대금을 지급하는 쪽도 비용처리가 되기 때문에 오히려 절세를 하는 길이 될 수도 있다.

TIP

세금 고수의 가이드

특수관계인 간의 거래를 부당 행위로 보지 않는 경우

유권해석에서 조세의 부담을 부당하게 감소시킨 것으로 보지 않는 경우를 예시한 것을 보면 다음과 같은 것들이 있다.

1. 정부의 지시에 의해 통상 판매가격보다 낮은 가격으로 판매한 때
2. 특수관계에 있는 자 간의 보증금이나 선수금을 수수한 경우에 그 수수 행위가 통상 상관례의 범위를 벗어나지 않는 경우
3. 종업원에게 포상으로 지급하는 금품의 가격이 해당 종업원의 근속 기간이나 공적 내용, 월급여액 등에 비추어 사회 통념상 타당하다고 인정되는 경우
4. 종업원에게 자기의 제품이나 상품을 할인 판매하는 경우로서, 할인 판매 가격이 취득가액 이상이며 통상 일반 소비자에게 판매하는 가액에 비해 현저하게 낮은 가액이 아니고, 할인 판매를 하는 제품 등의 수량이 종업원이 통상 자기의 가사를 위해 소비하는 것이라고 인정되는 정도인 경우
5. 특수관계에 있는 자 간의 거래에서 발생한 외상매출금 등의 회수가 지연된 경우에도 사회통념 및 상관습에 비추어 부당함이 없다고 인정되는 때

업무용 자동차, 빌려야 할까 구입해야 할까?

요즘은 예전과 달리 자동차를 직접 구입하지 않고 빌려 타는 경우가 많다. 자동차 리스 회사들도 사업자들을 상대로 자동차를 빌려 타면 절세를 할 수 있다고 광고하기도 한다. 이왕이면 비싸고 좋은 차를 탈 수 있고 세금도 줄이면 일석이조일 것이다. 그러다 보니 어떤 사람들은 사업자 명의로 고급 자동차를 빌려서 개인 용도로 타면서 그 비용을 회사 경비로 처리하기도 한다.

그렇다면 자동차 리스료나 렌트비는 세금 계산을 할 때 모두 세무상 비용으로 인정받을 수 있는 것일까? 사업자 명의로 자동차를 빌리고 회사 경비로 처리해도 되는 것일까? 또한 회사에서 업무용으로 쓸 자동차를 구입하지 않고 빌리는 것이 절세 방법일까?

자동차를 리스 · 렌트 하면 과세소득은 줄어든다

사업과 관련해서 자동차의 취득 형태에 따른 회계 처리와 절세 효과를 비교해보면, 먼저 자동차를 구입해서 쓰는 경우에 소유권은 당연히 구입하는 사람이나 기업으로 이전되며, 회사의 경우에는 회계장부에 고정자산으로 기록된다. 그리고 자동차를 취득하면서 낸 취득세 등의 제세공과금은 차량가액으로 합산되었다가 나중에 감가상각 절차를 통해 비용처리가 되고, 보험료나 수리비 등 자동차를 유지 · 관리하는 비용도 세무상 비용으로 처리된다.

이에 비해 사업을 하기 위해 자동차를 리스(운용리스)하거나 렌트하는 경우, 그 자체로 전액 비용처리가 되어 과세소득을 줄일 수 있다. 문제는 지출되는 비용이 늘어나면 늘어난 금액에 상당하는 세금이 줄어드는 것이 아니라, 그 비용으로 인해 줄어든 소득에 대한 세율에 해당하는 만큼의 세금만 줄어든다는 것이다.

업무용으로 쓰지 않는 자동차는 비용처리가 안 된다

자동차를 리스하든 렌트하든, 실제로 업무에 사용해야만 세무상 비용처리가 된다. 실무에서는 실제로 어떤 차량이 어느 정도 사업에 사용되는지 일일이 체크할 수 없기 때문에 세무조사를 받을 때면 항상 논란이 되곤 한다. 그런데도 자동차 리스 회사나 렌터카 회사들은 무조건 비용처리가 될 것처럼 광고하는데, 그 말을 곧이곧대로 믿었다가는 나중에 세금을 추징당할 수 있으니 주의해야 한다. 특히 세법 개정으로 2016년(성실신고확인대상사업자 외의 복식부기의무자인 개인사업자는 2017년)부터는 업무용 승용차에 대한 비용을 세무상 모두 인정받기 위해서는 임직원 전용 보험에 가입하고 운행일지를 작성해야 하는 등 규제가 강화되었다.

전체적으로는 자동차를 구매하는 것이 이득이다

여유자금이 있어서 자기 돈으로 자동차를 구입하면 말할 것도 없고, 할부로라도 구입하면 소유권이 바로 구매한 사람에게 주어지기 때문에 할부금을 모두 상환한 뒤에는 자동차를 소유할 수 있다.

반면에, 자동차를 리스하거나 렌트하게 되면 자동차를 구입할 때와는 달리 초기 비용이 많이 들어가지 않는다. 그러나 리스를 하거나 렌트를 하는 경우에는 계약 기간이 끝나면 다시 리스나 렌트 계약을 해야 하기 때문에 또다시 많은 비용이 들어간다. 따라서 자동차를 빌려 타면 리스료나 렌트비에 대한 비용처리가 되어서 얼핏 세금이 줄어드는 것처럼 보이지만, 실제로는 자동차를 취득했을 때보다 전체적으로는 더 많은 돈이 들어간다고 할 수 있다.

TIP

세금 고수의 가이드

운용리스와 금융리스란?

리스는 크게 2가지 형태로 분류할 수 있다. 먼저 리스자산의 소유에 따른 위험과 효익이 실질적으로 리스 이용자(임차인)에게 이전되는 리스는 금융리스이며, 그 이외의 리스는 운용리스로 분류된다. 즉 금융리스는 그 리스자산의 법적 소유권은 리스 회사(임대인)에 있지만, 경제적인 관점에서 보면 리스 이용자가 그 자산의 소유권을 넘겨받았다고 볼 수 있을 정도로 그 자산을 사실상 지배하면서 사용하고 있는 경우다.

따라서 금융리스의 경우에는 리스 이용자가 그 자산을 장부에 계상하고 감가상각을 하면서, 리스 회사에 지급하는 리스료는 차입금과 그에 대한 이자를 지급하는 것처럼 회계처리를 한다.

반면 운용리스의 경우에는 리스 회사가 그 자산에 대한 감가상각을 하고, 리스 이용자는 리스 회사에 지급하는 리스료를 비용으로 회계처리한다.

사업을 그만둘 때는 마무리가 중요하다

국세청이 최근 공개한 2025년 『국세통계연보』에 따르면, 2024년 말 기준 우리나라의 총 사업자 수는 1,015만 여 명으로 전년 대비 20만 여 명이 증가하며 매년 꾸준한 증가세를 보인 것으로 나타났다. 그런데 이 자료에 따르면 2024년 중에 121만 명 정도가 개업하고 101만 명 이상이 폐업하고 있는데, 하루에도 수천 개의 사업체가 새로 사업을 시작하고 폐업을 하는 셈이니 정말 엄청나다고 할 수 있다. 이렇게 하루에도 수많은 사업자들이 새로 사업을 시작하거나 폐업을 하는데, 폐업자 중에서는 더 좋은 사업을 하기 위해 현재 하던 사업을 폐업하는 경우도 있겠지만, 상황이 좋지 않아서 어쩔 수 없이 폐업하는 경우도 있을 것이다.

그런데 적자 누적으로 사업을 그만둘 때는 하루라도 빨리 손을 떼고 싶은 마음에 제대로 된 폐업 신고와 그에 따른 세금 신고를 하지 않는 경우가 많다. 그러나 사업이 잘되든 잘되지 않든 간에 장부 정리를 잘해서 실제로 발생된 내용대로 세금을 내는 것이 중요하다. 특히 폐업을 하는 경우에는 아무리 사업이 기울어 경황이 없다고 하더라도 관련 내용을 잘 정리해서 신고하지 않으면, 과세 관청에서는 사업이 잘되지 않아서 폐업을 하는 것인지, 아니면 사업은 잘되는데 세금을 내지 않으려고 폐업을 하는 것인지 알 수 없다.

따라서 사업을 하는 도중에 각종 세금 신고를 잘하는 것도 중요하지만, 폐업할 때 역시 폐업 신고와 세금 신고 등 마무리를 잘해야만 나중에 불필요한 세금 부담을 피할 수 있다.

휴업 · 폐업을 신고해야 불필요한 세금을 내지 않는다

사업을 그만두면 폐업 신고를 해야 하는데, 폐업 신고는 사업자등록증 원본을 첨부한 폐업 신고서를 관할 세무서에 제출하면 된다. 그리고 국세청의 홈택스 사이트에서도 휴·폐업 신고나 재개업 신고를 할 수 있으므로, 세무서에 갈 시간이 없는 경우에는 인터넷을 통해서라도 폐업 신고를 해야 한다.

그리고 사업을 시작할 때 인가나 허가를 받은 경우에는 인허가를 해주었던 관서에도 폐업 신고를 해서 등록면허세 등이 더 이상 부과되지 않도록 해야 하며, 폐업을 한 후에는 세무서에서 폐업사실증명원을 발급받아 국민연금관리공단이나 국민건강보험공단에 제출하면 연금이나 보험료도 줄어들거나 아예 내지 않을 수 있다.

마지막까지 발생한 경비를 정리해야 뒤탈이 없다

사업을 하다가 폐업을 하더라도 폐업할 때까지 발생된 내용에 대해서는 세금 신고를 해야 한다. 우선 주고받은 세금계산서와 신용카드 매출전표 등 폐업일까지 발생된 자료들을 빠짐없이 챙기고 폐업일까지의 매출과 매입을 집계해서 폐업 수시분으로 부가세 신고를 해야 한다.

특히 폐업할 때까지의 매입세금계산서를 잘 챙겨서 부가세 신고를 통해 매입세액을 공제받는 것도 중요하다. 그리고 비록 이익이 나지 않았다고 하더라도, 사업과 관련된 각종 증빙들을 잘 챙겨서 법인세나 소득세 신고를 통해 적자가 난 사실을 제대로 반영해야만 억울한 세금을 내지 않을 수 있다.

만약 사업이 망해서 폐업을 했다고 세금 신고를 제대로 하지 않으면, 폐업 전까지 매출을 하면서 교부한 세금계산서나 신용카드로 결제를 받고 매출한 금액들이 거래 상대방의 세금 신고나 신용카드 회사에서 국세청으로 통보되는 자료를 통해 신고 누락 금액으로 드러난다.

이렇게 제대로 신고하지 않은 매출액에 대해서는 부가세가 부과될 수 있는데, 이 경우 해당 매출에 따른 매입 자료가 제대로 챙겨지지 않았기 때문에 매출세액에서 공제할 수 있는 부가세 매입세액이 아예 없거나 거의 없다. 그 결과 생각보다 많은 부가세에 가산세까지 부담해야 할 수도 있다.

그리고 법인세나 소득세와 관련해서도 아무리 적자가 났다고 하더라도 제대로 된 증빙들을 갖추어 신고해야 한다. 그러지 않으면 실제 상황과 다름에도 불구하고 정부에서 정한 비율만큼을 소득금액으로 보고, 실제와는 다르게 법인세나 소득세가 부과될 뿐만 아니라 가산세까지 부담해야 할 수 있다.

폐업하기 전에 휴업 제도를 활용하라

사업을 완전히 정리하지 않고 여러 가지 사정으로 인해 일정 기간 사업을 쉴 경우에는 폐업보다 휴업을 하는 것이 편리할 수 있다. 휴업은 폐업과 달리 사업자등록이 완전히 말소되는 것이 아니라 휴업 기간 동안만 일시적으로 정지됐다가 휴업 기간이 끝난 후에 사업 재개 신고를 하면 다시 종전과 같이 사업을 할 수 있다.

휴업 기간 중에는 전력비나 난방비 등 기본 경비가 발생할 수 있는데, 이러한 매입에 대해서는 비록 휴업 중이라도 매입세금계산서를 교부받고 부가세 신고를 하면 매입세액공제로 인한 환급이 가능하다. 그리고 당초 신고한 휴업 기간이 경과하지 않았다고 하더라도 사업을 재개하거나 세금계산서를 발행해야 할 경우가 발생하면, 관할 세무서에 사업 재개 신고만 하면 바로 사업을 계속할 수 있다.

TIP

세금 고수의 가이드

폐업 시 꼭 챙겨야 하는 세무 신고

사업을 하다가 폐업을 하는 경우에 관할 세무서에 해야 할 세무 신고는 다음과 같다.

신고 구분	신고 기한	주의사항
폐업 신고	사업을 폐업한 때에 지체 없이	'지체 없이'의 의미가 명확하지 않은데, 폐업한 과세 기간에 대한 부가세 신고를 하기 위해서는 폐업 신고가 선행되어야 하기 때문에, 실무적으로 폐업 신고는 늦어도 그 폐업일이 속한 달의 다음 달 25일까지는 해야 한다.
부가세 신고	폐업 신고일이 속한 달의 다음 달 25일까지	폐업 기간에 대한 부가세 확정신고가 된다.
종합소득세 신고	그 과세 기간의 다음 연도 5월 1일부터 5월 31일까지 (성실신고대상자의 경우 6월 30일까지)	개인의 경우에는 1년간의 종합소득세 신고를 해야 하는데, 폐업을 해도 그 과세 연도에 다른 소득이 발생할 수 있기 때문에 소득세 신고는 그 다음 해 5월(성실신고대상자는 6월)에 하면 된다.
법인세 신고	각 사업연도의 종료일이 속하는 달의 말일부터 3개월 이내	법인의 경우에는 폐업을 하면 사업이 완전히 종결되기 때문에 폐업일을 사업연도 종료일로 보고, 원칙적으로 그날로부터 3개월 이내에 법인세 신고를 하면 된다.

PART 4

부가 보이는 연말정산과 근로 절세

인건비를 지급하면 원천징수를 해야 한다

소득이 있는 개인이나 법인은 원칙적으로 세법에서 정하는 바에 따라 세금을 내야 한다. 그런데 소득자가 항상 자신의 소득에 대해서 세금을 신고·납부하는 것이 아니라 어떤 경우에는 소득을 지급하는 자가 지급할 금액에서 세금을 뗀 나머지 금액만 소득자에게 지급하고, 세금으로 뗀 금액은 관할 세무서에 원천세로서 신고·납부하는 경우도 있다.

이런 원천징수 대상 소득에 대해서는 원천징수의무자가 소득자로부터 세금을 떼서 소득자를 대신해서 정부에 세금을 신고·납부한다고 할 수 있다. 여기서 중요한 것은 고용 여부에 관계없이 회사에서 인건비를 지급할 때는 원천징수 대상인지 먼저 확인하고, 원천징수 대상에 해당하면 지급할 때 원천징수를 하고 차액만 지급해야 한다는 것이다. 만약 원천징수 대상 소득을 지급하면서 원천징수를 하지 않으면 원천징수의무자는 원천징수세액과 함께 원천징수 불이행에 대한 가산세를 부담해야 한다.

원천징수란 무엇인가?

원천징수란 어떤 수입액을 지급하는 자가 이를 지급하는 때에 소득을 지급받는 자(소득자)로부터 세법에서 정하고 있는 바에 따라서 일정 금액의 세금을 징수해 국가에 납부하는 것을 말한다. 그리고 원천징수의무자란 세법이 정하는 원천징수 대상 금액을 지급하는 자로서, 소득자로부터 세금을 원천징수해서 국가에 납부해야 할 의무가 있는 자를 말한다. 즉 원천징수란 근로자 등에게 소득을 지급하는 회사 등이 국가나 지방자치단체 등을 대신해 세금을 떼서 납부하는 제도다.

원천징수의무자가 근로자 등에게 원천징수 대상 소득을 지급하면서 원천징수한 세액은 원칙적으로는 지급일이 속하는 달의 다음 달 10일까지 신고·납부해야 한다. 다만 직전 연도의 상시 고용 인원이 20인 이하인 원천징수의무자로서, 관할 세무서장으로부터 승인을 얻거나 국세청장의 지정을 받은 소규모 사업자의 경우에는 원천세 신고·납부를 반기별(6개월 단위)로 할 수 있다.

이때 반기별 신고 대상자인 경우에는 소득 지급 시에 원천징수는 해야 하지만, 신고와 납부는 그 반기 마지막 달의 다음 달인 7월 또는 1월의 10일까지 하면 된다.

사업자등록이 되지 않은 개인이 원천징수를 하려면?

개인으로부터 돈을 빌리고 이자를 지급하는 경우에 그 이자는 사채(私債)에 대한 이자소득에 해당하므로, 이자를 지급하는 자가 그 이자를 지급할 때 소득세와 지방소득세를 원천징수해야 한다. 그리고 원천징수한 소득세와 지방소득세는 원천징수의무자가 신고·납부를 한다. 즉 사업자등록이 되어 있지 않은 개인이라고 하더라도 세법상 원천징수 대상 소득을 지급하는 경우에는 그 지급액에 대해 원천징수를 하고 세금을 신고·납부해야 한다.

유권해석에 따르면, 사업자 등록이 되어 있지 않은 보험 모집인이 개인적으로 고용한 자에게 근로소득을 지급한 때에도 「소득세법」에 의거해서 원천징수를 한 후에 주소지 관할 세무서장에게 원천세를 신고·납부해야 한다. 다만 이런 경우에는 지급자가 사업자 등록이 되어 있지 않아서 사업자등록번호가 없으므로, 신고·납부를 할 때 원천징수의무자의 사업자등록번호란에는 사업자등록번호 대신에 주민등록번호를 기재해 제출한다.

TIP

세금 고수의 가이드

소득 유형별 원천징수

1. 이자와 배당소득에 대한 원천징수

이자소득과 배당소득을 지급하는 경우에는 그 지급액의 14%(지방소득세 1.4% 별도)의 세율로 원천징수를 해야 하며, 비영업대금의 이익(비영업대금의 이익이란 돈을 빌려주는 것을 영업으로 하지 않는 사람이 돈을 빌려주고 받는 이자, 즉 사채 이자를 말한다)에 대해서는 그 지급액의 25%(지방소득세 2.5% 별도)의 세율로 원천징수해야 한다. 참고로 배당소득을 지급받는 주주가 법인인 경우에는 배당소득을 지급할 때 원천징수를 하지 않는다.

2. 근로소득에 대한 원천징수

회사의 임직원에 대한 급여 등 인건비를 지급하는 경우에는 원천징수를 해야 한다. 이때 정식 직원에 대해서는 개인기업의 경우에는 대표자를 제외하고 급여를 받는 모든 직원에 대하여 근로소득세를 원천징수해야 하며, 법인기업의 경우에는 대표자를 포함하여 급여를 받는 모든 임직원에 대해 근로소득세를 원천징수하여 신고·납부해야 한다. 근로소득에 대한 원천징수는 사전에 미리 정해놓은 간이세액표에 의해서 한 뒤, 나중에 연말정산 절차를 통해 정산한다.

3. 인적용역소득인 사업소득에 대한 원천징수

개인이 물적 시설(사업장) 없이 근로자를 고용하지 않고 독립된 자격으로 계속적·반복적으로 인적용역(독립된 자격으로 자신의 학식·기술·정보 등을 제공하는 것)을 제공함으로써 소득을 발생시키는 경우에 그 소득은 사업소득에 해당한다. 구체적으로는 저술가, 연예인, 강사, 보험설계사, 외판원, 배달원, 골프장 캐디 등이 여기에 해당한다. 이런 사람들에게 용역비를 지급하는 경우에는 그 지급액의 3%(지방소득세 0.3% 별도)에 해당하는 금액을 원천징수하고, 해당 소득자는 그 다음 해 5월에 각자의 주소지 관할 세무서에서 종합소득세 신고를 해야 한다.

4. 기타소득에 대한 원천징수

세법에서 기타소득으로 열거하고 있는 소득과 인적용역 중 일시적으로 그 일을 하는 사람에게 지급하는 소득에 대해서는 기타소득으로 원천징수를 해야 한다. 기타소득에 대한 원천징수 세율은 그 지급액에서 관련 비용을 뺀 금액의 20%(지방소득세 2% 별도)다. 그런데 영업권 등의 대여로 인한 소득, 강연료나 방송 해설료, 원고료 등의 기타소득의 경우에는 지급액에서 일률적으로 60%를 무조건 비용으로 인정해주는데, 이런 경우에는 총 지급액에서 비용으로 인정되는 60%를 차감한 금액에 20%(지방소득세 2% 별도)의 세율을 적용해서 원천징수를 하게 된다.

5. 봉사료에 대한 원천징수

음식이나 숙박용역 또는 안마시술소, 과세 유흥장소 등을 운영하는 사업자가 세금계산서나 영수증, 신용카드 매출전표 등에 그 공급가액과 구분하여 기재하고 받은 봉사료를 용역 제공자에게 지급하는 경우로서, 그 구분 기재한 봉사료 금액이 공급가액의 20%를 초과하는 경우에는 봉사료를 지급하면서 원천징수를 해야 한다. 이때 원천징수 세율은 공급가액의 20%를 초과하는 봉사료 금액의 5%(지방소득세 0.5% 별도)다.

6. 연금소득에 대한 원천징수

2002년 1월 1일 이후에 납입된 연금보험료를 기초로 하거나, 2002년 1월 1일 이후 근로의 제공을 기초로 하여 받는 연금소득 등에 대해서는 연금을 지급하는 자가 원천징수 의무자가 되어 그 연금소득을 지급하는 때에 원천징수를 해야 한다. 연금소득에 대한 원천징수 세율은 공적연금소득의 경우에는 연금소득 간이세액표에 따르며, 그 밖의 연금소득에 대해서는 나이 등에 따라서 3~5%의 세율로 원천징수를 한다.

7. 퇴직소득에 대한 원천징수

퇴직소득은 근로자가 직장에서 퇴직할 때 지급받는 금액으로서, 회사는 근로자가 퇴직을 하게 되어 퇴직금을 지급할 때는 퇴직소득세를 원천징수해서 신고·납부해야 한다. 퇴직소득은 종합소득과는 별도로 분류 과세되는 소득인데, 만약 한 사업연도에 2군데 이상의 직장에서 퇴직금을 받는 경우에는 각각의 회사에서 퇴직소득세를 원천징수해서 신고하고, 소득자는 그 다음 해 5월에 퇴직소득을 합산해 확정신고를 해야 한다.

8. 일용근로자의 원천징수와 연말정산

일용근로자(아르바이트)는 근로를 제공한 날이나 시간 또는 성과에 따라 그 대가를 계산해서 급여를 받는 사람을 말하는데, 세법에서는 일반적으로 같은 회사에 계속해서 3개월 미만(건설 근로자의 경우에는 1년 미만)으로 고용되어 있는 사람을 '일용근로자'라고 한다. 다만 근로계약상 근로 제공에 대한 시간이나 일수 또는 그 성과에 의하지 않고 월정액으로 급여를 지급받는 경우에는 그 고용 기간에 관계없이 일용근로자가 아닌 일반급여자로 본다. 일용근로자의 경우에는 지급액에서 일당 15만 원을 공제한 후에 그 초과하는 금액에 대해서만 6%의 세율을 적용해서 산출세액을 계산하며, 그 산출세액의 55%를 세액공제한 금액을 원천징수한다(결국 15만 원 초과 금액의 2.7%를 원천징수하는 것과 같다. 지방소득세 0.27%는 별도). 이때 일용근로자의 급여는 원천징수됨으로써 납세의무가 종결되며, 별도의 연말정산은 할 필요가 없다.

인건비를 받을 때는 소득 구분이 중요하다

인건비를 지급할 때 고용 관계가 있으면 근로소득으로 분류되어 그 소득을 지급하는 회사가 근로소득세를 원천징수해서 신고·납부하고 나중에 연말정산을 해야 한다. 그러나 회사에 소속되지 않은 사람에게 어떤 일을 맡기고 대가를 지급하는 경우에는 그 지급액에 대해서 사업소득으로 원천징수를 해야 할지, 기타소득으로 원천징수를 해야 할지 모호한 경우가 있다.

인적용역소득에 대한 소득 구분이 중요한 이유는 소득세를 내기 위한 소득금액을 계산할 때, 사업소득인지 기타소득인지에 따라 각각의 비용을 계산하는 방식과 범위가 달라서 부담해야 할 세액이 크게 차이 나기 때문이다. 최근에 학원 강사 등 인적용역소득자들이 기타소득으로 소득세 신고를 한 것에 대해 국세청에서 사업소득으로 보아 소득세를 추가로 부과하는 경우가 종종 발생하고 있다. 그러므로 자유직업소득자의 경우에는 소득세 신고를 할 때 소득 구분을 정확히 할 필요가 있다.

같은 일이라도 고용 관계, 일의 성격에 따라 다르게 구분된다

인적용역을 제공하는 경우에 어떤 형태로 일을 하는가에 따라서 근로소득과 사업소득 또는 기타소득으로 구분될 수 있다. 같은 일을 하더라도 고용 관계에 의해 특정 회사에 취업해서 일하면 근로소득으로 분류되며, 고용 관계 없이 독립된 자격으로 계속적·반복적으로 용역을 제공하면 사업소득으로 분류된다.

또한 고용 관계 없이 독립된 자격으로 용역을 제공하더라도 그것이 일시적·우발적이면 기타소득으로 분류된다. 이때 용역 제공이 일시적·우발적인지 또는 계속적·반복적인지의 여부는 사업자등록을 했는지의 여부와는 관계없이 일의 규모나 횟수 등의 실질 내용에 따라 판단한다.

인적용역을 제공하는 사람들 중에 계속적·반복적인 활동을 통해 수입을 발생시켜서 기타소득자가 아닌 사업소득자로 분류되는 경우의 예로는 저술가, 연예인, 강사, 보험설계사, 외판원, 배달원, 골프장 캐디 등이 있다.

사업소득으로 분류될 경우 꼭 챙겨야 할 것들

인적용역소득이 사업소득에 해당하면 근거과세의 원칙상 소득자가 그 소득에 대응하는 실제 필요경비에 대한 증빙 서류를 구비하고 장부를 기록해야 한다. 즉 동일한 인적용역소득이 사업소득으로 분류될 경우, 소득자는 기록한 장부 등 증빙 자료를 통해서 비용을 직접 입증해야 한다.

한편 사업소득의 경우에 장부 기록을 하지 않았을 때는 정부에서 정하는 추계 방식으로 소득금액을 계산하는데, 이런 경우를 대비해서 정부는 업종별로 경비율(장부가 없는 자영업자의 소득금액을 추정하는 기준)을 정해놓고 있다. 그런데 정부에서 정하고 있는 기준경비율은 실제로 투입되는 원가나 비용을 모두 반영해주는 것은 아니기 때문에, 소득세를 조금이라도 적게 내려면 사업소득자는 관련 증빙을 챙기고 장부를 기록해서 그 내용을 입증할 수 있어야 한다. 그리고 인적용역소득이 사업소득에 해당하는 경우에는 직전 연도의 연간 매출액이 7,500만 원을 넘으면 복식부기의무자*에 해당하므로, 사업소득과 관련된 수입과 지출을 복식부기로 기록했다가 소득세 신고를 할 때 재무제표와 함께 제출해야 한다.

* '복식부기'란 기업의 자산과 자본의 증감 및 변화하는 과정과 그 결과를 계정과목을 통해 대변과 차변으로 구분하여 이중기록·계산이 되도록 한 부기 형식으로, 단식부기와 상대되는 개념이다. 그리고 '복식부기의무자'란 사업자의 소득금액을 계산할 수 있도록 증빙 서류를 비치하고 그 사업에 관한 모든 거래 사실이 객관적으로 파악될 수 있도록 복식부기에 의해 장부에 기록·관리하도록 규정한 자를 말한다.

인적용역소득이 기타소득으로 분류되면 훨씬 유리하다

사업소득의 경우, 기본적으로 그 수입을 얻기 위해 실제로 투입된 비용은 장부 정리를 통해서 입증해야만 비용으로 인정받을 수 있다. 그러나 강연료나 해설료, 원고료 등 인적용역을 제공하고 받는 소득이라고 하더라도 기타소득으로 분류되는 경우에는 본인이 증빙 서류를 통해 입증하지 않더라도 세법에서 소득으로 받는 금액의 60%를 일률적으로 의제비용(실제로 발생한 것인지를 따지지 않고 비용이 있는 것으로 보는 것)으로 인정해준다.

따라서 같은 강의료 소득이라고 하더라도 기타소득으로 분류되면 소득세 신고를 할 때 강의료 수입 중 60%는 비용으로 빼고 나머지 40%만 소득금액으로 종합소득에 합산하면 되기 때문에, 사업소득으로 분류되는 것보다 기타소득으로 분류되는 것이 일반적으로 소득자에게 유리하다. 또한 기타소득은 사업소득과 달리 소득금액 기준으로 연간 300만 원에 미달하는 경우에는 본인의 선택에 따라 종합소득에 합산하지 않고 원천징수된 것으로 납세의무가 종결될 수도 있다. 그리고 사업소득과 달리 기타소득의 경우에는 사업자가 아니므로 수입액의 크기에 관계없이 특별히 별도의 장부를 비치하거나 기록할 의무도 없다.

소득자가 사업소득과 기타소득을 판단해서 신고할 수 있다

고용 관계없이 인적용역을 제공하고 받는 소득은 같은 소득이라고 하더라도 기타소득으로 분류되는 것이 사업소득으로 분류되는 것에 비해, 정부에서 인정해주는 의제비용 금액도 크고 복식부기 의무도 없기 때문에 세금 부담이 적다. 그런데 인적용역소득을 단순히 세금을 적게 내기 위해 임의로 기타소득으로 분류할 수 있는 것은 아니다. 유권해석과 판례에 따르면, 독립된 자격으로 용역을 제공하고 받는 소득이 사업소득에 해당하는지, 기타소득에 해당하는지의 여부는 해당 납세자의 직업 활동 내용·활동 기간·횟수·형태·상대방 등에 비추어 보아 그 활동이 수익을 목적으로 하고 있는지, 사업 활동으로 볼 수 있을 정도의 계속성과 반복성이 있는지 등의 여부를 고려해 사회 통념에 따라 판단해야 한다.

그런데 일반적으로 인적용역소득을 지급하는 쪽에서는 그 소득자가 계속적·반복적으로 그 일을 하는지 아니면 일시적으로 하는지 알 수 없는 경우가 많기 때문에, 우선 사업소득으로 보고 원천징수를 하는 경우가 많다. 그러나 인적용역소득을 받으면서 사업소득으로 원천징수가 되었더라도 소득자의 입장에서 기타소득에 해당된다고 판단하면, 본인의 종합소득세 신고를 할 때 기타소득으로 신고할 수 있다. 반대로 인적용역소득을 받을 때 기타소득으로 원천징수가 되었더라도 소득자의 입장에서 사업소득으로 판단하면, 종합소득세 신고를 할 때 사업소득으로 신고할 수 있다.

직업이 있는 근로소득자가 강연, 집필 등을 하는 경우, 예를 들어 근로소득자인 대학 교수가 계속적·반복적으로 다른 인적용역을 제공하면 그 소득은 사업소득으로 본다. 그러나 사업소득으로 보는 기준은 딱히 정해진 것이 없으며, 판례 등에 따르면 직업 활동의 내용이나 활동 기간, 횟수, 형태 등을 종합해 판단한다.

세금 고수의 가이드

「소득세법」상 복식부기의무자

다음에서 정하는 규모 이상의 사업자는 그 사업에 관한 모든 거래 사실이 객관적으로 파악될 수 있도록 복식부기에 따라 장부에 기록·관리해야 한다.

사업의 종류	복식부기 의무 기준 금액
농업·임업 및 어업, 광업, 도매 및 소매업, 부동산 매매업, 그 밖에 아래 사업에 해당하지 않는 사업	직전 과세 기간의 수입액이 3억 원 이상인 경우
제조업, 숙박 및 음식점업, 전기·가스·증기 및 공기 조절 공급업, 수도·하수·폐기물처리·원료재생업, 건설업(비거주용 건물건설업 제외), 부동산 개발 및 공급업(주거용 건물 개발 및 공급업에 한정), 운수업 및 창고업, 정보통신업, 금융 및 보험업, 상품 중개업	직전 과세 기간의 수입액이 1억 5,000만 원 이상인 경우
부동산 임대업, 부동산업(부동산 매매업 제외), 전문·과학 및 기술 서비스업, 사업시설 관리 및 사업 지원 서비스업, 임대 서비스업, 교육 서비스업, 보건업 및 사회복지 서비스업, 예술·스포츠 및 여가 관련 서비스업, 협회 및 단체, 수리 및 기타 개인 서비스업, 가구 내 고용 활동	직전 과세 기간의 수입액이 7,500만 원 이상인 경우

근로소득에 대해서는 연말정산을 해야 한다

우리나라를 포함한 대부분의 나라들에서는 근로소득을 지급할 때 회사가 원천징수를 하지만, 다른 나라들에서는 대부분 연간 급여 총액에 대해서는 회사가 연말정산을 하는 것이 아니라 근로자가 소득세 신고 기간에 각자의 근로소득에 대해 별도로 소득세 신고를 해야 한다.

반면 우리나라에서는 매월 지급하는 근로소득에 대해서 원천징수 의무자인 회사가 간이세액표에 따라서 원천징수를 하고 나중에, 1년간의 급여 총액에 대해 연말정산을 하도록 하고 있다. 그런데 이것이 완전히 정착되어 있다 보니 대부분의 사람들은 연말정산 제도를 아주 자연스럽게 받아들이고 있다.

그러나 한편에서는 근로소득에 대한 연말정산 제도를 폐지해야 한다고 주장하는 사람들도 있다. 그 이유는 여러 가지가 있지만 원칙적인 이유를 들자면, 민주 사회에서는 국민 개개인이 각각 국가의 주인이기 때문에 국민은 누구나 국가 운영에 필요한 세금을 납부해야 한다는 국민 개세주의(皆稅主義) 또는 국민 개납주의(皆納主義) 원칙에 따라 각자의 소득에 대한 세금 신고와 납부는 각자가 해야 한다는 것이다. 또 다른 이유는, 혼인이나 이혼, 출산과 입양 등 개인의 가정생활과 관련되는 사항, 본인이나 부양가족이 다니는 학교, 질병에 관한 사항 등 민감한 사생활 관련 자료들을 연말정산을 할 때 각종 공제를 받기 위해 회사에 제출해야 하는 것이 심각한 사생활 침해가 될 수 있다는 것이다.

연말정산 제도가 워낙 오래된 데다 완전히 정착되어 있다 보니 하루아침에 폐지되지는 않겠지만, 일각에서 제기하는 사생활 침해 가능성 등에 대해서는 철저하게 보완해야 할 것이다. 가끔식 발생하는 금융사들의 개인정보 유출 사고를 보면 연말정산에 대한 개인정보 보호의 필요성도 중요하게 여길 필요가 있다.

연말정산은 원천징수의무자만 할 수 있다

연말정산이란 근로소득을 지급하는 '원천징수의무자'(개인사업자, 법인사업자, 국가기관, 지방자치단체 등)가 다음 연도 2월분의 급여(중도퇴사하는 경우에는 퇴직하는 달의 급여)를 지급하는 때에 직전 1년간의 총 급여액에 대한 근로소득세액을 세법에 따라 정확하게 계산한 후, 매월 급여 지급 시 간이세액표에 따라 이미 원천징수한 세액과 비교하여 많이 징수한 경우에는 환급해주고 부족하게 징수한 경우에는 추가로 징수하여 납부하는 절차를 말한다. 근로소득세는 과세 기간인 1년간의 금액을 기준으로 계산하는 것이 원칙이지만, 매월분의 근로소득을 지급할 때마다 기본 세율을 적용하는 것은 각종 공제 내역이 확정되지 않아 실무상 번거롭고 어려운 점이 있다. 따라서 「소득세법」에서는 미리 정해놓은 간이세액표를 적용하여 매월 원천징수하고, 나중에 정산하도록 하고 있다.

세법상 근로소득에 대한 연말정산은 근로자를 고용하고 근로소득을 지급하는 원천징수의무자가 하고 있다. 그러므로 만일 근로소득을 지급하던 회사가 연도 중에 지급한 근로소득에 대해 연말정산을 하지 않고 폐업하거나 파산한 경우에도 근로자는 자신의 근로소득에 대해 연말정산을 할 수 없다.

이런 경우에는 각 근로자 본인이 연도 중에 받았던 근로소득을 집계해서 근로를 제공한 해의 다음 해 5월에 주소지 관할 세무서에서 종합소득세 신고를 해야 한다. 이렇게 소득세 신고를 직접 할 때에도 공제와 관련된 각종 서류들을 챙겨서 그 내용을 소득세 신고서에 반영할 수 있다.

이중 근로소득자와 이직자의 연말정산

연말정산 절차를 진행해야 할 의무자는 원칙적으로 근로소득을 지급하는 회사다. 그러나 근무지가 둘 이상인 근로자, 이른바 이중 근로소득자의 경우에는 근무지 신고서를 제출한 주된 근무지 회사에서 종된 근무지에서 연말정산한 내용을 합산해 연말정산을 한다. 또한 연도 중에 회사를 옮긴 경우에는 현재 회사에서 전 근무지에서 연말정산한 내용을 합산해 연말정산을 한다.

이렇게 각각의 회사에서 이미 연말정산을 한 근로소득을 합산해서 다시 연말정산을 해야 하는 이유는 근로소득공제나 각종 공제 등을 각각의 회사가 아니라 전체 근로소득을 합한 상태에서 한 번만 적용하기 때문이다. 만약 두 곳 이상의 직장에서 근무한 소득을 합산하여 연말정산을 하지 못한 경우에는 (여러 곳에서 발생한) 근로소득을 합산해 종합소득세 신고를 해야 한다.

근로소득 외의 소득이 있으면 종합소득세 신고를 해야 한다

근로소득에 대한 연말정산은 다음 해 2월분 급여를 지급하는 때에 해야 한다. 그러나 만약 2월분 급여를 2월 말일까지 지급하지 않는 경우에는 연말정산을 무한정 늦출 수는 없기 때문에 2월 말일에 2월분 급여가 지급된 것으로 보고 연말정산을 한다. 그리고 그 다음 달인 3월 10일까지 연말정산에 대한 신고·납부를 해야 한다. 다만 반기별 납부자는 환급신청을 하는 경우가 아니라면, 연말정산은 2월에 하지만 신고 및 납부는 7월 10일까지 할 수 있다. 또한 근로소득만 있는 근로자의 경우에는 연말정산으로 소득세 납세의무가 종결되지만, 근로소득자가 사업소득 등 다른 종합소득이 있는 경우에는 직장에서 근로소득에 대해 연말정산을 했더라도 근로소득과 다른 소득을 합산해서 별도로 종합소득세 신고를 해야 한다.

참고로 근로소득을 지급받을 때 원천징수되지 않는 국외로부터 지급받는 근로소득 등에 대해서는 근로자 본인이 국내에 있는 납세조합에 가입하여 그 납세조합을 통해 원천징수의무를 이행하고 연말정산을 할 수 있다. 국외로부터 받는 근로소득 등에 대하여 납세조합을 통해 원천징수절차를 수행하지 않는 경우에는 근로소득자가 본인의 주소지 관할 세무서에서 종합소득세신고를 통해 세금신고를 해야 한다.

근로소득자도 5월 종합소득세 신고 기간을 이용할 수 있다

회사가 지급한 근로소득에 대해 연말정산을 할 때, 근로자들이 각종 공제 자료를 제때에 제출하지 못하거나 오히려 과다하게 공제를 받는 경우도 있을 수 있다. 이렇게 회사에서 이미 연말정산을 했더라도 공제를 제대로 받지 못했거나 과다하게 공제받은 것에 대해서는 종합소득세 신고를 하면 가산세 부담 없이 환급을 받거나 추가로 납부할 수 있다.

그리고 연말정산 시에 의료비나 교육비, 기부금 등 사생활과 관련되는 사항을 회사에 제출하기가 꺼려지는 경우에도 그런 내용을 반영하지 않은 상태에서 연말정산을 하고, 5월에 소득세신고기간에 근로자가 직접 본인 관할 세무서에서 소득세신고를 함으로써 반영할 수 있다.

국세청 연말정산 간소화 서비스의 이용과 유의 사항

국세청에서는 연말정산과 관련된 정보를 제공하기 위해 '연말정산 간소화 서비스www.hometax.go.kr'를 제공하고 있으며, 근로자 개인의 공인인증서를 이용해 간편하게 로그인해서 접속할 수 있다. 특히 이곳에서는 근로자나 그 부양가족의 연말정산 소득공제에 필요한 각종 지출 내역을 해당 발급기관으로부터 직접 수집해서 제공하고 있기 때문에, 관련 영수증을 수집하기 위해 근로자가 직접 금융기관이나 병원, 학교 등을 일일이 방문하지 않아도 되므로 매우 유용하다. 다만 교복 구입비 등 일부 자료의 경우에는 국세청에 자율적으로 제출하도록 하고 있어서 간소화 서비스 사이트에서 확인되지 않을 수 있다.

따라서 이런 경우에는 해당 업소를 직접 방문해서 영수증을 발급받아 회사에 제출해야 한다. 단 주의할 점이 있다. 국세청의 연말정산 간소화 서비스 사이트에 집계되는 지출 내역은 영수증 발급기관들이 일괄적으로 제출한 자료이기 때문에 근로자 본인이 공제 대상 여부를 검토해서 활용해야 한다.

세금 고수의 가이드

국세청의 연말정산 간소화서비스에서 제공하는 자료

구 분	공 제 항 목
공적보험료	국민연금보험료, 국민건강보험료(노인장기요양보험료 포함)
보험료	일반보장성보험료(주택임차보증금 반환 보증보험료 포함), 장애인전용보장성보험료
의료비	의료기관에 지출한 의료비, 산후조리원 비용
	약국에 지출한 의약품(한약 포함) 구입 비용
	「노인장기요양보험법」에 따라 지출한 본인 부담금
	안경구입비, 시력보정용 안경·콘택트렌즈 구입비용
	보청기, 장애인보장구, 의료용구 구입(임차) 비용
교육비	초·중·고(입학금, 수업료 등 공납금 외에 학교급식비, 교과서대금, 방과후학교 수업료, 체험학습비 포함), 대학(원)교육비
	유치원 교육비, 어린이집 교육비
	취학 전 아동의 보육시설·학원·체육시설 교육비
	장애인특수교육비 납입금액
	중·고등학생 교복구입비용
	학점인정(독학 학위)교육비 납입금액
	근로자의 직업능력개발훈련비용
	대학(원)생 학자금대출 원리금 상환액
신용카드 등 사용 내역	신용카드, 직불카드, 기명식선불카드 및 현금영수증 사용금액 (전통시장 사용액, 대중교통 이용분, 도서·공연 사용분 구분 표시) ※ 중고자동차 구입대금의 10%를 포함
주택자금	주택임차차입금 원리금상환액, 장기주택저당차입금 이자상환액
주택마련저축	주택청약저축, 근로자주택마련저축, 주택청약종합저축
사적연금계좌	개인연금저축, 연금저축계좌, 퇴직연금계좌
기타	소기업·소상공인 공제부금 납입금액
	장기집합투자증권저축 납입액, 기부금

회사에서 무심코 받은 것도 근로소득이 될 수 있다

근로소득은 근로자가 근로의 대가로 받는 금품을 말한다. 일반적으로 알고 있는 것처럼 정해진 날짜에 급여 명목으로 받는 금전은 당연히 근로소득이며, 직접 금전으로 받지 않더라도 현물로 제공받는 선물이나 회사에서 제공하는 물질적 이익 등도 세무상으로는 모두 근로소득으로 본다.

몇 년 전 대법원에서 정기적으로 지급되는 상여금은 통상임금에 포함된다는 판결이 있었다. 연장이나 야간근로수당, 퇴직금 등을 계산할 때 기준 금액이 되는 통상임금의 범위가 넓어지면 기업의 입장에서는 총 급여나 퇴직금 등이 늘어날 수 있지만, 통상임금에 포함되는지의 여부와 근로소득에 해당하는지의 여부에 대한 판단은 별개이기 때문에 통상임금과 관련된 대법원의 판결은 근로소득세와는 직접 관련이 없다고 할 수 있다. 특히 세법에서는 근로소득 중 비과세 소득에 대해 여러 가지를 규정하고 있지만, 일반적으로 근로자가 받는 각종 상여금이나 수당 등은 대부분 비과세 대상에 해당하지 않기 때문에 잘 따져봐야 한다.

월급명세서상 명칭이 달라도 모두 근로소득이다

근로자가 근로에 대한 대가로 받는 것은 명칭에 관계없이 모두 근로소득으로 본다. 예컨대 봉급, 급료, 보수, 세비, 임금, 상여, 수당 등 어떤 명칭을 사용하더라도 근로의 대가로 받는 것은 근로소득에 해당한다. 따라서 급식수당, 주택수당, 피복수당, 물가수당, 휴가비, 판공비 등 어떤 명칭을 붙이더라도 회사에 근무함으로써 받는 근로의 대가인 각종 수당들은 당연히 과세 대상 근로소득이 된다.

회사에서 주는 생일선물과 여행 경비도 과세 대상?

근로소득 과세 기준이 너무 지나치다고 생각할 수도 있지만, 국세청의 유권해석에 따르면, 근로자를 대상으로 생일이나 결혼기념일 등에 복리후생의 개념으로 2~3만 원 상당의 선물을 지급하는 경우에도 근로자가 회사로부터 받은 선물은 과세 대상 근로소득에 해당한다.

또한 장기근속 기념으로 근로자뿐만 아니라 근로자 가족의 여행 경비를 지원해주는 경우에도 그 여행 경비를 근로소득으로 본다.

복지 포인트와 의료비 지원도 역시 근로소득에 해당한다

정부 산하기관이나 일반 기업체들도 직원들의 복리후생을 위해 선택적 복지 제도를 도입하고 있는 경우가 많다. 이 제도는 각 근로자 개인별로 사전에 정해진 포인트를 부여한 뒤, 근로자가 이를 가지고 자기계발이나 건강관리, 취미 활동, 문화생활 등을 위한 용도로 사용하면 나중에 회사에서 그 사용액을 보전해주는 방식이다. 그런데 이런 선택형 복지 포인트를 사용하는 경우, 그 포인트 사용액 역시 과세 대상 근로소득에 해당한다.

의료법인의 경우, 그 법인에 근무하는 근로자들의 사기 진작과 복리후생을 위해 해당 의료법인에서 건강검진을 받거나 진료를 받는 해당 법인의 근로자에게 본인 부담분 의료비의 일부를 경감해줄 수 있다. 그런데 이런 경우에도 의료비 경감 혜택을 받은 근로자는 감면받은 의료비 상당액을 근로소득으로 보고 세금을 내야 한다.

TIP

세금 고수의 가이드

세법상 근로소득에 포함되는 급여와 이익

세법상 다음에 해당하는 것들은 특별히 비과세 항목으로 규정하고 있는 것을 제외하고는 모두 과세 대상 근로소득에 포함된다.

- 기밀비(판공비 포함)·교제비와 그 밖에 이와 유사한 명목으로 받는 것으로서, 업무를 위해 사용된 것이 분명하지 않은 급여
- 종업원이 받는 공로금·위로금·학자금·장학금(종업원의 수학 중인 자녀가 사용자로부터 받는 학자금·장학금 포함)과 그 밖에 이와 유사한 성질의 급여
- 근로수당·가족수당·전시수당·물가수당·출납수당·직무수당과 그 밖에 이와 유사한 성질의 급여
- 보험회사, 투자매매업자 또는 투자중개업자 등의 종업원이 받는 집금(集金)수당과 보험가입자의 모집, 증권 매매의 권유 또는 저축을 권장하여 받는 대가와 그 밖에 이와 유사한 성질의 급여
- 급식수당·주택수당·피복수당과 그 밖에 이와 유사한 성질의 급여
- 비과세 대상에 해당하지 않는 자가 주택을 제공받음으로써 얻는 이익
- 기술수당·보건수당 및 연구수당과 그 밖에 이와 유사한 성질의 급여
- 시간 외 근무수당·통근수당·개근수당·특별 공로금과 그 밖에 이와 유사한 성질의 모든 급여
- 여비의 명목으로 받는 연액 또는 월액의 급여
- 비과세 대상에 해당하지 않는 벽지수당·해외근무수당과 그 밖에 이와 유사한 성질의 급여
- 임직원의 고의(중과실 포함) 외의 업무상 행위로 인한 손해의 배상 청구를 보험금의 지급 사유로 하고 임직원을 피보험자로 하는 보험의 보험료
- 휴가비와 그 밖에 이와 유사한 성질의 급여
- 법인의 임직원이 해당 법인으로부터 부여받은 주식매수선택권(스톡옵션)을 해당 법인에 근무하는 기간 중에 행사함으로써 얻은 이익(주식매수선택권 행사 당시의 시가와 실제 매수가액과의 차액을 말함)

44

비과세 근로소득을 잘 챙기자

세금을 내지 않거나 적게 내게 해주는 제도로는 비과세, 소득공제, 세액공제, 감면 등이 있다. 비과세란 특정 소득에 대해서 정부가 처음부터 과세권을 포기한 것이며, 소득공제는 일정한 요건을 충족하는 경우에 과세 대상 소득에서 빼주는 금액을 말하고, 세액공제와 감면은 산출세액을 계산한 다음에 일정한 요건을 충족하는 경우에 납부할 세액에서 세액을 줄여주는 제도다. 근로소득의 경우에는 명칭이 어떠하든 근로에 대한 대가로 받는 것은 원칙적으로 모두 근로소득으로 본다.

다만 세법에서 특별히 비과세 근로소득으로 정하고 있는 것은 처음부터 과세 대상인 근로소득에서 제외된다. 따라서 근로에 대한 대가로 받는 것 중 세법에서 특별히 비과세로 열거하고 있는 것은 잘 챙겨서 혜택을 받는 것이 매우 중요하다.

비과세 요건을 충족해야 비과세 대상이 된다

근로자가 근로의 대가로 받는 것은 세법에서 특별히 비과세로 규정하고 있는 것을 제외하고는 모두 과세 대상 근로소득에 해당한다. 좀 더 구체적으로 말하면, 근로자가 근로에 대한 대가로 무언가를 받았을 때 세법에서 특별히 비과세 항목으로 규정하고 있는 항목에 속한다면 소득세가 과세되지 않는 것이다. 그런데 여기서 주의해야 할 점은 세법에서 비과세 대상으로 규정하고 있는 항목들은 그 명칭에 따라서 모두 비과세되는 것이 아니라, 각 항목들의 비과세 요건을 충족하는 경우에만 비과세 대상이 될 수 있다는 것이다.

실비변상적 경비에 대한 비과세 적용

'실비변상'이란 실제로 소요되는 경비 정도를 보전해주는 것을 말한다. 세법에서 열거하고 있는 근로소득세가 비과세되는 실비변상적 성질의 급여로는 일직료·숙직료 또는 여비로서 실비변상 정도의 금액, 법령·조례에 의해 제복을 착용해야 하는 자가 받는 제복·제모·제화, 병원·시험실·금융회사·공장·광산에서 근무하는 사람 또는 특수한 작업이나 역무에 종사하는 사람이 받는 작업복이나 그 직장에서만 착용하는 피복, 특수 분야에 종사하는 군인이 받는 낙하산 강하 위험수당 등과 특수 분야에 종사하는 경찰공무원이 받는 경찰 특수 전술 업무수당과 경호공무원이 받는 경호수당, 광산 근로자가 받는 입갱수당 및 발파수당 등이 있다.

자기 차량을 업무에 사용하면서 받은 보조금에 대한 비과세

종업원이 자기 소유 차량(본인 명의로 임차한 차량 포함)을 직접 운전해서 사용자의 업무 수행에 이용하고, 시내 출장 등에 소요된 실제 여비를 받는 대신에 그 소요 경비를 해당 사업체의 규칙 등에 의해 정해진 지급 기준에 따라 받는 금액 중 월 20만 원 이내의 금액은 비과세 대상이다.

그런데 주의할 점은 종업원이 시내 출장 등에 따른 여비를 별도로 지급받으면서 연액 또는 월액의 자기 차량 운전 보조금을 지급받는 경우, 시내 출장 등에 따라 소요된 실제 여비는 실비변상적 급여로 비과세하지만, 자가 차량 운전 보조금은 과세 대상인 근로소득에 포함한다. 즉 자기 차량 운전 보조금으로 월 20만 원까지 비과세 혜택을 받으려면, 자기 차량을 회사 업무에 사용하되 시내 출장 등에 소요되는 실제 경비는 지원받지 않아야 한다.

따라서 자기 차량을 업무에 사용하면서 실제로 소요되는 비용이 월 20만 원을 초과하는 경우에는 운전 보조금을 받지 말고 차라리 실제 비용을 정산받는 것이 유리할 수 있다.

근로자의 식대는 20만 원까지 비과세된다

기업에 근무하는 근로자가 근무 시간에 식사를 하는 경우에 그 근로자가 사내 급식 또는 이와 유사한 방법으로 제공받는 식사나 기타 음식물은 비과세 근로소득에 해당한다. 또한 이런 현물로 식사나 기타 음식물을 제공받지 않는 근로자가 받는 월 20만 원 이하의 식사대도 비과세 근로소득에 해당하는데, 월 20만 원 이상 지급받는 경우에는 월 20만 원까지만 비과세되는 식사대로 본다.

시간 외 수당에 대한 급여의 비과세 인정 기준

월정액급여 210만 원 이하로서 직전 연도의 총 급여액이 3,000만 원 이하인 공장이나 광산 근로자, 또는 운전사, 수하물 운반 종사자(택배기사), 청소·경비·조리 및 음식 서비스 종사자, 매장 판매 종사자, 통신 관련 판매직 종사자, 음식·판매·농림·어업·계기·자판기·주차관리 및 기타 서비스 관련 단순노무 종사자 등이 「근로기준법」에 따른 연장근로·야간근로 또는 휴일근로를 하고 통상임금에 더하여 받는 급여 중 연 240만 원 이하의 금액(광산 근로자 및 일용근로자의 경우에는 해당 급여 총액)은 비과세 근로소득에 해당한다.

이 경우 월정액급여란 매월 직급별로 받는 봉급·급료·보수·임금·수당 및 그 밖에 이와 유사한 성질의 급여(해당 과세 기간 중에 받는 상여 등 부정기적인 급여와 실비변상적 성질의 급여는 제외)의 총액에서 「근로기준법」에 따른 연장근로·야간근로 또는 휴일근로를 하고 통상임금에 더

하여 받는 급여를 뺀 금액을 말한다.

근로자에게 업무상 지원한 학자금은 비과세된다

근로자가 회사에서 일하는 기간 중에 회사에서 외국으로 유학을 보내주거나 국내에 있는 대학원 등 학교에서 공부를 할 수 있도록 지원해주는 경우가 있다. 이렇게 근로자에게 지원해주는 학자금 중에 「초·중등교육법」과 「고등교육법」에 따른 학교(외국에 있는 이와 유사한 교육기관 포함)와 「근로자 직업 능력 개발법」에 따른 직업 능력 개발 훈련시설의 입학금·수업료·수강료 등의 공납금 중 다음의 요건을 갖춘 학자금은 비과세 근로소득에 해당한다.

(1) 해당 근로자가 종사하는 사업체의 업무와 관련 있는 교육·훈련을 위해 받는 것일 것

(2) 해당 근로자가 종사하는 사업체의 규칙 등에 의해 정해진 지급기준에 따라 받는 것일 것

(3) 교육·훈련 기간이 6개월 이상인 경우, 교육·훈련 후 해당 교육기간을 초과하여 근무하지 않는 때에는 지급받은 금액을 반납할 것을 조건으로 하여 받는 것일 것

TIP

세금 고수의 가이드

세법상 비과세 근로소득

앞서 설명한 비과세 항목 외에도 「소득세법」에서는 다음에 해당하는 것들을 소득세를 과세하지 않는 비과세 근로소득으로 규정하고 있다.

- 복무 중인 병(兵)이 받는 급여
- 법률에 따라 동원된 사람이 그 동원 직장에서 받는 급여
- 「산업재해보상보험법」에 따라 수급권자가 받는 요양급여, 휴업급여, 장해급여, 간병급여, 유족급여, 유족특별급여, 장해특별급여, 장의비 또는 근로의 제공으로 인한 부상·질병·사망과 관련하여 근로자나 그 유족이 받는 배상·보상 또는 위자(慰藉)의 성질이 있는 급여
- 「근로기준법」 또는 「선원법」에 따라 근로자·선원 및 그 유족이 받는 요양 보상금, 휴업 보상금, 상병(傷病) 보상금, 일시 보상금, 장해 보상금, 유족 보상금, 행방불명 보상금, 소지품 유실 보상금, 장의비 및 장제비
- 「고용보험법」에 따라 받는 실업급여, 육아휴직급여, 육아기 근로시간 단축 급여, 출산전후 휴가급여 등, 「제대군인 지원에 관한 법률」에 따라 받는 전직 지원금, 「국가공무원법」·「지방공무원법」에 따른 공무원 또는 「사립학교교직원연금법」·「별정우체국법」을 적용받는 사람이 관련 법령에 따라 받는 육아휴직수당
- 「국민연금법」에 따라 받는 반환 일시금(사망으로 받는 것만 해당함) 및 사망 일시금
- 「공무원연금법」, 「군인연금법」, 「사립학교교직원연금법」 또는 「별정우체국법」에 따라 받는 요양비·요양 일시금·장해 보상금·사망 조위금·사망 보상금·유족 보상금·유족 일시금·유족연금 일시금·유족연금 부가금·유족연금 특별부가금·재해 부조금·재해 보상금 또는 신체·정신상의 장해·질병으로 인한 휴직 기간에 받는 급여
- 외국 정부(외국의 지방자치단체와 연방국가인 외국의 지방정부 포함) 또는 국제연합과 그 소속 기구에서 근무하는 대한민국의 국민이 아닌 사람이 그 직무 수행의 대가로 받는 급여
- 「국가유공자 등 예우 및 지원에 관한 법률」 또는 「보훈 보상 대상자 지원에 관한 법률」에 따라 받는 보훈급여금·학습 보조비
- 작전 임무를 수행하기 위해 외국에 주둔 중인 군인·군무원이 받는 급여
- 종군한 군인·군무원이 전사(전상으로 인한 사망 포함)한 경우, 그 전사한 날이 속하는 과세기간의 급여
- 국외 또는 「남북 교류 협력에 관한 법률」에 따른 북한 지역에서 근로를 제공(원양어업 선박 또는 국외 등을 항행하는 선박이나 항공기에서 근로를 제공하는 것 포함)하고 받는 보수 중 월 100만 원〔원양어업 선박, 국외 등을 항행하는 선박 또는 국외 등의 건설 현장 등에서 근로(설계 및 감리 업무 포함)를 제공하고 받는 보수의 경우에는 월 300만 원〕 이내의 금액
- 「국민건강보험법」, 「고용보험법」 또는 「노인장기요양보험법」에 따라 국가, 지방자치단체 또는 사용자가 부담하는 보험료

- 근로자(사용자와 특수관계자 제외) 또는 그 배우자의 출산과 관련하여 자녀의 출생일 이후 2년 이내에 사용자로부터 최대 두 차례에 걸쳐 지급받는 급여(2021년 1월 1일 이후 출생한 자녀에 대하여 2024년 1월 1일부터 2024년 12월 31일 사이에 지급받은 급여 포함) 전액
- 근로자 또는 그 배우자의 출산이나 6세 이하(해당 과세 기간 개시일을 기준으로 판단함) 자녀의 보육과 관련하여 사용자로부터 받는 급여로서 해당 자녀 1명당 월 20만 원 이내의 금액
- 「국군 포로의 송환 및 대우 등에 관한 법률」에 따른 국군 포로가 받는 보수 및 퇴직 일시금
- 「교육기본법」에 따라 받는 장학금 중 대학생이 근로를 대가로 지급받는 장학금
- 언론기업 및 방송 채널 사용 사업에 종사하는 기자(해당 언론 기업 및 방송 채널 사용 사업에 상시 고용되어 취재 활동을 하는 논설위원 및 만화가 포함)가 취재 활동과 관련하여 받는 취재수당 중 월 20만 원 이내의 금액
- 근로자가 기획재정부령이 정하는 벽지에 근무하여 받는 월 20만 원 이내의 벽지수당
- 근로자가 천재지변 및 기타 재해로 인해 받는 급여
- 수도권 외의 지역으로 이전하는 「국가균형발전특별법」에 따른 공공기관의 소속 공무원이나 직원에게 한시적으로 지급하는 월 20만 원 이내의 이전 지원금
- 학교에 근무하는 교원이나 연구기관에 종사하는 연구원, 중소기업 또는 벤처기업의 기업 부설 연구소와 연구개발 전담 부서에서 연구 활동에 직접 종사하는 자가 받는 연구보조비 또는 연구 활동비 중 월 20만 원 이내의 금액
- 국가 또는 지방자치단체가 지급하는 보육교사의 처우 개선을 위해 지급하는 근무 환경 개선비, 사립 유치원 수석교사·교사의 인건비, 전공의(專攻醫)에게 지급하는 수련 보조 수당
- 종업원 또는 대학의 교직원이 발명진흥법에 따라 받는 직무발명 보상금으로서 연 500만 원 이하의 금액
- 다음과 같은 복리후생적 성질의 급여
  - 주주가 아닌 임원, 임원이 아닌 종업원 등이 받는 사택 제공 이익
  - 중소기업 종업원의 주택 구입·임차 자금 저리 대여 이익
  - 단체 순수 보장성 보험 및 단체 환급부 보장성 보험 중 70만 원 이하의 보험료
- 종교 관련 종사자가 지급기준에 따라 종교활동을 위해 통상적으로 사용할 목적으로 지급받은 금액 및 물품
- 사업자나 법인이 생산·공급하는 재화 또는 용역을 그 사업자나 법인의 사업장에 종사하는 임원 또는 종업원('임원 등')에게 시가보다 낮은 가격으로 제공하거나 구입할 수 있도록 지원함으로써 해당 임원 등이 얻는 이익을 근로소득으로 보는 것 중 다음 요건을 모두 충족하는 소득으로서 시가의 20% 또는 연 240만 원 중 큰 금액
  - 임원 등 본인이 소비하는 것을 목적으로 제공하거나 지원을 받아 구입한 재화 또는 용역으로서 일정 기간 동안(자동차나 대형가전 등은 2년, 그 외는 1년) 재판매가 허용되지 아니할 것
  - 해당 재화 또는 용역의 제공과 관련하여 모든 임원 등에게 공통으로 적용되는 기준이 있을 것

연말정산 공제를 잘 활용하라

요즘은 전체적으로 물가가 비싼 편이어서 웬만한 수입으로는 가족들을 부양하며 살아가기가 힘겨울 수밖에 없는 세상이 되었다. 이런 점 때문에 소득세를 계산할 때는 배우자나 부양가족 등에 대해 기초 생활비 등을 감안해서 일정액의 인적공제를 해주고 있다. 근로소득자의 경우에도 연말정산을 할 때 총 급여액에서 근로소득공제를 한 후에, 배우자나 부양가족 등에 대한 인적공제와 공적연금보험료 등의 특별소득공제를 추가로 공제한 후의 금액에 대해 소득세율을 적용해 납부할 세액을 계산한다.

그런데 인적공제를 적용할 때 연도 중에 혼인을 한 경우와 이혼을 한 경우, 부양가족 중에 자녀가 태어나거나 가족이 사망한 경우 등 다양한 사례가 있을 수 있다. 이렇게 기본공제 대상자에 대하여 부양 기간이 1년이 되지 않을 경우에는 그 공제 대상자를 위해 지출한 금액이 적을 수 있다. 따라서 이런 경우에 공제액을 일수나 월수로 나누어 계산해야 하는지 등의 의문이 생길 수 있다.

공제 대상의 판정 기준은 '소득금액'이다

소득세를 계산할 때 적용하는 인적공제 중 가장 대표적인 것으로 기본공제가 있다. 기본공제란 근로자 본인과 연간 소득금액이 100만 원(근로소득만 있는 경우 총 급여액 500만 원) 이하인 배우자나 부양가족 대해 1명당 연간 150만 원을 근로자의 소득에서 공제해주는 것이다.

그런데 기본공제 대상 판정 기준이 되는 소득은 총수입을 의미하는 '소득'이 아니라 비용 등을 뺀 후의 '소득금액'(근로소득만 있는 경우 총급여액 기준)을 기준으로 한다.

예를 들어 어떤 근로자의 배우자가 사업을 하고 있는데, 배우자의 사업에 대한 총수입은 1억 원이지만 원가나 비용이 1억 원보다 많아서 적자가 났다고 가정해보자. 이 경우 배우자의 사업에 대한 소득금액이 없기 때문에, 그 근로자는 근로소득에 대한 연말정산을 할 때 배우자공제를 받을 수 있다. 단, 배우자나 부양가족에 대한 인적공제를 받기 위해 그 배우자 등의 연간 소득금액을 계산할 때는 종합소득뿐만 아니라 퇴직소득과 양도소득의 소득금액도 합산해 연간 100만 원 이하가 되어야 한다.

한집에 살지 않아도 기본공제가 가능하다

근로소득 등 종합소득이 있는 사람이 소득세 신고를 할 때 부양가족공제를 받기 위해서는 그 부양가족이 원칙적으로 소득자와 생계를 같이 해야 한다. 이 경우 생계를 같이한다는 것은 주민등록표상의 동거가족으로서, 그 소득자의 주소 또는 거소에서 현실적으로 생계를 같이하는 것을 말한다. 하지만 부양가족 중 직계존속(부모, 조부모 등)의 경우에는 주거 형편 때문에 따로 살고 있더라도 부모 등이 독립된 생계 능력이 없어서 해당 거주자가 실제로 부양하고 있다면 직계존속에 대한 부양가족공제를 받을 수 있다.

그리고 직계존속에 대한 소득공제는 장남이나 장녀가 아니더라도 실제로 부모를 부양하는 사람이 받을 수 있다. 단, 이때 주의해야 할 점은 형제나 자매 중 한 사람이 부모에 대한 부양가족공제를 받으면, 다른 형제자매들은 설사 부양을 하고 있더라도 소득공제를 받으면 안 된다는 것이다. 그리고 연간 소득금액이 100만 원 이하인 직계존속과 직계비속에는 친가 쪽의 부모와 조부모, 자녀와 손자녀뿐만 아니라, 생계를 같이하거나 실질적으로 부양을 한다면 배우자의 부모와 손자녀 등도 소득공제 대상이 될 수 있다.

그리고 부양가족 중 직계비속이 아닌 가족(형제자매 등)이 인적공제 대상이 되기 위해서는 원칙적으로 소득자와 동일한 주소에서 함께 생활을 해야 하지만, 취학이나 질병의 요양 등의 사유로 본래의 주소에서 일시적으로 소득자와 함께 살지 못하는 경우에는 예외적으로 생계를 같이하는 것으로 인정한다.

연말이 지나기 전에 혼인·출생 신고를 하라

소득세를 계산할 때 적용하는 인적공제에 있어서, 배우자 등이 공제 대상자에 해당하는지의 여부를 판단할 때는 원칙적으로 소득세 과세 기간의 종료일인 12월 31일 현재의 상황에 따른다. 즉 12월 31일 현재를 기준으로 기본공제나 추가공제 등의 대상자에 해당하면, 근무 기간이나 부양 기간이 1년이 안 되더라도 소득공제는 월별로 쪼개지 않고 연간으로 정해진 금액을 전액 공제해준다. 예를 들어 자녀의 경우에 1월 1일에 태어나든 12월 31일에 태어나든 기본공제액은 무조건 1명당 연간 150만 원이며, 배우자의 경우에는 연도 중 언제 결혼을 해도 연간 150만 원을 공제받을 수 있다. 이처럼 소득공제 대상 배우자나 부양가족이 있는지의 여부는 그 과세 기간 종료일 현재의 주민등록등본이나 가족관계증명서 등에 기재된 것으로 판단하므로, 연말에 결혼을 하거나 출산을 해서 부양가족이 늘었다면 연말이 지나기 전에 혼인신고나 출생신고를 하는 것이 절세에 도움이 된다.

연도 중에 부양가족이 사망하거나 장애가 치유된 경우는?

소득세를 계산할 때 인적공제 대상자에 해당하는지의 여부는 원칙적으로 12월 31일을 기준으로 판단한다. 그러나 예외적으로 연도 중에 사망하거나 장애가 치유된 경우에는 사망일 '전날' 또는 치유일 '전날'의 상황에 따라 판단한다. 예를 들어 부모님 중 한 분이 연도 중인 2월 5일에 돌아가셨다고 하면, 그 사망일 전날인 2월 4일을 기준으로 부양가족이나 장애인공제 대상 여부를 판단하기 때문에 그해에는 공제 대상이 된다.

그리고 부양가족공제 중 직계존비속에 대한 공제나 형제자매에 대한 공제는 연령이 만 20세 이하이거나 만 60세 이상이어야 하는데, 이 경우 연령의 판정은 해당 과세 기간 중에 해당 연령에 해당하는 날이 있으면 공제 대상자로 본다. 즉 자녀의 경우 만 20세가 된 해에는 공제 대상자로 인정된다. 그러므로 자녀가 1월에 만 20세가 되었다 해도 그 해까지 150만 원의 소득공제를 받을 수 있다.

배우자공제는 법률혼만 인정된다

인적공제를 적용할 때 공제 대상 배우자에 해당하는지의 여부 역시 원칙적으로 과세 기간 종료일인 12월 31일을 기준으로 판단한다. 따라서 비록 거의 1년 내내 부양을 했더라도 12월 31일 전에 이혼을 했다면 배우자공제를 받을 수 없다. 그리고 아무리 오래 함께 살았더라도 혼인신고가 되어 있지 않은 사실혼 상태인 경우에는 배우자공제를 받을 수 없다.

따라서 연말정산을 생각한다면, 연말이 다 되어서 이혼을 하는 경우에는 12월 31일까지는 호적 정리를 하지 않는 것이 유리하고, 사실혼 관계에 있는 경우라면 법률적으로 혼인신고를 하는 것이 절세에 도움이 된다. 다만, 비록 함께 살고 있기는 하지만 세금 이외에 다른 복잡한 사정이 있어서 혼인신고를 하지 못하는 사연도 있을 수 있으므로, 오로

지 절세를 위해 이혼신고를 미루거나 혼인신고를 할 수는 없을 것이다.

외국에 있는 가족에 대해서도 공제를 받을 수 있다

요즘은 자녀의 학업 때문에 근로소득자의 배우자와 자녀가 외국에 나가 있는 경우가 많다. 그런데 자녀의 학업을 위해 거주자의 배우자와 자녀가 외국에서 거주하는 경우에도 연간 소득금액이 100만 원 이하인 배우자와 20세 이하의 직계비속에 대해서는 1명당 연간 150만 원의 소득공제를 받을 수 있다. 그러나 부모님 등 직계존속이 해외에 거주하고 있는 경우에는 주거 형편에 따라 별거하고 있는 것으로 볼 수 없기 때문에, 비록 소득금액이 없더라도 부양가족공제를 받을 수 없다.

그리고 요즘은 많은 외국인들이 국내에서 일을 하고 있는데, 비거주자의 경우에는 근로자 본인에 대한 공제만 가능하다. 그러나 외국인이라도 국내에 주소를 두고 있거나 183일 이상 거소를 두고 있는 경우 등의 사유로 거주자로 분류되면, 생계를 같이하는 공제 대상 배우자와 부양가족이 외국에 있는 경우에도 우리나라에서 소득공제를 받을 수 있다. 다만 이런 경우에는 소득공제를 신청할 때, 외국인 거주자 본인이 공제 대상 배우자와 부양가족이 있다는 것과 그들의 소득금액이 없다는 것을 증명할 수 있는 서류를 제출해야 할 수 있다.

세금 고수의 가이드

인적공제의 공제 유형과 조건

구분	유형	공제 요건 및 공제액
기본공제	본인공제	근로자 본인은 연 150만 원 공제
	배우자공제	연간 소득금액이 100만 원(근로소득만 있는 경우 총급여 500만 원) 이하인 경우 연 150만 원 공제
	부양가족공제	연간 소득금액이 100만 원(근로소득만 있는 경우 총급여 500만 원) 이하인 경우 중 다음 사항에 해당하면 1인당 연 150만 원 공제 - 직계비속이나 동거 입양자 : 만 20세 이하 - 직계존속 : 만 60세 이상 - 형제자매 : 만 20세 이하 또는 만 60세 이상 - 위탁아동 : 만 18세 미만(아동복지법에 따라 보호기간이 연장된 경우로 20세 이하인 위탁아동 포함)
추가공제	경로우대자공제	기본공제 대상자가 만 70세 이상인 경우 1인당 연 100만 원 공제
	장애인공제	기본공제 대상자가 장애인인 경우 1인당 연 200만 원 공제
	부녀자공제	해당 과세 기간의 종합소득금액이 3,000만 원 이하인 거주자가 배우자가 없는 여성으로서 기본공제 대상자인 부양가족이 있는 세대주이거나, 배우자가 있는 여성인 경우 연 50만 원 공제
	한부모공제	해당 거주자가 배우자가 없는 사람으로서, 기본공제 대상자인 직계비속 또는 입양자가 있는 경우 연 100만 원 공제(단, 부녀자공제와 중복되는 경우에는 한부모공제를 적용함).

46

소득공제는 소득이 더 많은 사람이 받자

세금 계산을 할 때 세금을 줄일 수 있는 공제에는 소득공제와 세액공제가 있다. 소득공제란 총 수입액에서 일정 금액을 공제해 세율을 적용하는 과세표준을 줄이는 것을 말하고, 세액공제란 과세표준에 세율을 적용해서 계산된 산출세액에서 일정 금액을 공제해서 납부할 세액을 줄이는 것을 말한다.

2014년부터는 그동안 근로소득에 대한 연말정산을 할 때 적용하던 다자녀추가공제나 연금저축소득공제, 보험료·의료비·교육비 등에 대한 특별소득공제가 세액공제로 전환되었다. 그 이유는, 소득공제의 경우 과세표준이 커질수록 높은 세율이 적용되는 누진세율 구조인 소득세의 특성상 같은 금액의 소득공제를 받더라도 소득이 큰 사람이 세금이 더 많이 줄어드는 혜택을 보았기 때문이다.

이를 세액공제로 전환함으로써 소득의 크기에 관계없이 동일한 공제 항목이 있는 근로자는 같은 금액의 세액을 공제해주어 동일한 세금 절감 혜택을 받을 수 있도록 한 것이다. 즉 세액공제의 경우에는 공제를 누가 받더라도 공제액에 차이가 없지만, 소득공제의 경우에는 동일한 공제라고 하더라도 높은 세율이 적용되는 고소득자가 받으면 세금 혜택이 더 커진다.

소득공제는 소득이 더 많은 사람이 공제받는 것이 유리하다

근로소득자인 부부가 모두 연간 소득금액이 100만 원이 넘는 경우에는 서로 배우자공제를 받을 수 없다. 하지만 부양가족에 대한 기본공제나 추가공제는 각자 받을 수 있다. 따라서 맞벌이 부부가 공제 대상 부양가족이 있는 경우, 부부 중 누가 부양가족공제를 받는 것이 유리한지 따져볼 필요가 있다. 또한 형제자매의 경우에도 공제 대상인 부모님이 계시는 경우, 형제자매 중 누가 부모님에 대한 공제를 받는 것이 유리한지 따져보는 것이 필요하다.

소득세를 계산할 때 맞벌이 부부나 형제자매의 경우에 부양가족에 대한 인적공제를 누가 받을지는 여러 가지 요인들을 감안해서 결정해야 하겠지만, 세금 측면에서만 보자면 소득이 많은 사람이 공제를 많이 받는 것이 세금 절약에 유리하다. 왜냐하면 소득세는 총 수입금액에서 소득공제를 한 후의 금액인 과세표준이 커지면 적용되는 세율도 커지는 누진세율 구조를 취하고 있기 때문에, 소득이 많은 사람이 소득공제를 많이 받으면 높은 세율 구간의 과세표준이 먼저 줄게 되어 소득세 절감액이 커진다.

예를 들어 부양가족으로 자녀나 부모 1명당 150만 원을 소득공제할 때, 소득이 많아서 최고 45%의 세율을 적용받는 사람의 경우에는 150만 원이 공제됨으로써 67만 5,000원의 소득세가 줄어드는 반면, 소득이 적어서 최저 세율인 6%의 세율을 적용받는 사람의 경우에는 150만 원을 공제받더라도 9만 원의 소득세가 줄어들 뿐이다.

소득공제의 경우에는 소득이 큰 사람이 공제를 받는 것이 유리하다고 했는데, 아무리 소득이 크더라도 공제 요건이 되지 않는 공제를 받을 수는 없으므로 주의해야 한다.

세액공제는 누가 받든 큰 차이가 없다

세액공제는 총수입액에서 소득공제를 한 후의 금액인 과세표준에 세율을 적용하여 계산된 산출세액에서 일정 금액을 공제하는 것이다. 따라서 세액공제의 경우 소득이 크든 작든 공제되는 세액은 같다. 예를 들어 일반 보장성 보험료에 대한 특별세액공제는 100만 원까지의 보험료에 대해서 12%를 세액공제를 하는데, 소득의 크기에 관계없이 소득세 과세표준에 따라 세금을 계산하는 경우라면 누구나 12만 원의 특별세액공제를 받는다. 다만 소득이 너무 적어서 소득공제를 한 후의 과세표준이 0원 이하인 경우에는 아예 낼 세금이 없으므로 세액공제

혜택을 전혀 받을 수 없다. 따라서 세액공제를 누가 받을지에 대한 선택권이 있는 경우에는 산출세액이 조금이라도 발생하는 사람이 세액공제를 받는 것이 유리하다.

TIP

세금 고수의 가이드

2014년부터 연말정산 시 세액공제로 전환된 항목

공제 유형	대상(금액)	세액공제
자녀 세액공제	기본공제대상 자녀 및 손자녀 (입양자, 위탁아동 포함, 8세 이상만 해당)	- 1명 : 25만 원 - 2명 : 55만 원 - 3명 이상 : 55만 원 + 초과 1명당 40만 원
	출생·입양 세액공제	- 첫째인 경우 : 30만 원 - 둘째인 경우 : 50만 원 - 셋째 이상인 경우 : 70만 원
연금계좌 세액공제	연금계좌에 납입한 금액 (연금저축계좌 납입금액은 600만 원 한도로 하되, 연금저축계좌 납입금액 600만 원과 퇴직연금계좌 납입금액을 합쳐 900만 원 한도)	연금계좌 납입 금액의 12% [종합소득금액 4,500만 원(근로소득만 있는 경우 총급여 5,500만 원) 이하는 15% 적용]
특별 세액공제	보장성 보험료 (장애인 전용보험료 100만 원, 기타는 100만 원 한도)	보험료의 12% (장애인 전용 보험료의 15%)
	의료비 (본인·6세 이하자·65세 이상자·장애인 및 중증질환자 등 을 위한 의료비는 한도 없고, 기타는 700만 원 한도)	의료비의 15% (미숙아 및 선천성 이상아를 위한 진료비는 20%, 난임시술비는 30%)
	교육비 (본인은 한도 없고, 대학생 900만 원, 취학 전 아동·초·중·고생 300만 원 한도)	교육비의 15% (학자금대출은 원리금 상환시에 본인이 공제)
	기부금 (특례 기부금은 소득금액의 100%, 일반 기부금은 소득금액의 30%(종교단체기부금은 10%) 한도)	기부금의 15% (1,000만 원 초과분 30%)
	표준공제 (특별세액공제 미신청자)	근로자 1인당 13만 원
월세액 세액공제	월세지급액 [총급여액 8,000만 원(종합소득금액 7,000만 원) 이하인 자에 대해 1000만 원 한도]	월세액의 15% [총 급여액 5,500만 원 이하인 경우(종합소득금액 4,500만 원 초과 시 제외)는 17%]

자주 틀리는 공제 항목을 주의하자

해마다 국세청에서는 연말정산 신고가 끝나면, 소득공제 내용의 적정성을 전산 분석을 통해 검증하고 있다. 그리고 전산 분석 결과, 과다하게 공제를 한 근로자에게는 5월에 있는 종합소득세 확정신고 시에 수정 신고를 할 수 있도록 안내하고 있다. 그런데 국세청에서 별도로 안내를 하지 않는다고 하더라도 연말정산을 할 때 사실과 다르게 과다공제 등을 한 경우에는 근로자 본인이 5월에 각자의 주소지 관할 세무서에서 종합소득세 신고를 통해 수정을 해야만 가산세 등의 불이익을 받지 않을 수 있다.

따라서 연말정산을 할 때 각종 공제 자료를 잘 챙겨서 최대한 공제를 많이 받는 것도 중요하지만, 실수든 고의든 사실과 다르게 공제를 받음으로써 나중에 원래 내야 할 세금에다 가산세까지 부담하는 일이 없도록 하는 것이 오히려 세금 부담액을 줄이는 길이 될 수 있다.

공제 요건을 잘 따져야 가산세를 물지 않는다

근로소득의 연말정산과 관련해서 법령에서 규정하고 있는 내용은 그렇게 많지 않은 데 비해 실제로 발생되는 상황은 굉장히 다양할 수 있다. 『국세통계연보』에 따르면, 2024년 말 기준으로 연말정산 대상인 근로소득자는 2,107만 명이 넘는다. 이렇게 많은 수의 근로자 각자가 처해 있는 상황은 제각각일 수밖에 없다. 예를 들어 혼인 중이지만 배우자와 별거하고 있는 경우, 사실혼 관계에 있지만 동거하고 있는 경우, 부모님을 함께 모시면서 부양하고 있는 경우, 부모님이 따로 살고 계시지만 생활비를 보내드리는 경우 등, 공제 대상인지의 여부를 판단하기가 쉽지 않은 상황들이 비일비재할 것이다.

그런데 고의성은 없었다고 하더라도 과다하게 공제하거나 이중으로 공제한 경우에는 나중에 원래 내야 할 세금에다 가산세까지 부담해야 할 수 있으니 주의해야 한다.

예를 들면 연간 소득금액이 100만 원을 넘어서 기본공제 대상이 안 되는데 부양가족으로 공제를 받는다든지, 무주택자나 1세대 1주택자가 아닌데 주택자금공제를 받는 경우 등이 있을 수 있다. 이처럼 공제 요건을 충족하지 못했는데 공제를 받은 경우에 가산세 등의 책임은 근로자 본인이 져야 하므로, 공제 요건을 잘 따져봐야 한다.

부양가족 중복 공제를 조심하라

부부의 경우에는 공제 대상자를 중복해서 신고하는 경우가 많지 않겠지만, 자녀들의 경우에는 따로 살고 계시는 부모님께 각자가 약간의 생활비를 보내드리면서 서로가 부모님을 부양하고 있다고 생각하여 여러 명의 자녀들이 부모님을 중복해서 부양가족으로 공제할 수 있다. 실제로 이런 일이 있을까 싶지만, 실무를 하다 보면 중복 공제를 받는 경우가 의외로 많다.

만약 연말정산을 할 때 동일인에 대해 여러 명이 중복해서 소득공제를 받은 경우라면, 5월에 있는 종합소득세 신고 때라도 수정해서 신고하는 것이 좋다. 그러면 가산세 등의 불이익 없이 중복 공제한 부분에 대한 세금만 추가로 내면 된다.

그러나 5월 종합소득세 신고를 할 때까지 중복 공제를 한 사실을 모르고 있거나 알면서도 수정 신고를 하지 않을 경우, 공제를 하지 않았을 때 내야 할 세금에다 가산세까지 더해 납부해야 한다. 또한 연도 중에 이직을 해서 재취직을 했거나 두 군데 이상에서 근로하는 등의 경우에는, 각각의 회사에서 연말정산을 했어도 그 소득을 합산해서는 연말정산을 하지 않았기 때문에 본인공제를 포함한 인적공제를 이중으로 하는 경우도 있을 수 있으므로 주의해야 한다.

TIP

세금 고수의 가이드

연말정산 후 자주 적발되는 유형

연말정산을 하고 난 후 그 신고 내용에 대해서 국세청에서 전산 분석을 한 결과 자주 적발되는 유형들을 보면 다음과 같은 것들이 있다.

과다 공제 유형	과다 공제 내용
소득금액 기준(100만 원)을 초과한 부양가족 공제	근로·사업·양도·퇴직소득 등의 연간 소득금액 합계액이 100만 원(근로소득만 있는 경우 총 급여액 500만 원)을 초과한 부양가족에 대해서는 기본공제, 추가공제 및 특별공제를 받을 수 없다.
부양가족 중복 공제	- 맞벌이 부부가 자녀에 대해 중복으로 기본공제를 받을 수 없다. - 형제자매가 부모에 대해 이중·삼중으로 공제받을 수 없다.
주택자금 과다 공제	- 과세 기간 종료일 현재 2주택을 보유한 근로자의 장기주택저당차입금 이자 상환액은 공제받을 수 없다. - 보유 주택 판정 시, 동일 주민등록지 등 생계를 같이하는 세대원의 보유 주택을 합산해야 한다.
기부금 과다 공제	- 실제 기부금액, 기부자 명 등을 확인할 수 없는 무기명 기부금에 대해 기부금 영수증을 발급한 경우에는 공제받을 수 없다. - 기부금 영수증의 '일련번호', '기부일자' 등의 기재사항과 기부단체가 작성·보관하고 있는 '기부금 영수증 발급 명세서'의 내용이 상이한 경우에는 공제받을 수 없다. - 실제 지출이 확인되더라도, 부적격 기부단체에 기부한 경우 또는 기부금 공제 대상이 아닌 대가 지급 금품 등에 지출한 경우(사주·택일·작명 등의 비용)에는 공제받을 수 없다.
연금저축 과다 공제	- 배우자 등 부양가족 명의의 연금저축은 공제받을 수 없다. - 연금저축을 중도 해지한 경우에 해당 연도 불입액은 공제받을 수 없다.
사망자 등 공제	- 직전 연도 이전에 사망한 부양가족 및 해외로 이주한 부양가족은 기본공제를 받을 수 없다. - 해당 연도 과세 기간 종료일(12월 31일) 이전에 이혼한 배우자는 기본공제를 받을 수 없다.
교육비 과다 공제	- 본인 외의 자녀나 형제자매 등의 대학원 교육비는 공제받을 수 없다. - 자녀의 교육비는 부부가 중복 공제받을 수 없다. - 교육비 중 사내 근로복지기금에서 학자금(비과세)을 지원받거나 학교에서 장학금을 받은 부분은 교육비공제를 받을 수 없다.

의료비 과다 공제	- 상해보험 등 보험회사로부터 수령한 보험금으로 보전받은 의료비는 공제받을 수 없다. - 사내 근로복지기금에서 의료비(비과세)를 지원받은 경우에는 지원받은 금액만큼 의료비공제를 받을 수 없다. - 형제자매가 부모의 의료비를 각자 나누어 분담했더라도 부모를 부양하는 1인만 공제가 가능하다. - 부부가 자녀의 의료비를 각각 이중으로 공제받을 수 없다. - 과세 기간 종료일 이전 이혼한 배우자에 대해서는 인적공제를 받을 수 없다.

PART 5

알면 알수록 돈이 모이는 세금 상식

48

여러 국가에서 발생한 소득은 어디에서 어떻게 세금을 내야 할까?

과거에는 상상도 하지 못했던 일들이 벌어지고 있는 세상이다. 한류열풍으로 K-POP이 전 세계적으로 인기를 얻고 있고 블랙핑크, 방탄소년단 등 우리나라의 많은 연예인들이 해외로 진출해서 성황리에 공연하고 음반을 발표하면서 인기를 얻고 있다. 이런 영향으로 연예인이 되기 위해 외국에서 한국으로 오는 연예지망생들도 많다고 한다. 연예계뿐만 아니라 스포츠계에서도 많은 한국인들이 세계로 진출해서 우리나라의 위상을 높이고 있다.

여러 국가에서 동시에 소득 발생 시 세금 부과가 애매할 수 있다

이렇듯 요즘은 많은 사람이 외국으로 나가서 활동하면서 전 세계 여러 곳에서 소득을 발생시키고, 머무는 곳도 여러 곳에서 잠시 체류하는 경우가 많다. 이런 경우에 소득이 발생하는 국가에서도 그 소득에 대해 세금을 매기려고 할 것이고, 그 소득자의 거주지국(거주자로 되는 나라)에서도 세금을 매기려 할 것이다.

일반적으로 소득자가 거주자로 되는 나라에서는 그 거주자의 전 세계 소득에 대해 합산해서 과세(이런 이유로 거주자를 무제한 납세의무자라고 함)하고, 비거주자로 되는 경우에는 그 국가 내에서 발생된 소득에 대해서만 과세(이런 이유로 비거주자를 제한 납세의무자로라고 함)한다.

그런데 연예인처럼 주거가 일정치 않고 전 세계적으로 돌아다니면서 공연 등의 활동을 하는 경우 어느 나라의 거주자로 보아야 할 것인가 하는 문제가 발생할 수 있다. 참고로 미국 등 일부 국가를 제외하고는 기본적으로 거주자 여부를 판정할 때 국적을 기준으로 하지는 않는다. 물론 한 사람이 여러 나라의 거주자에 해당하여 한 국가의 거주자로 판정을 해야 하는 경우처럼 국적을 고려하는 경우도 있기는 하지만, 원칙적으로 국적 보유 여부로 거주자 여부를 판정하는 것은 아니라는 점을 유의해야 한다.

법인의 경우에도 내국법인과 외국법인으로 구분해서 과세범위를 달리하고 있다

국내에 회사의 본점을 두고 있는 내국법인도 거주자처럼 국내외에서 발생하는 모든 소득에 대하여 국내에서 법인세 납세의무가 있는데, 이런 이유로 내국법인을 무제한 납세의무자라고 한다.

한편, 외국에 본점을 두고 있는 외국법인은 비거주자처럼 국내에서 발생하는 소득 중 법인세법에서 정하는 국내원천소득과 토지 등 양도소득에 한하여 법인세 납세의무가 있다. 따라서 외국법인을 제한 납세의무자라고 한다.

거주자와 비거주자의 판정 기준은 주소와 거소를 기준으로 한다

우리나라 「소득세법」상 거주자는 '국내에 주소를 두거나 과세 기간 동안 또는 과세 기간에 걸쳐 계속하여 183일 이상의 거소를 둔 개인'을 말하고, 비거주자는 '거주자가 아닌 개인'을 말한다. 그런데 여기서 말하는 '주소'란 공부(公簿)상의 주소를 의미하는 것이 아니라 좀 복잡하지만 국내에서 생계를 같이하는 가족 및 국내에 소재하는 자산의 유무 등 생활관계의 객관적 사실에 따라 판정하게 된다. 그리고 거소는 주소지 외의 장소 중에 상당 기간에 걸쳐 거주하는 장소로서 주소와 같이 밀접한 일반적 생활관계가 형성되지 아니한 장소를 의미한다.

그런데 다음의 경우에는 국내에 주소가 없거나 183일 미만 거주한 경우에도 국내에 주소를 가진 것으로 보아 거주자로 취급한다.

(1) 계속하여 183일 이상 국내에 거주할 것을 통상 필요로 하는 직업을 가진 때
(2) 국내에 생계를 같이하는 가족이 있고, 그 직업 및 자산 상태에 비추어 계속하여 183일 이상 국내에 거주할 것으로 인정되는 때

이중거주자에 해당하는 경우도 있을 수 있다

거주자의 개념은 일차적으로 각국의 국내법의 규정에 따르게 되는데, 각국의 국내법을 적용하다 보면 하나의 사람이 동시에 여러 국가의 거주자에 해당될 수 있다. 이렇게 되면 거주자로 보게 되는 둘 이상의 국가에서 서로 거주지국의 입장에서 국내외의 모든 소득에 대하여 과세하려고 함으로써 이중과세의 문제가 발생하게 된다. 이런 것을 방지하기 위해 우리나라가 체결하고 있는 대부분의 조세조약에서는 하나의 사람이 양쪽 국가의 거주자에 해당되는 경우에 어느 국가를 거주지국으로 보는지에 대한 기준을 두고 있다.

TIP

세금 고수의 가이드

이중거주자에 해당하는 경우 거주지국의 결정 기준

하나의 사람이 각국의 국내법에 따라 동시에 양쪽 국가의 거주자에 해당되는 경우 일반적으로 조세조약에서는 다음의 기준을 차례로 적용해서 거주지국을 결정하도록 하고 있는데, 이것을 통상 'Tie-Breaker Rules'라고 한다.

① 항구적 주거(Permanent Home): 일반적으로 가족관계 등 가족의 영구적 거주지를 의미한다.
② 중대한 이해관계의 중심지(Center of Vital Interests): 일반적으로 직업 관계 등 인적·경제적 관계가 밀접한 곳을 의미한다.
③ 일상적 거소(Habitual Abode): 일반적으로 체류지 등 상당 기간 체류하는 곳을 의미한다.
④ 국민(National): 국적을 기준으로 한다.
⑤ 상호합의(Mutual Agreement): 권한 있는 당국(국세청 등) 간의 합의를 말한다.

세금 안 내고 돈을 벌 수 있다?

가상화폐란 말 그대로 인터넷 등 온라인상에서 통용되는 가상의 화폐를 말하는데, 지폐나 동전 같은 물리적인 형태가 없는 것이 특징이라고 할 수 있다. 현재 이슈가 되고 있는 대표적인 가상화폐로는 비트코인BTC, 이더리움ETH, 리플XRP 등이 있는데, 언론보도에 따르면 2010년 5월에 프로그래머인 라스즐로 핸예츠Laszlo Hanyecz라는 사람이 친구에게 1비트코인의 가격을 0.003센트로 계산해서 1만 비트코인을 주고 30달러 상당의 피자 두 판을 샀다고 한다. 그런데 2010년 5월에 30달러 상당이던 1만 비트코인의 가격이 2025년 1월 현재 한화로 약 1조 4,000억 원에 달한다. 그런 가상화폐 열풍에 우리나라에서도 비트코인에 8만 원을 투자해서 280억 원을 벌었다는 사람이 있다는 뉴스도 있었는데, 사정이 이렇다 보니 취업난을 겪고 있는 젊은 세대들이 열심히 일해서 정당한 대가를 받는 것에 회의를 느끼면서 비트코인 등 가상화폐 투자에 올인하는 경우도 많다고 한다. 가상화폐가 사회적으로 큰 이슈가 되자 정부에서도 이를 규제하려는 움직임이 있었고, 전 세계적으로 가상화폐의 시세가 하락하면서 2019년 1월에 1비트코인의 시세가 400여 만 원으로 떨어졌다가 2020년 1월에는 850여 만 원으로 오르고, 2022년 1월에는 무려 5,100여만 원으로 올랐다가 2026년 1월 현재는 약 1억 4,000여만 원에 거래되고 있다.

그런데 언론에서 소개한 것처럼 어떤 사람이 가상화폐에 투자해서 단기간에 큰 소득을 벌어들인 경우, 그 소득에 대하여 세금을 내야 할까?

그동안 가상화폐에 대한 투자이익은 「소득세법」상 과세 대상 소득에 해당되지 않는 것으로 보아 소득세 과세 대상이 아닌 것으로 해석되었다. 그런데 2020년 말 「소득세법」 개정으로 2022년 1월부터 가상자산을 양도하거나 대여함으로서 발생하는 소득은 기타소득으로 과세할 예정이었다가 시행시기를 2023년 1월과 2025년 1월로 연기했다가 다시 2027년 1월부터 시행하는 것으로 개정되었다.

한편, 최근 블록체인 업계에서는 '대체불가토큰NFT, Non-Fungible Token'이 큰 관심사로 떠오르고 있는데 NFT가 예술작품과 디지털 이미지와 접목되면서 각광을 받고 있다고 한다.

그런데 NFT가 블록체인을 기반으로 발행되고 있는 토큰이긴 하지만, 가상화폐와는 달리 아직까지 과세 대상 가상자산으로 보고 있지는 않은 것 같다. 그렇지만 앞으로 NFT가 과세 대상 가상자산으로 분류될 수도 있으므로 지켜볼 일이다.

개인은 세법에서 정한 소득에 대해서만 세금을 내면 된다

그동안 개인이 비트코인 등 가상화폐에 투자해서 큰 수익을 남기고도 그 소득에 대한 세금을 내지 않을 수 있었던 것은, 개인의 소득에 대한 과세방법 등을 규정하고 있는 우리나라의 「소득세법」이 소득세 과세 대상을 일일이 세법에서 열거하고 있는 소득원천설(과세 대상 소득은 세법에서 유형별로 일일이 열거하는 입장)을 취하고 있기 때문이다. 따라서 실제로 어떤 개인에게 어떤 소득이 발생되었더라도 「소득세법」에서 과세 대상소득으로 규정하고 있지 않다면, 소득세를 부과할 수 없다. 우리나라의 경우, 개인의 소득에 대한 소득세를 규정하고 있는 「소득세법」에서 과세 대상으로 규정하고 있는 개인 소득의 종류를 보면, 크게 종합소득, 퇴직소득, 양도소득으로 분류해서 각 소득별로 1년 단위로 과세하도록 규정하고 있는데, 이렇게 소득의 종류별로 구분해서 과세하는 것을 분류과세라고 한다.

그동안 우리나라 「소득세법」에서 비트코인 등 가상화폐를 과세 대상 물건으로 규정하지 않고 있었기 때문에, 그 투자소득에 대하여 과세할 수 없었던 것이다. 개인 소득일 경우에는 과세 대상이 아닌 자산의 투자차익 등의 경우에도 만약 법인이 그런 자산을 사고팔아서 이익이 발생했다면 법인의 소득으로 법인세가 과세되는데, 그 이유는 우리나라 「법인세법」은 「소득세법」과 달리 법인이 벌어들인 모든 소득에 대해 과세하는 순자산증가설(소득을 자산에서 부채를 뺀 순자산의 금액을 증가시키는 것은 모두 과세소득으로 파악하는 이론)을 취하고 있기 때문이다.

귀금속과 달리 미술품의 양도차익은 세금을 내야 하는 경우도 있다

소득세가 과세되지 않는 경우를 몇 가지 더 들어 보면, 귀금속의 양도차익이나 환율차익 등이 있다. 1990년대 말 외환위기 때 정부는 경제위기를 극복하려고 국민들을 대상으로 금 모으기 운동을 대대적으로 했는데, 이때 많은 사람이 돌 반지, 결혼예물 등 그동안 장롱 깊숙이 모셔두었던 금붙이, 은붙이들을 들고 애국대열에 동참했다. 그 무렵의 금값이 한 돈에 대략 5만 원 내외였던 것 같은데, 30년 정도 지난 지금은 금 한 돈 값이 80~90만 원 정도 된다고 하니 30년 사이에 17~18배 가까이 오른 셈이다. 만약 1990년대 말 외환위기 때 금을 처분하지 않고 지금까지 가지고 있었다면 대략 1,600~1,700%가 넘는 엄청난 수익을 올릴 수 있었을 텐데, 이 경우에도 「소득세법」에 귀금속의 양도차익에 대한 과세규정이 없기 때문에 개인은 그 차익에 대한 소득세를 내지 않는다. 그리고 몇 년 전 미국 달러화에 대한 환율이 많이 떨어졌다가 최근에는 다시 많이 올랐는데, 외환위기 때도 정부의 외환보유고가 거의 바닥이 나고 이로 인해 국가신인도가 떨어지면서 환율도 짧은 기간에 엄청나게 올랐던 적이 있다. 1997년 8월까지만 해도 1달러당 환율이 800원 대였는데, 11월이 되면서 1달러당 1,000원에 육박했고, 12월 말에는 1달러당 2,000원 대까지 올랐다. 위기 속에 기회가 있다고 하는데, 정말 하늘이 무너지는 것 같은 외환위기 속에서도 선견지명이 있어서 외화를 많이 보유하고 있었다면 엄청난 수익을 올릴 수 있었을 것이다.

개인은 환율변동으로 인해 아무리 큰 환차익을 올렸다고 하더라도 환율 차이로 인한 소득 역시 「소득세법」상 과세 대상으로 열거되어 있지 않기 때문에 소득세를 내지 않게 된다. 그런데 귀금속이나 환율차익과는 달리 서화나 골동품 등 미술품을 처분하는 경우에는 「소득세법」에서 현재 생존해 있는 국내 원작자의 작품과 제작 후 100년 이내인 골동품을 제외하고, 양도가액이 6,000만 원 이상인 서화나 골동품의 양도차익에 대해서는 2013년 1월 1일 이후 기타소득으로 과세를 하고 있기 때문에는 이런 요건을 충족하는 미술품의 처분이익에 대해서는 세금을 내야 한다는 점은 주의해야 한다.

개인도 사업목적 매매 시 사업소득으로 소득세를 내야 할 수 있다

앞에서 개인이 「소득세법」에서 과세 대상으로 열거되어 있지 않은 물건들을 사고파는 경우에는 소득세를 낼 필요가 없다고 했는데, 주의할 점은 개인이 그러한 물건들을 사고파는 것을 사업적으로 한다면 사업소득에 해당되어 소득세를 내야 할 수 있다는 것이다. 지금은 그 수가 많이 줄었지만 예전에 서울 인사동에는 골동품이나 고미술품을 파는 가게들이 즐비하던 때가 있었다. 예를 들어 개인이 취미로 수집해서 소장하고 있던 우표나 귀금속 등을 팔면 이익이 얼마가 났어도 원칙적으로 그 차익에 대해서는 세금을 내지 않지만, 그런 것들을 사업적으로 사고판다면 사업자가 되어서, 그 소득에 대해서는 사업소득으로 세금을 내야 한다는 것이다. 즉 개인이 사업 목적으로 귀금속 등을 계속적·반복적으로 사고판다면 그 소득은 양도소득에는 해당이 되지 않지만 사업소득이 되어서 「부가세법」에서 면세품으로 규정하고 있는 것을 제외하고는 부가세를 내야 하고, 또한 그 차익에 대해서는 사업소득으로서 소득세도 내야 하는 것이다.

소득세 과세 대상이 아니어도 상속·증여를 받으면 세금을 내야 한다

개인이 외화에 투자해서 소득이 발생하거나 또는 취미로 보유하고 있는 수집용 우표나 기념주화 등을 처분해서 이익이 나거나 집에서 보관하고 있는 귀금속 등을 처분해서 소득이 발생하는 경우에는 소득세를 내지 않는다고 했다.

그런데 「소득세법」상 과세 대상이 아닌 외화나 귀금속 등도 그것을 상속하거나 증여를 받는 경우에는 상속세나 증여세가 과세된다. 왜냐하면 상속세나 증여세는 상속재산이나 증여재산의 종류에 관계없이 재산적 가치가 있으면 모두 상속세나 증여세의 과세 대상으로 해서 세금을 부과하기 때문이다. 물론 개인적으로 소장하고 있는 외화나 귀금속 등은 정부에서 따로 관리를 하지 않기 때문에, 보유사실이 잘 드러나지 않고 그로 인해 납세자가 스스로 신고를 하지 않는 한 현실적으로 상속세나 증여세를 과세하기가 쉽지는 않을 것이다. 그러다 보니 상속세나 증여세 과세 대상이라고 하더라도 실제로는 과세 대상에서 빠져 있는 것이나 다름없기 때문에 이런 것들을 상속세나 증여세를 회피하는 수단으로 악용하는 경우도 있다고 한다.

이왕이면 귀금속이나 환율차익 등 소득세 과세 대상이 아닌 것들에 투자해서 큰 수익을 남기거나 소득세 비과세대상에 투자해서 수익을 내면서 세금도 내지 않을 수 있다면 금상첨화라고 할 수 있을 것이다.

TIP

세금 고수의 가이드

사업소득 중 비과세 소득

다음의 소득들은 「소득세법」상 사업소득에 해당하지만 일정 규모 내의 소득은 비과세한다.

- 논·밭을 작물 생산에 이용하게 함으로써 발생하는 소득
- 부부 합산하여 1개의 주택을 소유하는 자의 임대소득(기준 시가 12억 원 초과 주택과 국외 소재 주택의 임대소득은 제외)
- 일정 규모 이하의 농가 부업 소득
- 수도권 밖의 읍·면 지역에서 전통주를 제조함으로써 발생하는 소득으로서 합계액이 연간 1,200만 원 이하인 것
- 연간 수입금액의 합계액이 10억 원 이하인 작물재배업 소득
- 연간 소득금액의 합계액이 5,000만 원 이하인 어로어업 또는 양식어업에서 발생하는 소득

세금을 못 내더라도 신고는 반드시 하자

세법에서는 납세자가 신고하고 납부해야 하는 각종 세금에 대한 신고·납부 기한을 정해놓고 있으며, 그 외에도 각종 서류 제출이나 신청 등에 대한 기한도 별도로 규정하고 있다. 이렇게 법에서 정하고 있는 신고와 납부, 신청이나 제출 등을 기한 내에 하지 않으면 가산세를 부과받을 수 있으며, 어떤 경우에는 세액공제나 감면이 배제될 수도 있다.

따라서 세금을 내지 못할 정도로 어려운 상황이라고 하더라도, 세법에서 정하고 있는 기한 내에 신고나 제출 등을 해야만 가산세 등의 불이익을 조금이라도 줄일 수 있다. 특히 세금 신고를 준비하면서 일부 서류가 미비된 경우에 전체 내용에 대한 신고를 하지 못할 수 있는데, 기한 내에 신고를 했지만 신고가 일부 누락된 것에 대해 부과하는 '과소 신고 가산세'보다 아예 신고를 하지 않았을 때 적용하는 '무신고 가산세'가 훨씬 크다. 따라서 웬만하면 신고는 제때 하는 것이 유리하다.

세금, 납부를 못하는 것보다 신고를 안 하면 불이익이 더 크다

세법에서 정해진 기한까지 세금 신고와 납부를 하지 않으면 가산세를 부과한다. 신고를 누락하거나 아예 신고를 하지 않은 것에 대한 무신고·과소 신고에 대한 '신고 불성실 가산세'와 세금을 제때 내지 않은 것에 대해 부과하는 '납부 지연 가산세'를 따로 계산해서 부과된다.

무신고 가산세는 산출세액의 20%를 부과하며, 과소 신고 가산세는 산출세액의 10%를 부과한다. 그렇지만 탈세 목적으로 부당하게 신고를 하지 않거나 과소하게 신고한 경우에는 최고 40%(국제거래에서 발생한 부정행위는 60%)까지 무신고 또는 과소 신고 가산세가 부과될 수 있다. 그리고 납부 지연 가산세는 납부 기한 경과 후부터 납부할 때까지의 날짜를 계산해서, 납부하지 않은 세액에 1일 0.022%(연간 8.030%, 2025년 12월 현재)를 적용하여 부과된다. 예를 들어 세금 신고는 했지만 납부는 하지 못한 세액이 1,000만 원인데, 관할 세무서에서 납부 기한으로부터 60일 뒤에 무납부 세액에 대한 고지를 하는 경우에 납부불성실 가산세로 13만 원을 추가로 고지한다.

따라서 비록 형편이 안 되어 세금을 못 내는 한이 있더라도, 정해진 기한 내에 신고를 하면 납부 지연 가산세는 내더라도 무신고나 과소 신고에 대한 신고 불성실 가산세는 내지 않을 수 있다.

기한 내에 신고만 해도 절세가 가능하다

세금 중에서 상속세나 증여세는 세법에서 정한 기한 내에 세액 납부까지는 하지 못하더라도 신고만이라도 하면, 그 신고에 대한 산출세액의 일정금액을 공제해준다. 예를 들어 상속을 하거나 증여를 받는 경우에 그 상속세나 증여세의 산출세액이 1억 원이라고 하면, 신고 기한 내에 신고만 해도 산출세액의 3%에 해당하는 300만 원의 세금을 적게 낼 수 있다.

신고 기한 내에 신고를 하지 않으면 산출세액의 20%가 신고 불성실 가산세로 부과된다. 따라서 상속세나 증여세는 신고 기한 내에 신고를 하는 것만으로도 산출세액의 20%에 해당하는 신고 불성실 가산세를 내지 않아도 되고 신고세액공제 3%까지 적용받으므로, 신고를 하지 않았을 때와 비교해서 총 23%에 상당하는 세금을 절약할 수 있다.

체납 세금이 고지되면 납부 기한까지 내는 게 좋다

세금 신고를 하면서 형편이 어려워 세금을 못낸 경우에는 관할 세무서장이 보통 2~3개월 뒤에 납부 지연 가산세를 더해 세금을 고지한다. 당초에 신고를 하면서 세금을 내지 않은 것에 대해서는 고지서가 나오기 전까지는 세금을 내지 못한 체납 기록이 남지 않는다. 하지만 일단 고지서가 발부된 다음에 그 고지서상의 납부 기한까지 납부를 하지 않으면, 체납으로 기록이 남을 뿐만 아니라 연체에 대한 가산금도 추가로 부담해야 한다. 또한 체납세금에 대한 독촉장을 받고도 납부하지 않으면 재산 압류 등 강제징수의 대상이 될 수 있다.

그렇기 때문에 세금 신고를 하면서 내지 못한 세금은 가능하면 고지가 되었을 때 그 납부 기한까지는 반드시 납부하는 것이 좋다. 참고로, 납세자가 세금 신고를 하면서 납부하지 않은 세금에 대해 관할 세무서장이 고지하는 경우에는 고지서를 발급하는 날까지만 납부 지연 가산세를 계산한다. 따라서 세금 고지서상의 발급 일자부터 납부 기한까지는 가산세가 부과되지 않으므로, 무납부나 과소 납부에 대한 가산세를 실제로 납부하는 날짜보다는 적게 부과한다.

TIP

세금 고수의 가이드

각종 세금의 신고 기한

세금 중에는 납세자가 정해진 신고 기한까지 신고와 납부를 해야 하는 세금도 있고, 따로 신고하지 않아도 과세 관청에서 고지를 하면 납부만 하면 되는 세금도 있다. 납세자가 신고와 납부를 해야 하는 세금 중에 중요한 세금의 신고 기한은 다음과 같은 것들이 있다.

1. 부가세

① 예정신고 기한

구분		예정신고 기간	예정신고 기한
제1기 과세 기간분 예정신고	계속사업자	1월 1일~3월 31일	4월 25일까지
	신규사업자	개업일~3월 31일	
제2기 과세 기간분 예정신고	계속사업자	7월 1일~9월 30일	10월 25일까지
	신규사업자	개업일~9월 30일	

※ 개인사업자와 직전 과세 기간(6개월)의 공급가액의 합계액이 1억 5,000만 원 미만인 법인은 사업 부진 등으로 예정신고를 하는 경우를 제외하고는 원칙적으로 예정고지세액을 납부하고 예정신고는 하지 않는다.

② 확정신고 기한

구분		예정신고 기간	예정신고 기한
제1기 과세 기간분 확정신고	계속사업자	1월 1일~6월 30일	7월 25일까지
	신규사업자	개업일~6월 30일	
	폐업자	1월 1일~폐업일	폐업일이 속한 달의 다음 달 25일까지
제2기 과세 기간분 확정신고	계속사업자	7월 1일~12월 31일	다음 해 1월 25일까지
	신규사업자	개업일~12월 31일	
	폐업자	7월 1일~폐업일	폐업일이 속한 달의 다음 달 25일까지

※ 예정신고를 한 사업자는 확정신고를 할 때 예정신고분은 제외하고 신고한다.

2. 종합소득세

다음 해 5월 1일부터 5월 31일까지(성실신고확인대상사업자는 5월 1일부터 6월 30일까지)

3. 양도세

① 예정신고 기한

양도세의 예정신고 기한은 부동산 등을 양도한 경우에는 그 양도일이 속하는 달의 말일부터 2개월 이내이고, 주식 등을 양도한 경우에는 그 양도일이 속하는 반기의 말일부터 2개월 이내다. 예를 들어 양도일이 2월 20일이라면 부동산을 양도한 경우에는 그 달의 말일부터 2개월 후인 4월 30일까지 양도세 예정신고를 해야 하고, 주식을 양도한 경우라면 그 반기의 말일부터 2개월인 8월 31일까지 양도세 예정신고를 해야 한다.

② 확정신고 기한

다음 연도 5월 1일부터 5월 31일까지가 양도세의 확정신고 기한이다. 그런데 해당 과세 기간에 양도한 재산에 대해서 이미 예정신고를 한 경우에는 확정신고를 하지 않을 수 있다. 다만, 해당 연도에 재산을 2회 이상 양도하고 합산해서 예정신고를 하지 않은 경우에는 합산해서 확정신고를 해야 한다.

4. 법인세

각 사업연도의 종료일이 속하는 달의 말일부터 3개월 이내

5. 상속세

상속개시일(사망일)이 속하는 달의 말일부터 6개월 이내(피상속인이나 상속인이 외국에 주소를 둔 경우에는 9개월 이내)

6. 증여세

증여받은 날이 속하는 달의 말일부터 3개월 이내

7. 개별소비세

판매일이 속하는 분기의 다음 달 25일까지. 다만, 유류 및 담배의 경우에는 판매일이 속하는 달의 다음 달 말일까지

8. 증권거래세

증권시장이나 금융투자업자를 통해서 양도하는 경우에는 양도일이 속하는 달의 다음 달 10일까지. 그 밖의 경우에는 양도일이 속하는 반기의 말일부터 2개월 이내

51

신고 기한을 연장하고 세금을 나누어 내자

갑자기 어떤 사정이 생겨 불가피하게 법에서 정하고 있는 기한 내에 세금 신고를 못하거나 세금 납부를 제때에 할 수 없는 경우가 있을 수 있다. 불가피한 사정이 있는데도 법에서 정해진 대로 세금을 신고·납부하지 않았다고 해서 가산세를 부과하고 원칙대로 강제징수 절차를 진행한다면 너무 가혹한 일이 될 것이다. 그래서 천재지변 등의 사유로 인해 세법에서 정하고 있는 각종 신고나 신청, 납부 등을 정해진 기한까지 할 수 없다고 인정되거나 납세자의 신청이 있는 경우에는 기한을 연장할 수 있도록 하고 있다. 그리고 납부할 세액이 커서 한꺼번에 납부할 수 없는 경우에는 세금을 나누어 낼 수 있는 경우도 있고, 상속세나 증여세처럼 납부해야 하는 세액이 지나치게 큰 세금은 몇 년에 걸쳐서 세금을 나누어 낼 수 있는 경우도 있다. 그러므로 세금을 내기 힘들 때는 이런 제도들을 활용하는 것도 고려해볼 필요가 있다.

세금을 내기 어려운 사정이 있으면 기한을 연장하라

재해를 입거나 사업에 심한 손실을 입는 등 세법에서 정하고 있는 사유에 해당되어 세금을 정해진 기한 내에 신고나 납부할 수 없는 경우에는, 납세자의 신청에 의해 신고·납부 기한을 연장할 수 있다. 그리고 관할 세무서장이 세금을 고지하는 경우에도 일정한 사유에 해당하면 기한 연장을 신청할 수 있다. 따라서 세금을 신고하거나 납부해야 하는데 어려운 상황이 발생했다면, 기한 연장 사유에 해당하는지 검토하고 요건이 충족되면 기한 연장을 신청해서 신고나 납부 준비를 위한 시간을 확보하는 것이 중요하다.

그런데 연장 사유 중에는 '납세자가 그 사업에 심한 손해를 입거나 그 사업이 중대한 위기에 처한 때'가 있는데, 이런 경우에는 신고 기한은 연장이 안 되고 납부 기한만 연장할 수 있다. 여기서 '사업에 심한 손해를 입은 경우'란 물리적 또는 법률적 요인으로 인해 발생한 사업의 경영이 곤란할 정도의 현저한 손해를 말하며, '사업이 중대한 위기에 처한 때'란 판매의 격감, 재고의 누적, 거액 매출채권의 회수 곤란, 거액의 대손 발생, 노동쟁의 등으로 인한 조업 중단 또는 일반적인 자금 경색으로 인한 부도 발생이나 기업 도산의 우려가 있는 경우 등을 말한다.

기한을 연장하려면 제때 신청해야 한다

세금 신고나 납부 기한 연장 사유에 해당되어 기한의 연장을 받고자 하는 경우에는 그 기한의 만료일 3일 전까지, 연장을 받고자 하는 기한과 사유 등을 기재한 문서로서 관할 세무서장에게 신청해야 한다. 단, 기한 만료일 3일 전까지 신청할 수 없다고 인정되는 경우에는 그 기한의 만료일까지 신청할 수 있다. 기한 연장 신청을 해서 연장 승인이 나면 원칙적으로 3개월 이내로 기한이 연장될 수 있지만, 관할 세무서장의 재량에 따라 최대 9개월까지도 기한이 연장될 수 있다. 다만 세금 납부 기한을 연장하는 경우에는 관할 세무서장이 납세자에게 납세 담보를 제공할 것을 요구할 수도 있다.

고지서를 늦게 받았다면 납부 기한이 연장된다

세법에서는 고지서를 받은 후 납부일까지 일정 기간을 확보해주도록 하고 있다. 즉 관할 세무서에서 납세고지서·납부통지서·독촉장 또는 납부최고서를 송달한 경우에 그 고지서 등이 납세자에게 도달한 날에 이미 납부 기한이 지났거나, 또는 도달한 날부터 14일 이내에 납부 기한이 도래하는 것에 대해서는 도달한 날부터 14일이 되는 날을 납부 기한으로 하도록 하고 있다. 따라서 고지서가 늦게 송달되어서 그 고지서를 받은 날부터 납부 기한까지 최소 14일이 남아 있지 않다면, 바로 관할 세무서에 문의해서 납부 기한을 연장받을 수 있도록 해야 한다.

일정 금액 이상의 세금은 나누어 낼 수 있다

납부해야 할 세액이 커서 일시에 납부하기 힘든 경우에는 분할납부 제도를 활용할 수 있다. 부가세는 신고 기간이 자주 있는 편이기 때문에 납부해야 할 세액이 크더라도 나누어 낼 수 있는 규정이 없지만, 종합소득세나 양도세, 상속세나 증여세 등은 납부해야 할 세액이 일정 금액을 넘으면 그 금액을 나누어서 납부할 수 있도록 하고 있다. 분할납부는 납부해야 할 세액이 1,000만 원을 초과하는 경우에 납부해야 할 세액의 일부를 2개월(법인세의 경우에는 세법상 중소기업에 해당하지 않을 경우 1개월) 이내에 나누어서 내는 것이다. 구체적으로는 납부할 세액이 2,000만 원 이하이면 1,000만 원을 초과하는 금액을 분할하여 납부할 수 있고, 납부할 세액이 2,000만 원을 초과하면 그 세액의 50% 이하의 금액을 분할해서 납부할 수 있다.

참고로 종합부동산세는 납부해야 할 세액이 250만 원을 초과하는 경우에 분납할 수 있는데, 납부해야 할 세액이 250만 원 초과 500만 원 이하인 때에는 납부해야 할 세액에서 250만 원을 차감한 금액을, 납부해야 할 세액이 500만 원을 초과하는 때에는 50% 이하의 금액을 납부기한으로부터 6개월 이내에 분납할 수 있다.

상속세나 증여세는 몇 년에 걸쳐 나누어 낼 수 있다

상속세나 증여세는 납부세액이 큰 경우가 많고, 또 세금을 납부할 재원이 마땅치 않은 경우가 많다. 사정이 이런데도 상속이 개시되거나 증여가 이루어지는 경우에 세금을 일시에 현금으로만 납부해야 한다면 납세자의 입장에서는 자금 압박으로 굉장히 힘든 상황에 처할 수 있다. 그래서 세법에서는 상속세나 증여세에 대해서 2개월 이내에 분할하여 납부할 수 있는 제도 외에도 세금을 몇 년에 걸쳐 나누어 납부할 수 있는 '연부연납 제도'를 두고 있다. 연부연납은 상속세나 증여세의 납부세액이 2,000만 원을 초과하는 경우에 납세의무자가 납세 담보를 제공하고 신청하여 관할 세무서장이 허가할 경우에 가능하며 연부연납의 허가를 받으면 증여세는 최고 5년간(가업승계 특례를 적용받는 경우에는 15년), 상속세는 10년간(기업상속재산이 50% 이상인 경우에는 20년간) 세금을 나누어 낼 수 있다. 단, 연부연납을 하는 경우에는 납세 담보를 제공해야 하고, 세금을 몇 년에 걸쳐 나누어 내는 대신에 연부연납하는 금액에 대해 연 3.1%(2025년 12월 말 기준)의 가산금을 이자처럼 추가로 내야 한다.

상속세는 물건으로 낼 수도 있다

부동산이나 유가증권 등을 상속받은 경우에는 그에 대한 세금을 현금이 아닌 상속받은 부동산이나 유가증권으로 납부할 수 있는 '물납 제도'를 활용해볼 만하다. 그런데 물납이 항상 허용되는 것은 아니다. 상속받은 재산 중 부동산과 유가증권(원칙적으로 주식은 제외하되, 비상장주식 외에는 상속재산이 없거나 다른 상속재산으로 상속세 물납에 충당하더라도 부족한 경우에는 비상장주식도 가능함)의 가액이 해당 재산가액의 50%를 초과하고 상속세 납부세액이 2,000만 원을 초과하면서 납부세액이 상속재산가액 중 금융재산가액을 초과하는 경우에 납세의무자가 관할 세무서장에게 신청하면, 세무서장의 허가 여부에 따라 해당 부동산과 유가증권에 대해서 물납을 할 수 있다.

TIP

세금 고수의 가이드

신고 등 기한 연장 사유와 납부기한 등의 연장 사유

1. 기한 연장 사유

천재지변이나 다음의 사유로 세법에서 규정하는 신고, 신청, 청구, 그 밖의 서류의 제출, 통지, 납부를 정해진 기한까지 할 수 없다고 인정하는 경우나 납세자가 기한 연장을 신청한 경우에는 관할 세무서장은 그 기한을 연장할 수 있다.

① 납세자가 화재, 전화(戰禍), 그 밖의 재해를 입거나 도난을 당한 경우
② 납세자 또는 그 동거가족이 질병이나 중상해로 6개월 이상의 치료가 필요하거나 사망하여 상중(喪中)인 경우
③ 정전, 프로그램의 오류, 그 밖의 부득이한 사유로 한국은행(그 대리점을 포함함) 및 체신관서의 정보통신망의 정상적인 가동이 불가능한 경우
④ 금융회사 등(한국은행 국고 대리점 및 국고 수납 대리점인 금융 회사 등만 해당함) 또는 체신관서의 휴무, 그 밖의 부득이한 사유로 정상적인 세금 납부가 곤란하다고 국세청장이 인정하는 경우
⑤ 권한 있는 기관에 장부나 서류가 압수 또는 영치된 경우
⑥ 세무 대리를 하는 세무사 또는 공인회계사가 화재, 전화, 그 밖의 재해를 입거나 도난을 당하는 경우

2. 납부기한 등의 연장 사유

세무서장은 납기가 시작되기 전에 납세자가 다음에 해당하는 사유로 국세를 납부할 수 없다고 인정할 때에는 납부기한을 연장하거나 결정한 세액을 분할하여 고지할 수 있다.

① 재해 또는 도난으로 재산에 심한 손실을 입은 경우

② 납세자가 경영하는 사업에 현저한 손실이 발생하거나 부도 또는 도산의 우려가 있는 경우

③ 납세자 또는 그 동거가족이 질병이나 중상해로 6개월 이상의 치료가 필요한 경우 또는 사망하여 상중인 경우

④ 「국제 조세 조정에 관한 법률」에 따른 상호 합의 절차가 진행 중인 경우 등

⑤ 권한 있는 기관의 장부나 서류 또는 그 밖의 물건이 압수 또는 영치된 경우 및 이에 준하는 경우

⑥ 정전, 프로그램의 오류, 그 밖의 부득이한 사유로 한국은행이나 체신관서의 정보처리 장치나 시스템을 정상적으로 가동시킬 수 없는 경우

⑦ 금융회사나 체신관서의 휴무, 그 밖에 부득이한 사유로 정상적인 국세 납부가 곤란하다고 국세청장이 인정하는 경우

⑧ 세무 대리를 하는 세무사 또는 공인회계사가 화재, 전화, 그 밖의 재해를 입거나 해당 납세자의 장부를 도난당한 경우

잘못된 세금 신고는 빨리 시정하자

각종 세금 신고를 하다 보면 자료가 누락된다든가 신고서를 잘못 작성한다든가 하는 사유로 신고를 사실과 다르게 해서 당초에 신고한 내용을 수정해야 할 경우가 있다. 세법에서는 이런 경우에 납세자가 스스로 그 내용을 수정해서 다시 신고할 수 있는 기회를 부여하고 있다. 세법에서는 당초 신고한 것보다 납부해야 할 세액이 증가할 때 하는 신고를 '수정 신고'라고 하고, 당초 신고한 세액보다 납부해야 할 세액이 감소할 때 하는 신고를 '경정 등의 청구'라고 한다.

그런데 실무에서는 증액 수정 신고와 감액 수정 신고를 모두 통상 '수정 신고'라고도 한다. 그리고 이런저런 사유로 세법에서 정해진 신고 기한 내에 세금 신고를 하지 못한 경우에 신고 기한이 지난 후에라도 세금 신고를 할 수 있는 기한 후 신고 제도가 있는데, 수정 신고든 기한 후 신고든 일정 기간 내에 빨리 수정하면 가산세를 감면해주므로 잘못된 부분은 최대한 빨리 시정하는 것이 절세하는 길이다.

내야 할 세금보다 적게 신고했다면 수정 신고를 하라

세금을 추가로 납부해야 하는 사유에 해당하는 경우에는 세법에 따라 수정 신고를 할 수 있다. 수정 신고는 과세 관청에서 잘못 신고된 것에 대해 직권으로 시정해서 고지하기 전에 납세자가 스스로 오류를 고쳐서 신고하는 것을 말한다. 수정 신고는 당초 법정 신고 기한 내에 신고서를 제출한 납세자가 신고 누락된 것에 대해 관할 세무서장이 세액을 결정 또는 경정하여 통지하기 전까지 할 수 있다. 그런데 당초 신고 기한으로부터 일정 기간 내에 수정 신고를 하면 불성실하게 신고한 것에 대한 가산세를 감면해주기 때문에, 당초 신고 내용에 오류나 누락이 있는 것을 발견하면 가능한 빨리 수정 신고를 하는 것이 가산세의 부담을 줄이는 길이다.

내야 할 세금보다 많이 신고했다면 경정 등의 청구를 하라

당초에 세금 신고를 하면서 원래 내야 할 세금보다 더 많이 신고·납부를 한 경우에도 당초의 신고 내용을 고쳐서 신고할 수 있다. 이렇게 세금이 줄어들게 수정 신고를 하는 것을 세법에서는 '경정 등의 청구'라고 한다. 경정 등의 청구는 당초 신고 기한 내에 세금 신고를 한 납세자가 할 수 있는데, 세금을 더 내는 수정 신고와는 달리 법정 신고 기한이 경과된 후 5년 이내에 청구해야 한다.

즉 추가로 세금을 더 내야 하는 증액 수정 신고의 경우에는 국세 부과제척 기간 내에는 관할 세무서장이 경정해서 고지하기 전까지는 언제든지 수정 신고를 통해 추가로 세금을 낼 수 있지만, 당초 세금 신고를 잘못해서 세금을 돌려받아야 하는 경우에는 당초 신고 기한으로부터 5년이 지나버리면 아예 경정 등 청구의 대상이 되지 않는다. 따라서 세금을 잘못 신고해서 더 많이 낸 경우에는 법정 신고 기한으로부터 5년 내에는 경정 등 청구를 해야 한다.

미처 신고를 못했다면 기한 후 신고를 하라

세법에서 정하고 있는 신고 기한 내에 세금 신고를 하지 못한 납세자는 관할 세무서장이 그 세금을 결정하여 통지하기 전까지 기한 후 신고를 할 수 있다. 기한 후 신고를 하면서 납부할 세액이 있는 경우에는 그 세액도 함께 납부해야 한다. 당초 신고 기한 내에 신고를 하지 못해서 기한 후 신고를 한 경우에도 여러 가지 가산세를 부담해야 한다. 그런데 법정 신고 기한 경과 후 일정 기간 내에 기한 후 신고를 하면 불성실 신고에 따른 가산세를 일부 감면해주므로, 기한 후 신고도 가급적 빨리 하는 것이 유리하다.

재무제표는 원칙적으로 수정할 수 없다

재무제표는 기업회계에 따라 작성된 회사의 재무 상황과 사업 실적에 대한 자료를 말한다. 주의해야 할 점은 「국세기본법」상 수정 신고나 경정 등의 청구 요건에 해당하면 수정 신고나 경정 등의 청구를 할 수 있지만, 당초에 적법한 절차에 따라 결산을 확정하면서 작성된 재무제표를 첨부해서 세금 신고를 한 경우에는 그 후에 그 재무제표를 정정해서 수정 신고를 하거나 경정 등의 청구를 할 수 없다는 것이다.

따라서 과거 사업연도분에 대하여 법인세 신고를 완료한 법인은 당초의 신고 내용 중에 법인의 자산 및 부채가 장부상 누락된 것으로 확인되는 경우에도 당초 신고된 재무제표를 수정할 수는 없다.

이 경우에는 이런 내용을 세무조정으로 익금 또는 손금에 산입해서 수정 신고나 경정 등 청구를 해야 한다. 간혹 신고 기한이 지난 후, 금융기관 등에 재무제표를 제출하는 과정에서 이미 확정되어 신고된 재무제표를 수정해달라고 하는 경우가 있다. 그런데 법인세나 소득세 신고 시에 세무서에 재무제표를 제출하면, 그 다음 해의 재무제표를 작성할 때까지 최소한 1년간은 그 재무제표를 사용할 수밖에 없다는 것을 유의해야 한다.

TIP

세금 고수의 가이드

수정 신고·기한 후 신고의 가산세 감면

1. 수정 신고의 경우

법정 신고 기한이 지난 후 일정 기간 내에 수정 신고를 하면 다음과 같이 신고 불성실 가산세(과세 관청에서 과세표준과 세액을 경정할 것을 미리 알고 과세표준 수정 신고서를 제출한 경우는 제외)를 감면해준다.

① 법정 신고 기한이 지난 후 1개월 이내에 수정 신고를 한 경우 : 해당 가산세액의 90%에 상당하는 금액 감면

② 법정 신고 기한이 지난 후 1개월 초과 3개월 이내에 수정 신고를 한 경우 : 해당 가산세액의 75%에 상당하는 금액 감면

③ 법정 신고 기한이 지난 후 3개월 초과 6개월 이내에 수정 신고를 한 경우 : 해당 가산세액의 50%에 상당하는 금액 감면

④ 법정 신고 기한이 지난 후 6개월 초과 1년 이내에 수정 신고를 한 경우 : 해당 가산세액의 30%에 상당하는 금액 감면

⑤ 법정 신고 기한이 지난 후 1년 초과 1년 6개월 이내에 수정 신고를 한 경우 : 해당 가산세액의 20%에 상당하는 금액 감면

⑥ 법정 신고 기한이 지난 후 1년 6개월 초과 2년 이내에 수정 신고를 한 경우 : 해당 가산세액의 10%에 상당하는 금액 감면

2. 기한 후 신고의 경우

법정 신고 기한이 지난 후 일정 기간 내에 기한 후 신고·납부를 하면 다음과 같이 신고 불성실 가산세(과세 관청에서 과세표준과 세액을 경정할 것을 미리 알고 기한 후 과세표준신고서를 제출한 경우는 제외)를 감면해준다.

① 법정 신고 기한이 지난 후 1개월 이내에 기한 후 신고를 한 경우 : 해당 가산세액의 50%에 상당하는 금액 감면

② 법정 신고 기한이 지난 후 1개월 초과 3개월 이내에 기한 후 신고를 한 경우 : 해당 가산세액의 30%에 상당하는 금액 감면

③ 법정 신고 기한이 지난 후 3개월 초과 6개월 이내에 기한 후 신고를 한 경우 : 해당 가산세액의 20%에 상당하는 금액 감면

53

억울한 부분은 끝까지 따져서 구제받자

세금 신고를 잘못해서 많은 세금을 내는 경우도 있고, 부당한 처분을 받는 경우도 있다. 이때는 잘못 낸 세금을 되돌려받거나 부당한 세금에 대해 부과처분을 취소해달라고 해야 한다. 이렇게 억울한 세금에 대해 구제받는 절차를 '조세불복청구 제도'라고 한다. 조세불복청구란, 세금에 관해서 위법 또는 부당한 처분을 받거나 필요한 처분을 받지 못함으로써 권리나 이익이 침해된 경우에 세법의 규정에 의해 과세관청에 이의를 제기하는 것을 말한다.

불복 제도로는 사전적 권리구제 제도로서 '과세 전 적부심사청구'가 있고, 사후적 권리구제 제도로서 '이의신청', '심사청구', '심판청구'가 있으며, 행정적으로 구제받지 못한 경우에는 행정소송을 제기할 수 있다. 이러한 제도를 이용하려면 정해놓은 절차에 따라 제때에 불복 청구를 해야 하고, 그러지 않으면 아무리 억울하더라도 구제될 수 없다. 뒤에서 살펴보겠지만 특히 조세불복에 대해서는 청구할 수 있는 기한(불변기일)을 미리 정해놓고 있는데, 이 기한이 지나면 구제받지 못하는 것이 원칙이므로 반드시 명심해야 한다.

세금이 부과되기 전에 타당한지 심사를 청구하라

과세 전 적부심사청구란, 말 그대로 과세처분을 받기 전에 납세자가 과세 관청에 부과처분을 하는 것이 타당한지 다시 한 번 검토해달라고 청구하는 것이다.

세금이 고지되고 난 후에 그 과세처분이 위법·부당하다고 다투는 것은 많은 부담이 따른다. 따라서 세금이 고지되기 전에 제대로 된 과세처분인지 따져보는 것이 훨씬 효과적일 수 있다. 과세 전 적부심사청구는 세무조사 결과에 대한 통지를 받거나 주로 자료 처리를 하고 난 후에 하는 과세 예고 통지 등에 대해, 그 통지를 받은 날부터 30일 이내에 해당 통지를 한 세무서장이나 지방국세청장에게 할 수 있다.

그리고 과세 전 적부심사청구를 받은 세무서장 등은 국세심사위원회의 심사를 거쳐서 결정하고, 그 결과를 청구를 받은 날부터 30일 이내에 청구인에게 통지해야 한다.

고지서를 받고 난 후에는 이의신청을 할 수 있다

이의신청은 납세 고지서를 받고 난 후에 관할 세무서장이나 지방국세청장에게 위법·부당한 부과처분을 취소해달라고 청구하는 것인데, 이의신청은 납세자의 선택에 의해 생략할 수도 있다. 즉 세법상의 처분에 대해 이의신청 절차 없이 바로 심사청구나 심판청구를 할 수도 있고, 이의신청을 거친 후에 심사청구나 심판청구를 할 수도 있다. 이의신청을 하는 경우에는 부과처분을 받은 날부터 90일 이내에 그 처분을 하거나 했어야 할 세무서장에게 청구하거나, 세무서장을 거쳐 관할 지방국세청장에게 청구해야 한다.

이의신청을 받은 세무서장 등은 국세심사위원회의 심의를 거쳐 신청을 받은 날부터 30일 이내(이의신청인이 세무서장 등이 보낸 의견서에 대해 항변하는 경우에는 60일 이내)에 이의신청에 대한 결정을 해야 한다. 그런데 이의신청은 심사청구나 심판청구에 비해 효과가 그리 크지 않은 편이다. 따라서 먼저 청구할지의 여부를 잘 검토하는 것이 좋다.

부당한 세금에 대한 심사·심판 청구가 가능하다

심사청구는 위법·부당한 처분에 대해 국세청장이나 감사원장에게 불복청구를 하는 것이고, 심판청구는 조세심판원장에게 불복청구하는 절차다. 심사청구나 심판청구는 처분이 있은 것을 안 날(처분의 통지를 받은 때에는 통지를 받은 날)부터, 또는 이의신청을 거친 경우에는 그 결정 통지를 받은 날부터 90일 이내에 제기해야 한다. 심사청구는 그 처분을 하거나 했어야 할 세무서장을 거쳐 국세청장에게 해야 하고, 심판청구는 그 처분을 하거나 했어야 할 세무서장을 거쳐 조세심판원장에게 해야 한다. 심사청구에 대해서는 국세청장이 국세심사위원회의 심의를 거쳐 결정하며, 심판청구에 대해서는 조세심판원장이 조세심판관회의의 심리를 거쳐 결정한다.

조세심판관은 심판청구에 관한 조사 및 심리의 결과와 과세의 형평을 참작하여 자유 심증으로 사실을 판단하도록 되어 있다. 그리고 조세심판관회의는 심판청구를 한 처분 이외의 처분에 대하여는 그 처분의 전부나 일부에 대해 취소 또는 변경하거나 새로운 처분의 결정을 하지 못하고(불고불리의 원칙), 결정을 함에 있어서도 심판청구를 한 처분보다 청구인에게 불이익이 되는 결정을 하지 못하도록 되어 있다(불이익 변경 금지의 원칙).

심사·심판청구 이후에는 행정소송을 할 수 있다

이의신청이나 심사청구, 심판청구 등의 절차에서 권리구제를 받지 못한 경우에는 행정소송을 제기할 수 있는데, 행정소송은 「국세기본법」에 의한 심사청구나 심판청구 중 하나의 절차를 먼저 거쳐야만 제기할 수 있다(행정심판 전치주의). 행정소송은 심사청구 또는 심판청구에 대한 결정의 통지를 받은 날부터 90일 이내에 제기해야 하는 것이 원칙이지만, 심사나 심판청구에 대한 결정 기간 내에 결정의 통지를 받지 못한 경우에는 결정의 통지를 받기 전이라도 그 결정 기간(90일)이 지난 날부터 행정소송을 제기할 수 있다.

TIP

세금 고수의 가이드

그 밖의 권리구제 제도

정상적인 불복절차인 과세 전 적부심사청구나 이의신청, 심사청구, 심판청구 등은 세법에서 청구 기한을 정하고 있는데, 세법에 관한 지식이 부족한 일반 납세자의 경우에는 억울한 세금을 부과받고도 제때에 불복을 제기하지 못해서 권리구제를 받을 수 없는 경우가 발생할 수 있다.

이처럼 일반 납세자가 제때에 불복을 제기하지 못한 경우에는 억울한 세금을 내지 않게 해달라고 고충 민원을 신청할 수 있다. 고충 민원은 국세청과 국민권익위원회에 신청한다.

1. 국세청의 고충 민원 제도

고충 민원 제도는 국세청훈령인 납세자 보호 사무처리 규정에 속해 있으며, 고충 민원은 서면, 인터넷, 전화 등 모든 경로를 통해서 제기할 수 있다. 그런데 고충 민원은 국세를 부과할 수 있는 기간인 부과제척 기간이 경과하기 30일 전까지는 제기해야 하는데, 이것은 고충 민원의 처리 기간이 14일 이내이고 연장하는 경우에도 30일을 넘지 못하도록 하고 있기 때문이다. 이보다 늦게 되면 국세 부과제척 기간이 경과해서 어떠한 처분도 할 수 없게 된다.

2. 국민권익위원회의 고충 민원 제도

국민권익위원회에도 고충 민원을 신청할 수 있다. 신청 방법은 직접 서면으로 신청할 수도 있고, 우편, 인터넷 또는 팩스 등을 통해서도 신청할 수 있다. 국민권익위원회에 접수된 고충 민원은 원칙적으로 60일 이내에 처리하도록 되어 있는데, 위원회의 심의와 의결로 처리하고, 의결이 있는 날부터 3일 이내에 처리 결과를 양 당사자에게 송달한다. 그리고 위원회의 권고 또는 의견을 받은 관계행정기관의 장은 정당한 사유가 있는 경우를 제외하고는 이를 존중하도록 하고 있다.

세무조사를 받더라도 할 말은 하자

털어서 먼지 안 나는 사람 없다는 말이 있듯이 대부분의 사람들은 자신의 세금 문제와 관련해서는 왠지 모를 불안감이 있는 것이 사실이다. 그러다 보니 세무조사를 받거나 세무서로부터 과세 자료에 대한 소명 안내문을 받는 경우에도 그 내용을 제대로 파악하거나 납세자로서 자신의 권리를 제대로 주장하기는커녕 걱정부터 앞서는 것이 일반적인 듯하다. 특히 나는 새도 떨어뜨린다는 국세청 조사국의 조사라도 받으면 탈세를 하지 않았다고 하더라도 두려울 수밖에 없을 것이다.

그러나 호랑이에게 잡혀가도 정신만 차리면 된다는 말이 있듯이 두려울수록 정신을 차리고 제대로 대처하는 것이 중요하다. 세금을 낼 때 내더라도 제도적으로 보장하고 있는 납세자로서의 권리를 충분히 주장하면, 오히려 국세청에서는 신중하게 과세 절차를 진행하게 되므로 납세자로서는 이득이 될 수 있다. 현재 납세자 보호를 위한 여러 제도들이 있는데, 필요할 때 적극적으로 활용한다면 납세자로서의 권리를 보장받는 데 많은 도움이 될 것이다.

언제 있을지 모를 세무조사에 대비하라

살아가면서, 특히 사업을 하면서 세무조사를 한 번도 안 받을 수 있다면 그보다 좋은 일이 없을 것이다. 하지만 현실에서는 누구나 세무조사를 받을 가능성이 있다. 재산을 사고팔거나 상속이나 증여가 이루어질 때, 또는 사업과 관련해서 혹시 있을지 모를 세무조사나 과세 자료에 대한 해명에 대비하여 평소에 계약서나 관련 서류들을 잘 챙기는 습관을 가지자.

예를 들어 부동산 거래를 하면서 작성한 계약서를 잘 보관하고 거래와 관련된 대금은 금융기관을 통해 주고받는 것이 좋다. 그리고 사업을 하는 경우라면 거래를 할 때마다 세법에서 정하는 적격증빙을 주고받도록 하고, 실제 거래를 했지만 증빙을 수취할 수 없는 경우에는 그 대가를 반드시 금융계좌를 통해 송금하여 기록을 남기는 것이 좋다. 또한 사업과 관련해서 지출하는 복리후생비나 출장비, 차량유지비 등은 인건비나 임직원의 수, 업무에 사용하고 있는 차량의 수 등을 감안해 문제가 없을지 검토하는 것도 필요하다.

납세자를 보호하는 제도를 활용하라

납세자를 보호하는 여러 가지의 제도들 중에 권리보호요청 제도가 있다. 이 제도는 세무조사나 세원 관리 및 강제징수 등 국세 행정 집행 과정에서 국세공무원의 재량권 남용 등으로 납세자의 권리가 부당하게 침해되고 있거나 현저하게 권리 침해가 예상되는 경우, 납세자가 납세자 보호 담당관에게 권리의 구제를 요청하면 납세자 보호 담당관이 침해된 납세자의 권리를 신속하게 구제하는 제도다. 권리보호요청은 권리가 침해된 납세자 또는 그 대리인이 납세자 보호관이나 납세자 보호 담당관에게 전화로 요청하거나, 세무관서 방문, 우편, 팩스, 인터넷으로 요청할 수 있다.

납세자로부터 권리보호요청을 받은 납세자 보호관은 세무조사 일시중지권 또는 집행 일시중지권 등의 권한을 행사해서 권리보호요청 내용이 사실로 확인되면, 세무조사 중단(조사 계획 철회, 조사반 철수 등), 조사반 교체, 권리 침해 행위 중단 등을 요구하여 납세자의 권리를 보호해준다. 그리고 실제로 세무조사를 받더라도, 주눅 들지 말고 법에서 정하고 있는 납세자권리보장 제도들을 충분히 활용한다면 오히려 불이익을 덜 받을 수 있다.

또한 세무조사와 관련해서 「국세기본법」에서는 세무 전문가의 조력을 받을 권리 등 여러 가지의 납세자권리보장 제도들을 규정하고 있다. 따라서 세무조사를 받게 되더라도 이러한 제도들을 충분히 활용한다면 지나치게 위축되거나 불이익을 당하는 일은 줄어들 것이다.

세무조사를 받을 때는 공손하고 당당하게 대처하라

세무조사를 하는 경우, 세법에서는 조사를 시작하기 20일 전에 조사 대상 세목, 조사 기간 및 조사 사유 등을 통지하도록 하고 있다. 단, 예외적으로 사전에 통지하면 증거 인멸 등으로 조사 목적을 달성할 수 없다고 인정되는 경우에는 통지를 하지 않을 수도 있다. 그런데 이렇게 세무조사를 시작하기 전에 통지를 받았다고 하더라도 실제로 조사를 받게 되면 누구나 긴장되고 주눅들 수밖에 없다. 그러다 보면 실제 내용도 제대로 답변하지 못해서 불이익을 당할 수도 있을 것이다. 그러므로 쉽지는 않겠지만, 세무조사를 받을 때는 조사공무원이 요청하는 자료를 최선을 다해 찾아서 제시하는 등 공손하게 조사에 협조하는 자세를 보여주면서도, 한편으로는 조사원증을 확인하고 복사를 해놓는 등 할 말은 하는 것이 중요하다.

TIP

세금 고수의 가이드

중복조사 금지

세법에 따르면 다음 중 어느 하나에 해당하는 경우가 아니면, 이미 한 번 조사한 세목이나 과세 기간에 대해서는 재조사를 할 수 없다.

- 조세 탈루의 혐의를 인정할 만한 명백한 자료가 있는 경우
- 거래 상대방에 대한 조사가 필요한 경우
- 2개 이상의 과세 기간과 관련하여 잘못이 있는 경우
- 심사청구가 인용되어 필요한 처분을 하라는 결정에 따라 조사를 하는 경우
- 부동산 투기·매점매석·무자료거래 등
- 경제 질서 교란 등을 통한 탈세 혐의가 있는 자에 대하여 일제 조사를 하는 경우
- 과세관청 이외 기관이 직무상 목적을 위하여 작성하거나 취득하여 과세관청에 제공한 자료의 처리를 위한 재조사나 국세환급금의 결정을 위한 확인 조사 등
- 납세자가 세무 공무원에게 직무와 관련하여 금품을 제공하거나 금품 제공을 알선하는 경우
- 부분조사를 실시한 후 해당 조사에 포함되지 아니한 부분에 대하여 조사하는 경우
- 조세범칙행위의 혐의를 인정할 만한 명백한 자료가 있는 경우
- 국세환급금 결정을 위한 확인 조사를 하는 경우

국세청은 당신이 한 일을 알고 있다

신고된 소득은 얼마 되지 않는데 보유하고 있는 재산이 많거나 지출액이 지나치게 큰 경우에는 탈세 혐의가 있는 것으로 분석되어 세무조사 등을 통해 세금을 추징당할 수 있다. 이제는 돈을 많이 버는 것 못지않게 잘 쓰는 것도 중요한 절세 전략이 되었다. 특히 2015년부터 스마트 국세통합시스템이 본격적으로 가동되면서, 그야말로 촘촘한 그물망처럼 탈세 행위를 적발해낼 수 있다고 한다. 따라서 많은 재산을 취득하고 잦은 해외여행을 하거나 신용카드로 과다한 지출을 하는 경우에는 그에 상응하는 소득이 제대로 신고되었는지 따져보아야 한다. 소득신고는 적게 하고 펑펑 쓰기만 하다가는 호미로 막을 것을 가래로도 못 막는 경우가 생길 수도 있다.

돈은 벌기도 힘들지만 숨기기도 쉽지 않다

과거에는 사업이나 부동산 투기를 해서 거액의 돈을 벌고도 세금 신고를 제대로 하지 않은 사람들이 많았다. 게다가 탈세한 소득으로 재산을 취득하고 소비를 하더라도 그러한 내용들을 완벽하게 파악할 수 있는 시스템이 없었기 때문에 별문제가 되지 않았다. 그런데 요즘은 대부분의 사람들이 신용카드나 체크카드 등을 사용해 소비를 하고, 현금으로 사더라도 현금 영수증을 발급받을 수 있으니, 이제는 웬만하면 매출이 노출돼서 예전처럼 세금 신고를 터무니없이 적게 할 수 없다.

교묘해지는 탈세에 맞서는 국세청의 첨단 시스템들

누군가가 정보 네트워크를 장악해서 개인의 사생활을 낱낱이 파악하고 통제할 수 있다면 어떻게 될까? 과거에는 상상 속에서나 있을 법한 일들이 요즈음은 일상화되었다. 주위를 둘러보면 수없는 CCTV들이 우리를 지켜보고 있고, 휴대전화를 통해서도 위치 파악이 가능할뿐더러, 신용카드 결제 기록을 통해 언제 어디에서 무엇을 먹고 마시고 구매했는지도 파악할 수 있다. 이렇게 정보기술이 발달하고 경제도 글로벌화되면서 탈세도 날로 지능화되고 교묘해지고 있다.

이에 따라 정부도 지능적인 탈세를 방지하고자 여러 가지 제도들을 도입하고 있다. 출입국 기록 등 여러 기관에 흩어져 있는 각종 자료들을 국세청에 통보하도록 해서 통합 전산망에 누적 관리하고 있으며, 국세청에서는 이런 자료들을 신고된 소득과 연계해서 탈세 여부를 파악할 수 있는 시스템들을 속속 개발하고 있다.

이렇게 일반인들은 상상도 할 수 없을 정도로 방대하게 수집된 자료들을 바탕으로 첨단 전산장비와 시스템을 이용해, 소득을 벌어들이는 단계뿐만 아니라 소비하는 단계에서도 매우 정밀하고 과학적으로 탈세 여부를 확인할 수 있다.

국세청은 최근 날로 고도화되고 지능화되고 있는 탈세 수법에 적극적으로 대처하기 위해 임시 조직으로 만들었던 첨단탈세방지센터를 정규 조직인 첨단탈세방지담당관실로 변경했다가 과학조사담당관실로 변경해서 그 기능을 강화했다. 과학조사담당관실은 문서 감식기, 필적 감식기 등 국립과학수사연구원에 못지않는 첨단 전산장비들을 갖추고 문서의 위조나 변조, 전산 자료의 조작이나 파기 등 악의적인 탈세 시도에 대해 강력하게 대응한다. 특히 신종 금융상품 거래나 인터넷뱅킹 등을 이용한 탈세 수법을 조기 색출해서 관리하고, 금융정보분석원과 공조를 강화해서 음성적 현금거래와 차명계좌를 이용한 지능적 탈세 혐의자를 정밀하게 추적하여 관리한다. 이제는 탈세를 하려고 어설프게 머리 쓰다가는 혼쭐이 나거나 패가망신할 수 있다는 것을 명심해야 한다.

점점 진화하고 있는 스마트 국세통합시스템

현재 「과세 자료의 제출 및 관리에 관한 법률」에 의해 출입국 자료, 인허가 자료 등 엄청나게 많은 자료들이 국세청으로 통보되고 있다. 이런 자료들은 국세청이 자랑하는 국세통합시스템TIS에 차곡차곡 쌓여서 활용된다.

1997년에 처음으로 도입된 TIS는 계속해서 성능이 개선되고 그 용량도 엄청나게 늘어나서, 이 시스템을 이용하면 부동산이나 주식의 보유나 변동 상황 등을 한눈에 파악할 수 있을 뿐만 아니라, 금융 재산 등의 규모도 대략적으로 추정할 수 있다고 한다.

그리고 2015년부터 본격적으로 가동하는 차세대 국세행정시스템NTIS을 통해 방대한 자료를 보다 효율적으로 관리할 수 있어, 적극적인 탈세 차단과 세금 부담 없는 부의 대물림 방지 등을 할 수 있게 되었다고 한다.

해외에서 펑펑 쓰면 세금으로 낭패 볼 수 있다

모처럼 외국으로 여행을 가면 기분이 들뜨고 사고 싶은 것도 많아서 지출을 많이 하게 마련이다. 한국은행에 따르면, 2024년 기준으로 우리나라 국민이 한 해 동안 해외여행을 하면서 사용한 신용카드 금액은 무려 217억 달러에 달하며, 1달러당 연평균 환율을 대략 1,400원으로 보았을 때 이는 신용카드로 1년간 30조 3,800억 원을 해외에서 사용한 것으로 볼 수 있다.

그런데 앞으로 해외에서 신용카드를 팍팍 긁다가는 한국에 돌아와서 낭패를 당할 수 있으니 조심해야 한다. 개정된 외국환 거래 규정에 따르면 그동안 해외에서 물품 구매액과 현금 인출금액의 합계액이 분기별로 5,000달러 이상인 경우에 매분기 다음 달 말일까지 관세청장에게 통보되던 것이, 2018년 2월부터는 물품 구매액이나 현금 인출금액이 건당 600달러 이상인 경우에 실시간으로 통보되도록 되었다.

해외에서 현금을 쓰면 사용 내역이 드러나지 않을 수 있지만, 보통 1만 달러 이상의 현금을 소지하고 출국하면 신고해야 하는 것을 감안할 때, 거액의 현금을 들고 나가서 쓰기는 쉽지 않을 것이다. 평소에 신고된 소득도 별로 없는데, 모처럼 외국에 나갔다고 앞뒤 안 재고 카드로 기분 내다가는 큰 코 다칠 수 있다.

소득뿐만 아니라 소비 분석으로 탈세를 적발한다

국세청은 세금은 제대로 안 내면서 재산을 축적하거나 호화 소비생활을 하는 탈세자에 대한 세원 관리를 획기적으로 강화하기 위해 소득-지출 분석 시스템을 개발했다. 이 시스템은 국세청에서 보유하고 있는 과세 정보 자료를 통합관리하고, 일정 기간의 신고 소득Income과 재산 증가Property, 소비 지출액Consumption을 비교·분석해서 탈세 혐의자를 전산으로 추출해낸다. 그 결과 지능적 탈세에 보다 효과적으로 대처할 수 있게 되었다.

소득-지출 분석 시스템에 의해 드러난 탈세 혐의 사례의 예를 살펴보자. 모텔업과 음식점을 겸업하는 모 사업자는 5년간 종합소득액으로 달랑 4,100만 원(월 70만 원)을 신고했지만, 시가 31억 원 상당의 아파트와 고급 승용차를 보유하고 있고, 해외여행을 15차례나 가는 등

신고 소득에 비해 소비 수준이 과다해서 소득신고 누락이 있는 것으로 분석되었다.

또 주식회사의 대표이사로 근무하는 또 다른 모 씨도 5년간 근로소득액을 3억 900만 원(월 500만 원)으로 신고했지만, 35억 원 상당의 아파트와 고급 승용차를 보유하면서 가족 7명이 해외여행을 112차례나 가는 등 소득에 비해 소비 수준이 과다해서 기업 자금을 사적으로 유출하여 사용한 것으로 분석되었다. 결국 앞으로는 소득을 벌어들이는 단계에서 적발되지 않고 탈세를 했다고 하더라도, 그 탈루소득을 지출하는 과정에서 또 한 번 탈세 여부를 검증받을 수 있다.

탈세방지를 위해 빅데이터와 인공지능 기술도 활용한다

국세청은 빅데이터 · 인공지능 같은 정보기술을 세무조사 등에 활용하고 있는데, 2019년에는 빅데이터센터를 출범시키고 세원관리와 탈세 대응 등에 활용하고 있다. 국세청 발표에 따르면, 납세정보와 세무조사 결과 간의 상관관계를 빅데이터를 통해 분석하여 탈세가 자주 발생하는 기업의 특징들을 파악한다. 최근 증가하고 있는 QR코드 간편결제 서비스, 블로그 · SNS 등 전자적 상거래에서의 세금탈루 유형도 빅데이터로 분석하며 AI를 활용한 탈세위험 예측모델을 만들어 체계적으로 세원관리를 한다고 하니 이제 탈세는 어림도 없을 것 같다.

56

탈세가 아닌 절세를 하자

세금은 그 납부에 대한 특별한 반대급부가 없는 것이 원칙이다. 즉 세금을 많이 낸다고 직접적으로 혜택을 더 많이 받는 것도 아니고, 세금을 내지 않는다고 국가의 보호로부터 배제되는 것도 아니다. 이렇게 세금은 기부금처럼 자발적으로 내는 것이 아니라 일정 요건을 충족하면 강제적으로 내야 하는 것이면서도, 세금 납부에 따른 직접적인 혜택이 없다는 특징 때문에 대부분의 사람들은 어떻게 해서라도 세금을 적게 내려고 한다.

세금의 이러한 점들 때문에 아직도 많은 사람이 탈세를 하려고 하고, 탈세를 많이 하면 세금 납부액이 적어지기 때문에 정부에서는 국방이나 사회복지 등의 필요한 지출을 제대로 할 수 없는 악순환이 발생한다. 따라서 이제는 탈세가 아니라 지혜롭게 절세를 하는 것이 필요하다.

세금을 적게 내려고 수단과 방법을 가리지 않고 무조건 세금을 줄인다고 해서 모두 절세가 되는 것은 아니다. 어떤 경우에는 지금 당장은 세금 내는 것을 피하거나 납부세액을 줄였지만, 나중에 가산세까지 포함해 훨씬 많은 세금을 내야 할 뿐만 아니라 형사처분을 받을 수도 있다. 즉 탈세는 법을 어기면서 부당하게 세금을 줄이는 것을 말하며, 절세는 관련 법규의 테두리 내에서 합법적인 방법으로 세금을 줄이는 것을 말한다. 따라서 세금을 조금이라도 적게 내려면 탈세가 아닌 절세를 해야만 진정으로 세금을 줄일 수 있다.

합법적 절세의 예

세금을 줄이면서도 뒤탈이 없는 절세의 방법에는 여러 가지가 있겠지만, 몇 가지 예를 들어보면 다음과 같다.

(1) 평소에 각종 증빙 자료들을 잘 챙겨서 세금 신고를 할 때 최대한 반영한다.

(2) 사업을 하는 경우에는 사업과 관련된 지출에 대해서는 세금계산서나 계산서 등 세법에서 요구하는 적격증빙을 받는다.

(3) 소비를 할 때는 가능하면 신용카드 등으로 결제를 하거나 현금영수증을 받는다.

(4) 세금 신고는 정해진 기한 내에 하고, 신고를 할 때는 관련 세법 규정에 있는 각종 공제나 감면 등의 혜택을 잘 활용한다.

(5) 근로소득에 대한 연말정산이나 소득세 신고를 할 때, 부양가족 공제 등은 높은 세율이 적용되는 소득금액이 큰 사람이 받는다.

(6) 이익이 나는 재산은 한꺼번에 양도하지 말고, 연도를 나누어 분산해서 양도함으로써 누진세 효과를 줄인다.

위법적 탈세의 예

세법을 어기면서 부당하게 세금을 줄이는 탈세의 유형도 매우 다양하다. 몇 가지 예를 들어보면 다음과 같다.

(1) 사업을 하면서 매출액을 사실과 다르게 신고하는 경우

(2) 실제 거래 없이 가짜로 세금계산서를 받아서 부가세 매입세액공제를 받거나 소득세나 법인세를 신고할 때 원가나 비용으로 처리하는 경우

(3) 실제로 지출된 적이 없는 비용을 장부에 계상하거나 가짜로 증빙을 만들어서 비용처리하는 경우

(4) 부동산 등을 양도하면서 양도가액을 사실보다 낮춰서 계약서(이른바 '다운계약서')를 작성하는 경우

(5) 소득세 신고를 할 때 인적공제를 이중으로 하는 경우

(6) 요건이 되지 않는 각종 세금감면이나 세액공제를 하는 경우

성실하게 납세하면 어떤 혜택이 있을까?

대부분의 사람들은 성실하게 세금을 많이 내더라도 큰 혜택이 없기 때문에 오히려 손해라고 생각을 하고, 어떻게 해서라도 세금을 적게 내려고 하는 것 같다. 그러나 만족할 만한 수준은 아니라고 하더라도, 성실하게 납세를 하는 경우에 여러 가지 혜택을 받을 수 있다. 예를 들면 일정 기간 세무조사의 유예, 세금 징수 유예, 공항 출입국 전용 심사대 이용, 징수 유예 시 또는 납기 연장 시에 납세 담보의 면제, 지방자치단체가 운영하는 공영 주차장의 무료 이용 등이 있다.

그리고 최근에는 국세청이 일부 시중은행과 업무 협약을 체결해서 성실납세자에 대해서는 대출금리 경감 등의 우대 혜택과 신용보증기금 보증 심사 시에 보증 한도를 높여주고, 조달청 물품 구매 적격심사 시에는 신인도 부문에서 가점을 부여하며, 병역 지정업체 선정을 위한 추천 시에도 가점을 부여하는 등 다양한 혜택들을 부여하고 있다.

그리고 살아가면서 부동산이나 그 밖의 재산을 취득할 수 있는데, 이럴 때 능력이 되지 않는 사람이 재산을 취득하게 되면 세무서로부터 자금출처 소명을 요구받을 수 있다. 이때 제대로 소명하지 못하는 경우에는 증여를 받은 것으로 간주되어 증여세를 부과받는다. 그런데 평소에 성실하게 납세를 하면 이런 자금출처에 대한 소명도 걱정할 필요 없다. 그리고 워낙 험한 세상이니만큼 누구라도 교통사고나 그 밖의 재난사고를 당할 수 있는데, 이런 경우에도 공식적으로 신고된 소득을 기준으로 보상을 해주는 것이 일반적이기 때문에 성실 납세를 하는 것이 보상을 제대로 받을 수 있는 길이 될 수 있다.

탈세 처벌은 강력하다

「조세범처벌법」에서는 탈세에 대해 형사적으로 무겁게 처벌하는 규정들을 두고 있는데, 이 처벌 규정들을 알면 무서워서 탈세는 엄두도 못 낼 것 같다. 그런데 일반인들은 이런 탈세에 대한 처벌 규정들을 잘 모르기 때문에 탈세를 가볍게 생각하는 경향이 있다.

「조세범처벌법」에서 규정하고 있는 탈세에 대한 처벌 규정들을 간단히 보면, 사기나 그 밖의 부정한 행위로 조세를 포탈하거나 조세의 환급·공제를 받은 사람 또는 세금계산서를 교부해야 할 자가 세금계산서를 교부하지 않거나 거짓으로 기재해서 교부한 경우에도 세금 추징은 물론 징역 또는 벌금형으로도 처벌하도록 하고 있다.

그리고 조세포탈을 위한 증거 인멸의 목적으로 세법에서 비치할 것을 요구하는 장부나 증빙 서류를 해당 국세의 법정 신고 기한이 경과한 날로부터 5년 이내에 소각하거나 파기 또는 은닉한 경우, 실제로 근무하지 않은 사람에 대해서 근로소득 원천징수영수증을 거짓으로 기재해서 다른 사람에게 발급하거나 세무서에 제출하는 경우에도 징역 또는 벌금형에 처하도록 하고 있다. 이처럼 탈세의 대가는 너무나 가혹하기 때문에 합법적이고 지혜로운 절세가 필요한 것이다.

부록

세금의 종류

<table>
<tr><td rowspan="13">국세</td><td rowspan="5">직접세</td><td>소득세</td><td>개인의 소득에 대하여 부과하는 세금</td></tr>
<tr><td>법인세</td><td>법인의 소득에 대하여 부과하는 세금</td></tr>
<tr><td>상속세</td><td>피상속인의 상속재산에 대하여 부과하는 세금</td></tr>
<tr><td>증여세</td><td>무상 취득한 재산에 대하여 부과하는 세금</td></tr>
<tr><td>종합부동산세</td><td>고액 부동산 보유자에 대하여 부과하는 세금</td></tr>
<tr><td rowspan="6">간접세</td><td>부가세</td><td>재화나 용역의 공급에 대하여 부과하는 세금</td></tr>
<tr><td>개별소비세</td><td>특정 물품이나 행위에 대하여 부과하는 세금</td></tr>
<tr><td>주세</td><td>주류에 대하여 부과하는 세금</td></tr>
<tr><td>인지세</td><td>일정한 문서를 작성할 때 부과하는 세금</td></tr>
<tr><td>증권거래세</td><td>주식 등을 양도할 때 부과하는 세금</td></tr>
<tr><td>교통·에너지·환경세</td><td>유류에 대하여 부과하는 세금</td></tr>
<tr><td rowspan="2">목적세</td><td>농어촌특별세</td><td>세금감면분에 대하여 부과하는 세금</td></tr>
<tr><td>교육세</td><td>개별소비세 등에 덧붙여 부과하는 세금</td></tr>
<tr><td rowspan="4">지방세</td><td rowspan="2">도세</td><td>보통세</td><td>취득세, 등록면허세, 레저세, 지방소비세, 면허세</td></tr>
<tr><td>목적세</td><td>공동시설세, 지역개발세, 지방교육세</td></tr>
<tr><td rowspan="2">시·군세</td><td>보통세</td><td>주민세, 재산세, 지방소득세, 자동차세, 주행세, 담배소비세, 도축세</td></tr>
<tr><td>목적세</td><td>도시계획세</td></tr>
</table>

상속세 계산 구조

상속재산

\-

과세 제외 재산
(비과세, 과세가액 불산입)

\-

공과금, 장례비, 채무

\-

상속세 과세가액

\-

상속공제
- 기초공제(가업상속·영농상속공제 포함)
- 배우자공제와 그 밖의 공제
- 일괄공제
- 금융재산상속공제
- 재해손실공제
- 동거주택상속공제

\-

감정평가 수수료

=

상속세 과세표준

×

세율
(10~50%)

=

상속세 산출세액

\-

세액공제
(증여세액공제, 외국납부세액공제, 단기재상속세액공제, 신고세액공제 등)

=

상속세 결정세액

\+

신고·납부불성실 가산세 등

=

상속세 총 결정세액

증여세 계산 구조

증여재산
−
과세 제외 재산 (비과세, 과세가액 불산입)
−
채무 부담액
=
증여세 과세가액
+
10년 내 증여재산가액
−
증여재산공제 등
−
감정평가 수수료
=
증여세 과세표준
×
세율 (10~50%, 창업자금·가업승계주식은 10% 또는 20%)
=
증여세 산출세액
−
세액 감면과 세액공제 (영농자녀 감면, 기납부세액공제, 외국납부세액공제, 신고세액공제 등)
=
증여세 결정세액
+
신고·납부 불성실 가산세 등
=
증여세 총 결정세액

양도세 계산 구조

양도가액
−
취득가액
−
필요경비
=
양도차익
−
장기보유특별공제
=
양도소득금액
−
양도소득 기본공제
=
양도소득 과세표준
×
세율
=
산출세액
−
세액공제 및 감면
=
결정세액
+
가산세
=
총 결정세액
−
기납부세액
=
납부할 세액

부가세 계산 구조

1. 일반과세자의 경우

매출세액
[공급가액의 합계액 × 10% 또는 0%(영세율 적용 시)]

−

매입세액

−

매입세액공제의 특례
(의제매입세액공제, 대손세액공제 등)

=

납부세액
(또는 환급세액)

−

경감·공제세액
(신용카드 매출전표 발행 세액공제, 전자신고세액공제, 「조세특례제한법」상의 세액경감·공제 등)

−

예정신고 미환급·예정고지세액 등

+

가산세

=

차가감 납부할 세액
(또는 환급받을 세액)

2. 간이과세자의 경우

매출세액
(공급대가의 합계액 × 업종별 부가율 × 10%)

−

공제세액
(매입세금계산서 등 수취세액공제, 신용카드 매출전표 발행 세액공제 등)

+

가산세

=

납부할 세액

종합소득세 계산 구조

이자수입금액	배당수입금액	사업수입금액	근로수입금액	연금수입금액	기타수입금액
	+	−	−	−	−
	배당가산액	필요경비	근로소득공제	연금소득공제	필요경비
	=	=	=	=	=
이자소득금액	**배당소득금액**	**사업소득금액**	**근로소득금액**	**연금소득금액**	**기타소득금액**

=

종합소득금액

−

소득공제

=

종합소득 과세표준

×

기본 세율(6~45%)

=

산출세액

−

세액공제 및 감면

=

결정세액

+

가산세

−

기납부세액

=

납부할 세액

법인세 계산 구조

결산서상 당기순손익
+/-
익금산입(손금불산입) 또는 **손금산입**(익금불산입)
=
차가감 소득금액
+/-
기부금 한도 초과 및 이월액 손금산입
=
각 사업연도 소득금액
-
이월 결손금, 비과세소득, 소득공제
=
과세표준
×
세율(10~25%)
=
산출세액
-
세액공제 및 세액감면
+
가산세
+
감면분 추가납부세액
-
기납부세액
=
납부할 세액

연말정산 근로소득세 계산 구조

총 급여액
(= 총 근로소득 - 비과세소득)

−

근로소득공제

=

근로소득금액

−

인적공제
(기본공제 : 본인, 배우자, 부양가족), (추가공제 : 경로우대, 장애인, 부녀자, 한부모)

−

공적연금보험료공제 및 주택담보노후연금 이자비용공제

−

특별소득공제
(보험료, 주택자금)

−

기타소득공제
(소기업·소상공인공제부금, 신용카드 등 사용액에 대한 소득공제 등)

=

과세표준

×

기본세율

=

산출세액

−

세액공제 및 감면
(근로소득세액, 자녀세액, 연금계좌세액, 특별세액, 외국납부세액, 기부정치자금세액공제 등)

=

결정세액

−

기납부세액

=

차감징수세액 또는 환급세액

2026년 개정 세법 주요 내용

1. 양도소득세 관련

(1) 양도소득세 이월과세 적용 범위 합리화

종 전	개 정
□ **양도소득세 이월과세* 적용 배제 범위** * 수증자가 증여받은 자산을 10년(주식의 경우 10년) 내 양도 시 증여자의 당초 취득가액을 필요경비로 계산	□ **적용 배제 범위 확대**
○ 증여자인 **배우자 사망**으로 혼인관계가 소멸된 경우	○ (좌 동)
<추 가>	○ 증여자인 **직계존비속**이 사망한 경우

(2) 국외전출세 과세 대상 확대

종 전	개 정
□ **국외전출세 과세 대상**	□ **과세대상에 국외 주식 등 포함**
○ (요건) 국외전출자(❶ + ❷) ❶ 출국일 10년 전부터 출국일까지 기간 중 국내 주소거소 둔 기간의 합계가 5년 이상 ❷ 출국일이 속한 연도의 직전 연도 종료일 기준 양도소득세 과세 대상자인 대주주	○ (좌 동)
<추 가>	○ **국외 주식 등의 경우 대주주 요건 미적용**
○ (과세 대상 양도소득) - 주권상장법인 주식 등 - 비상장법인 주식 등	○ (좌 동) - 주권상장법인 주식 등 - 비상장법인 주식 등
<추 가>	**- 국외 주식 등**

(3) 수도권 밖의 지역의 준공 후 미분양 주택 중과 배제 기간 연장

종 전	개 정
□ **준공 후 미분양 주택에 대한 양도소득세 계산 시 다주택자 중과 배제 및 주택 수 제외**	□ **적용기한 연장 등**
○ (대상 주택) 아래 요건을 모두 충족 - 수도권 밖의 지역 소재 - 전용면적 85㎡·취득가액 6억 원 이하 - 2024.1.10. ~ 2025.12.31. 기간 중 취득	○ (좌 동) - (좌 동) - 전용면적 85㎡·**취득가액 7억 원 이하** - 2025.12.31. → **2026.12.31.**
<추 가>	○ '26.1.1. 이후 취득하는 주택으로서 다음 요건을 모두 충족하는 주택* * 주택 수에서도 제외 - (**소재지***) 인구감소지역, 비수도권 인구감소관심지역 * 단, 수도권(접경지역 제외), 광역시의 구 지역, 기존 주택과 동일 시·군·구 제외 - (**기준시가**) 4억 원(비수도권 인구감소지역의 경우는 9억 원)

(4) 혼인에 대한 1세대 1주택 특례 적용 기간 확대

종 전	개 정
□ **농어촌주택 등 취득자에 대한 일반주택 양도세 비과세 특례*** * 농어촌주택 등(농어촌주택 및 고향주택) 취득 후 3년 이상 보유할 경우 농어촌주택 등 취득 전 보유주택(일반주택) 양도 시 1세대 1주택 비과세 적용	□ **요건 합리화 및 적용 기한 연장**
○ (농어촌주택 등) 기회발전특구, 수도권· 조정대상지역 등이 아닌 읍면 또는 인구 20만 이하 시 지역의 동 소재 주택 - 단, 일반주택 소재지와 같거나 연접한 읍·면 또는 같거나 연접한 동에 있지 않을 것	❶ (좌 동) - 일반주택 소재지와 같거나 연접한 읍·면·동이 아닐 것
○ (적용 기간) 2025.12.31.	○ (적용 기간) **2028.12.31.**

2. 종합소득세 관련

(1) 보육수당 비과세 한도 확대

종 전	개 정
□ **근로소득·종교인소득에서 비과세되는 보육수당**	□ **자녀 수에 따라 비과세 한도 확대**
○ (대상) 6세 이하 자녀의 보육과 관련하여 사용자로부터 지급받는 급여	○ (좌 동)
○ (한도) 월 20만 원	○ **자녀 1인당 월 20만 원**

(2) 교육비 특별세액공제 소득요건 폐지

종 전	개 정
□ **교육비 특별세액공제**	□ **대상 확대**
○ (적용 범위) 본인 및 아래 기본공제 대상자 - 장애인(나이 및 소득 요건 없음) - 직계비속 등(나이 요건 없으나 소득 요건 있음* *소득금액 합계액이 연간 100만 원(근로소득만 있는 경우 총급여 500만 원)이하	○ (좌 동) - (좌 동) - **소득 요건 폐지**
○ (공제율) 15%	○ (좌 동)
○ (교육비 한도) - 본인과 장애인: 한도 없음 - 대학생: 900만 원 - 취학전 아동 및 초중고등학생: 300만 원	○ (좌 동)

(3) 사업소득 연말정산 추가납부세액 분납

종 전	개 정
□ **연말정산 추가납부세액 분납**	□ **사업소득 연말정산 시 분납 제도 도입**
○ (대상) 근로소득세액 추가 납부세액 10만 원 초과 시	○ **사업소득세액 추가**
○ (방법) 3개월에 나누어 원천징수 가능	○ (좌 동)

(4) 초등학교 저학년생 예체능 학원 학원비 교육비 세액공제

종 전	개 정
□ **교육비 세액공제**	□ **교육비 세액공제 범위 확대**
○ (공제율) 본인 또는 부양가족 교육비 지출액의 15% 세액공제	○ (좌 동)
○ (공제대상) - (본인) 대학(원) 학비, 직업능력개발훈련비 등 - (취학전 아동) 유치원·어린이집 수업료, 학원비, 체육시설 교육비 등 - (초·중·고·대학생) 수업료, 교재비, 입학금, 대학입학 전형료, 수능시험 응시료 등	○ (좌 동) - (좌 동) - (좌 동) - (좌 동)
<추 가>	**- 예능학원 및 체육시설 교육비(과세 기간 종료일 현재 9세 미만 또는 2학년 이하 초등학생 한정)**

3. 기타

(1) 법인세율 인상

<table>
<tr><th>종 전</th><th>개 정</th></tr>
<tr><td>
□ 법인세율 및 과표구간
○ (일반 법인)
<table>
<tr><th>과표</th><th>세 율</th></tr>
<tr><td>0~2억 원</td><td>9%</td></tr>
<tr><td>2~200억 원</td><td>19%</td></tr>
<tr><td>200~3,000억 원</td><td>21%</td></tr>
<tr><td>3,000억 원 초과</td><td>24%</td></tr>
</table>
○ (성실신고확인대상 소규모 법인*)
* ❶~❸ 요건을 모두 갖춘 법인
❶ 지배주주 등 지분율 50% 초과
❷ 부동산임대업이 주된 사업이거나 부동산 임대수입·이자·배당소득이 매출액의 50% 이상
❸ 상시근로자 수가 5인 미만
<table>
<tr><th>과표</th><th>세 율</th></tr>
<tr><td>200억 원 이하</td><td>19%</td></tr>
<tr><td>200~3,000억 원</td><td>21%</td></tr>
<tr><td>3,000억 원 초과</td><td>24%</td></tr>
</table>
</td><td>
□ 법인세율 상향 조정
○ (좌동)
<table>
<tr><th>과표</th><th>세 율</th></tr>
<tr><td>0~2억 원</td><td>10%</td></tr>
<tr><td>2~200억 원</td><td>20%</td></tr>
<tr><td>200~3,000억 원</td><td>22%</td></tr>
<tr><td>3,000억 원 초과</td><td>25%</td></tr>
</table>
○ (좌동)
<table>
<tr><th>과표</th><th>세 율</th></tr>
<tr><td>200억 원 이하</td><td>20%</td></tr>
<tr><td>200~3,000억 원</td><td>22%</td></tr>
<tr><td>3,000억 원 초과</td><td>25%</td></tr>
</table>
</td></tr>
</table>

(2) 거짓세금계산서 발급·수취에 대한 가산세율 상향

종 전	개 정
□ **거짓세금계산서 발급·수취에 대한 가산세**	□ **가산세율 상향 조정**
○ (대상) ❶ 가공세금계산서 등 발급·수취 ❷ 사업자가 아닌 자의 가공세금계산서 발급·수취	○ (좌동)
○ (가산세율) 세금계산서 등에 적힌 공급가액의 3%	○ **가산세율 3% → 4%**

(3) 고충민원 신청인도 국선대리인 지원 대상에 포함

종 전	개 정
□ **국선대리인 신청인 범위**	□ **대리인 신청 대상 확대**
○ 이의신청인, 심사 · 심판청구인, 과세전적부심사	○ (좌동)
<추 가>	○ **고충민원* 신청인** * 심사·심판청구 등을 청구기한 내 제기하지 않은 사항에 대해 과세관청에 직권으로 필요한 처분을 요청하는 민원

2026 개정 세법 반영 최신판
세금을 알아야 부가 보인다

1판 1쇄 발행 2014년 5월 20일
개정 10판 1쇄 발행 2026년 2월 25일

지은이 이동기
펴낸이 고병욱

기획편집1실장 윤현주 기획편집 신민희
마케팅 안선욱 황혜리 황예린 권묘정 이보슬 디자인 공희 백은주
제작 김기창 관리 주동은 경영지원 노재경 송민진

펴낸곳 청림출판(주)
등록 제2023-000081호

본사 04799 서울시 성동구 아차산로17길 49 1010호 청림출판(주)
제2사옥 10881 경기도 파주시 회동길 173 청림아트스페이스
전화 02-546-4341 팩스 02-546-8053

홈페이지 www.chungrim.com 이메일 cr1@chungrim.com
인스타그램 @chungrimbooks 블로그 blog.naver.com/chungrimpub
페이스북 www.facebook.com/chungrimpub

ISBN 978-89-352-1506-5 13320